風雷一聲響，憾山千仞崗，氣蓋山河，風雲因而變色，寰宇為之改變！**旭**日海中升，朝霞滿山林，雲淡風清，社會因而祥和，人類為之燦爛！

或叱吒風雲如希特勒，或教化人類如釋迦牟尼。**不同的抱負，各異的實踐**；各擅專長，成就了功業，改變了歷史。

難免的，滿懷熱情改革、堅持奉獻者有之；**夾雜權力和野心，亦不乏其人**。且留後人評斷。

經由風雲人物的真實故事，瞭解其人行為背後原因、動機，詮釋其人的經歷和遭遇，甚至生命的意義。讓我們快速穿透一位前賢的行誼；甚至於別人知道他有多麼偉大，而你卻知道他在別的一面沒那麼偉大！**看清一生的過程與真實**，讓他的生命在我們的時空多活一次，**助解我們自己的問題**。

閱讀吧！「**今人不見古時月，今夜曾經照古人**」，「傳記」給你！

改變歷史的
風雲人物006

Mahatma Gandhi
His Own Story
甘地

編|Charles F. Andrews
譯|向達

編者序

一九二二至一九二四年，甘地在長期監禁中，曾用他本國語言向一個和他一起坐監的政治犯，口述一部自傳，名爲《我的眞理實驗的故事》（*The Story of My Experiments with Truth*），後來這部《自傳》的材料，又在他的古加拉特文報紙《納法吉凡報》（*Novajivan*）上繼續發表，並由他的好友摩訶提婆・得賽（Mahadev Desai）和派亞來拉耳・奈爾（piyarela Nair）兩人譯成英文，同時由他自己仔細校改一遍。在甘地學園中稱爲米拉伯思（Mirabehn）的斯賴得女士（Miss Slade），對於這部英文譯本也幫過忙。陸續發表的那些短篇，今由阿默達巴得（Ahmedabad）納法吉凡印書局（Navajivan Press）彙集印成兩大冊，八開本，凡一千二百頁。西方的讀者要讀此書，至今該書局還有出售。

此外，還有一部甘地敘述他個人在南非經驗的書，也爲本書所取材。書名《南非不合作運動紀》（*Satyagraha (Sou-Forcc) in South Africa*），譯文出自法爾吉・得賽（Valji Gorindji Desai）手，由印度麻打拉薩〔編按：今譯名欽奈〕特里普里坎街的甘尼山公司（Mr. S. Ganesan, Triplicane, Madras, India）出版。譯者對於作者的精神和心靈都能婉轉傳達，立意甚佳，我在自由使用這些材料予以刪節之際，對於他們的努力，表示我衷心的讚美。

我們細讀這三本大書，由其中紬繹甘地對於人類行爲的估計，可見有三種基本的德行，是甘地在所有著作中都念念不忘的，那就是眞理（Truth, or Satya）、仁愛（Love-Kindness, or Ahimas）以及淨行（Inner Parity, or Brahnacharya）三達德。眞理與仁愛相合，以成爲靈魂的永久寂靜，並由此可見其無限的渴望，從血肉之軀，不違犯，更可以避免，以達到最後精神上的眞實之境。完全的生命樂章，是需要眞理與仁愛的和諧，可是精熟此種音樂既如此其難，而棄絕一切又要如此其全。這只有從屏絕內慾情感的身心才有可得，所以他的著作中，有時注重仁愛，有時注重眞理，而不斷的克制自己的淨行，則每篇中都諄諄致意於此。他深深的相信，只有心地純潔，才能晤對上帝；他於何爲純潔，有一很具體、很坦率的定義。在他自己，則此一詞含有完全摒除性慾、拋棄結婚的生活在內。至於其他追求上帝的人，對於此點應該到什麼地步，在他自己的話語裡可以顯示出來。

甘地在他《自傳》的某一篇中，宣稱在他所寫的著作裡，總是持續不斷的祈求神靈給予指導。他告訴我說，他確實感覺到在某種限度之內，曾經得到了這一個指導。他把他內心的生活，用這種嚴謹的企圖，這樣敏銳的追求，赤裸裸的在上帝和人類之前表示出來，任何罪惡隨了善行一併見著光明。據我看來，他所寫的是確然可信，由此亦可以窺見一斑了。

讀者在開始談這一部節本的《自傳》之前，有兩點必須明白：

㈠在他所有的不合作運動中，以特蘭斯瓦一役時間最長且最複雜。在本書中，這一段事實因為不容易節錄，我幾經遲疑之後，決然割愛，以待將來再出一部書來補述此事。①不過我對於他在南非道德上最為成功的納塔爾不合作運動的經過，卻予以相當的肯定，所以生命史的連鎖，並不至於斷裂得太厲害。

㈡食物節制和禁食，是甘地打算從人事上走近眞實的大道。他對於此事著述甚多。因恐這類敘述占篇幅太多，所以不能為之重述。但是這種遺漏，在我又不勝其遺憾。甘地對於這一方面的實驗，可以糾正說他對於人生外表完全是非科學的觀念。由這些地方可以看出他是怎樣的一位勇敢的開創者，他那種循著自己特殊途徑的心理，從假設以至於嚴格的實驗，以從中見出眞理，這是如何的合於科學的程序。

自從編纂這部書以來，印度的形勢又變得異常嚴重，到了生死關頭。甘地又已縲絏入獄。但是一般人們仍然公認他的影響，在印度事情上居於最重要的地位。所以印度以及大不列顛有志之士，要不是相距太遠的話，想從文獻的方面研究他的品格，仍是極為需要的

① 按一九三一年安德魯斯復出一書，名曰 *Mahatma Gandhiat Work; His Own Story Continled*，專述甘地在南非特蘭斯瓦從事不合作運動的經過。全書二十一章，此外，並選取當時其他人記述甘地在南非各項情形的文章九篇，作為附錄。甘地的人格孕育和養成，在南非這一段生活甚為重要，研究甘地的人對於這一部書是不能錯過的。

事。我在前一部書裡②說明了他的思想和觀念，在這一部書裡則是把他一生的故事，簡單扼要的開示給西方的讀者看。

我以前印行的泰戈爾（Tagore）的《致友人書》（*Letters to a Friend*），也是採行這種態度和目的，若是我的身體還支持得住，我打算也像這部描繪甘地的生平一樣，另作一部書來講述泰戈爾。我深深相信從兩個人的眼中，西方人士最少也可以知道如何去欣賞東方。

我在準備這一部書時，主要的困難乃是材料太多，而篇幅有限。往往有第一次選好的材料，爲了要插入其他不可遺漏的部分，只好把第一次所選的拋棄了。甚至有全部都已選好，而又重新再來一遍。但是我進行的時候，總算也得了少許的經驗。最後我有一個合乎情理的希望，希望讀者讀了此書，也爲所動。我所特別注重的是極力使西方人士讀來易懂，而同時也不犧牲東方的特殊背景。我並渴望讀者，能將此書和《甘地的理想》一併誦讀。

我在這裡要特別向印度的巴他（Bhatta）和甘尼山（S. Ganesan）兩家書店，以及譯者摩訶提婆．得賽、奈爾、法爾吉．得賽諸位先生致謝，謝謝他們允許我自由使用他們的材料。我尤其要感謝甘地先生，他充分的許我刪節他自己的著作。此外，我願意將本書以及

② 按即指其所著的《甘地的理想》（*Gandhi's Idea*）一書而言。

《甘地的理想》，二書所售款項一併捐贈山體尼克丹的皮爾遜紀念醫院（Pearson Memorial Hospital）。一九二三年九月末，我們親愛的朋友皮爾遜（Willie Pearson）在義大利因火車失事慘死，因建此院，以爲紀念。十年前，在一九一三年的時候，他和我一起到納塔爾去幫助甘地先生從事不合作運動，自此以後，二人友誼至死不變。

我最近曾在英屬圭亞那（Brilish Quiana）、特林尼達得（Trinidad）和荷屬圭亞那（Dutch Quians）諸地的印度友人處作客，寫作此書時，頗承他們的激勵，應該表示衷誠的謝意。我是從在這些地方匆匆的考察中，抽出一點點餘閒來從事此書。但是每天和這些身處異國、心情溫婉的印度友人晤談，其足以使我興奮，沒有地方能比此更好的了。所以我不揣冒昧，願以此書獻給他們。這部書草成於美洲，在那裡承蒙許多朋友深厚的情感，也予以同樣的感謝。除去前書所曾申謝的諸位外，如皮博弟先生（Mr. George Foster Peabody）、柏格女士（Miss Anna Bogu）、詹姆士夫人（Mrs. James）、瓊斯博士（Dr. Rufus Jones）、柯勒和賀斯雨女士（Miss Gooley and Miss House）、孫得蘭博士（Dr. Sunderland）、統布斯（Lawrence Tombs）、摩爾（Frank Moore）、果維爾（Hari Govil）、布洛克斯（Murray Brooks）、格勒格（Nonie Gregg）、卡特（E. C. Carter）、約士（S. D. Joshi），和佛來銘（D. J. Felming）諸位先生，也是我所不能忘的。此外，我還得謝謝圭亞娜主教和持林尼達得的格勒意格夫人（Mrs. Beatrice Greig）的好意。另外，也誠摯的感謝非爾布斯斯托克斯基金會（Phelps Stokes Foundatio）和基金會的主席、韓普敦學院（Hampton Institute）的教職員和學生，以及聖海倫那島的本恩學校（Penn School, St. Helen's Islaud），我這部書，最後即在此處寫成的。至於編纂此書，眞是悠長而繁難的工作，遠出乎我的意料，幸得有無數的朋友，以其毫無私念的好意爲我幫忙，我在這裡無法將他們的姓名一一備舉。若是沒有他們的幫助，在我極爲艱苦的責任之中，是不能完成此書的了。

至於此書之能在美國出版，則全有賴於紐約團體教會的賀爾穆斯博士（Dr. John Haynes of the Gommnity Church, New York）的介紹。他在《一貫》（*Unity*）叢書中曾持續的刊行了好幾種自傳。他在美國對於甘地之有眞確的認識，也不亞於羅曼·羅蘭（Romain Rolland）之在歐洲。最初他本想個人出資將此書印行，不過我正啓程赴西方時，他已受命召赴近東。因此我們決定，並得到甘地先生的許可，於完成解釋他的理想一書以後，我便應從事編纂此書。這兩部書都得到賀爾穆斯先生和藹的同情。他對於甘地先生的意思，和我一樣。我們的友誼能樹立於共同的原因之上，這是我所引爲欣幸的事。

安德魯斯（C. F. Andrews）序於阿雅巴凡（Aryabhavan）

目次

第一章　誕生與故鄉

甘地氏（Gandhis）一族屬於巴尼亞階級（Bania Caste），①原來的出身大約是商人。但是他們在喀地瓦諸邦（Kathiawar States）中作冢宰（Prime Minister）已經有了三代。②甘地・烏丹羌得（Uttamehand Gandhi），一名爲甘地・倭他（Ota Gandhi），乃是我的祖父，他想必是一個有主張的人。他是波爾班達（Porbandar）的冢宰（Diwan），因爲邦內的政變，不得已避至朱那加提（Junagadh）。到了這裡，進見總督（Nawab）用左手爲禮。有人看見以爲不敬，詰問原由，我的祖父這樣回答道，「右手是已經質於波爾班達了。」甘地・倭他在前妻死後，曾續紘一次。前妻共生四子，續娶又生二子。在我小的時候，我並不知道甘地・倭他的這些兒子不是一母所生。六個兒子中，第五個名爲甘地・喀拉羌得（Karachand Gandhi），又號爲甘地・喀巴（Kaba Gandhi）；第六個名爲甘地・土爾西達斯（Tulsidas Gandhi）。這兩兄弟曾相繼爲波爾班達的冢宰。甘地・喀巴即是我的父親。有一個時期，他做過拉吉科特（Rajkot），隨後又做過凡卡湼（Vankaner）的冢宰。他死的時候，還得到拉吉科特邦的卹金。

---

① 摩提吧尼亞（Modh Bania）是毗舍階級（Vaishya Caste）下面的一個小支。原來以經商或務農爲業。參看《甘地的理想》（*Mahatma Gandhi's Ideas*）第二十八頁。

② 喀地瓦是印度極西的一個小半島，中分很多的小邦，而以拉吉科特爲中心。每一邦的冢宰一般稱爲 Diwan。

甘地・喀巴因爲所娶的妻子相繼逝世，故前後續絃四次。前兩次共育二女。最後一妻名普特里拜（Putlibai），生一女三男，我就是其中最小的一個。

父親很愛他那一族，爲人誠實、勇敢而和善，只是性子急躁一點。他也許有一點好色，因爲他第四次續絃，當時年紀已在四十以上了。但是他卻並不頹廢；他在族內族外都以爲人嚴正所稱。他之忠於邦國，甚爲有名。有一回，一位副政治代表侮辱他的邦君，他便挺身起來反抗。代表大怒，要他謝罪，他毅然拒絕，於是被囚若干小時。代表看見他倔強不屈，最後便把他放了。

父親平生不事家人生產，所以遺留給我們的財產爲數很微薄。他沒有受過教育，只有實際的生活。他不懂歷史和地理。但是因爲他對於實際事務有豐富的經驗，足以幫助他解決最瑣碎的問題，並使他能夠駕馭許多人。他所受的宗教訓練很少，然因時常到寺院去禮拜，聽到印度宗教上的講論，因此受了薰陶。到了晚年，依族裡一位博學的婆羅門友人的指示，開始讀偈（Gita），每天禮拜的時候，總要朗誦幾篇。

記憶中對於母親所給的印象很深刻的，便是虔誠。她深信宗教，每天如沒有誦經，她是不進食的。到寺院去禮拜是她每日的功課。據我所記得的，她對於宗教上的齋戒從來不曾失誤過。她發下了極艱苦的誓願，力遵無違。疾病也不足以使她懈弛。我還記得有一次她病了，可是正在守著一特別的齋戒，雖然臥病，卻不能阻止她的戒守。接續實行兩、三次齋戒，在她行若無事。齋戒時日只一食，已成習慣。不只如此，有一時期，並且每隔一日，完全禁食。又有一回，她發願非要見了太陽才進食物。我們小孩子在這些日子裡，總是站在外面看著天上，等候太陽一出來，便去通知母親。在雨季最厲害的時候，太陽有時終日不見；我還記得每當雨後，太陽偶然出現，我們便一陣風似的跑去告訴母親。她要親自出來看過，但是當她出來的時候，太陽也許一瞥又不見了，因此她又決定不食。她只很和藹的說道，「這不要緊，上天還不要我今天進食呢！」她於是又回到室內，重新作她的事去了。

我的母親很明白事理，她對於邦國的事情，也都很熟悉，所以朝內的妃嬪都很欽佩她的智慧。我小的時候，常常在她的左右；她和塔科爾（Thakor Sahib）的寡母有過許多熱烈的討論，我至今還能記得。

我的父母就是如此。我是一八六九年十月二日生於波爾班達，幼年以及第一次進學校，光陰都消磨在此。那時學乘法表，曾感到若干困難。對於那一時期的回憶，無過於同一些其他的同學，學到欺騙先生，這很足以見出我那時品性之頑劣與記憶之不良。

當父親離開波爾班達，到拉吉科特去任朝廷官職的時候，我大約已有七歲了。到了這裡，我就進小學校去念書，這些日子，以及教我書的那些先生的一些特別情形，我都記得很清楚。和在波爾班達一樣，我在拉吉科特關於讀書方面，並無什麼特別之處可以敘述，我只是一個平常的學生。從這一個學校後來轉學到市立學校，然後升入中學，那時我已十二歲了。據我所記得的，我的一生在這一個時期內，對於我的先生和同學，從沒有說過謊。我那時異常畏縮怕羞，總不敢和人在一起，只有書和功課是唯一無二的伴侶。在學校裡，只候鐘聲一響，學校放學，便趕緊跑回家去，這是我每天的習慣。眞的是跑回去，因爲我不敢和任何人說話，並且懼怕有人譏笑我，只好飛奔。

當我進中學第一年大考的時候，發生了一件事，值得在此一記。那時恰好視學員齋爾斯先生（Mr. Giles）視學到此。他出了五個字讓我們作拼音練習。其中一個字是Kettle（杓），我拼錯了。教員先生於是想用靴尖來提醒我，但是我並不知道。他的意思是要我去偷看鄰座的石板，而我沒有明白，反以爲先生是來監視我們抄襲的。結果是全體學生，除我以外，每個字都拼得不錯，只有我一個人蠢笨。後來先生要令我自知蠢笨，但也沒有效果；因爲抄襲，我是無論如何不做的。雖然發生此事，但我對於先生的尊敬，並不因而減損絲毫。我是生來對於長者的過失就不掛意的。後來我還知道這位先生其他一些不好之處，而我對他仍然一樣，我只知道奉行長者的命令，不去責備他們的行爲。

此外還有兩件事情，也在這一時期之中，使我常常不能去懷的。我的習慣，除學校教科書以外，不喜讀任何書籍，我固然不喜歡由先生督促著去進修功課，然而我也不喜歡欺騙他，所以每日的功課，我仍然照常去做。因此我雖然在溫習功課，而每每心不在焉。所有的功課尚且不能好好地去作，課外的讀書更談不到了。但是有一回，我的眼光卻注意到父親所購的一本書。這是一部寫斯拉伐那（Shravana）孝敬父母的戲曲，我讀此書時，感到極濃厚的興味。大約即在同時，有一些走江湖的戲班跑到家裡來了。其中有一幕演的是斯拉伐那用背帶將瞎了的父母背著到各處巡禮的事。這戲曲的這幕戲，在心中留下了不可磨滅的印象。我對自己說道，「這是一個例子，你可以去學啊！」斯拉伐那死後，他父母的悲哀，在記憶中至今如新。那種沉痛的聲調，深深地打動了我，父親曾爲我買一架手風琴，於是我就藉此將這調子演奏出來。

此外還有一種戲曲，也激起同樣的情形。正在這時候，我得到父親的允許，去看一個戲班演哈利什羌得拉（Harishchandra）這一齣戲。這齣戲把我的心抓住了，我看時毫不感覺到疲倦。但是怎能夠允許我常常去看呢？此事我總是不能去懷，自己一定曾經摹擬過哈利什羌得拉，不知有多少次。「爲何人人不應該像哈利什羌得拉那樣的誠實呢！」這是我早晚用以自問的問題。遵從眞理像哈利什羌得拉一樣經過種種的困難，乃是此戲所激發我的一種想法。我很相信哈利什羌得拉的故事，每一想起，便爲之感泣。現在，常識已經告訴我，哈利什羌得拉並不是一個歷史上的人物。然而在我總以爲哈利什羌得拉和斯拉伐那都是實際的存在，今日如將這些戲曲再讀一遍，我敢說，我之深深地感動仍和以前一樣。

在沒有敘完這段故事以前，我知道還要吞嚥許多苦淚；但我是一個崇拜眞理的人，除此以外，更無他法。我最爲感覺痛苦的，乃是我於十三歲便結婚了。我那年輕的配偶也和我的年齡一樣，而居然受我的照拂；一想到我自己的婚姻，便不能不憐憫自己，而替那些逃避了我這樣命運的人祝賀了。像我這樣荒謬的早婚，我是找不出什麼道德上的名詞來爲之辯護的。讀者於此不要誤會，我是結婚，不是訂婚。在喀地瓦訂婚和結婚的儀式顯然不同。訂婚是男女雙方的父母預先應允，許可小孩們將來結合，這是可以解約的。男孩如中途夭亡，女孩不須守寡，這只是雙方父母的一種協約，孩子方面並不參與，並且常不會讓他們知道。我前後似乎訂婚三次，而我當時都茫然不知。據說當初兩個女孩訂婚以後相繼夭逝，所以我說我是訂了三次婚。第三次訂婚大約是在我七歲的時候，我已不甚記得了。彷彿記得那時也並沒有知會我。至於現在我所記述的，並不是所說的訂婚而是結婚，此事我記得很清楚。

我在前面已經說過，我們一共是兄弟三人。大哥是已經結婚了，於是長輩打算把我的二哥、一位堂兄，以及我自己，在同一時間辦完婚姻大事。我們的幸福固然不曾措意，我們的想法願不願意更是談不到。這純粹是他們自己的方便和經濟的問題。印度人的結婚，不是一件簡單的事。新郎和新娘的父母往往因此而傾家蕩產，物質和時間兩都虛費。製衣服，備用具，準備客人的筵席，往往事先要籌備好幾個月。各人都在那裡爭相鬥豔，以求勝過他人。婦女們無論能否參加意見，莫不唉聲嘆氣，甚而病倒，擾及鄰居的平靜。這些現象，和結婚過後所剩的紛亂和塵垢，他們都不以爲意，他們知道會有一個時期到臨，他們也要如此的熱鬧一頓的。長輩心想，以爲最好是把這些事一股腦兒辦了，這樣一來可以省事，二來也可以較爲熱鬧。若不分三次舉行，錢的使用自然可以靈活一點。父親和叔父都是老人，而我們又是他們所有最小的孩子，似乎應該在他們未死之前，把這一件事好好辦了。因爲這種種的原因，於是決定三個人一起舉行婚禮，我上面已經說過，此事的準備歷經好幾個月。

我們只是從這些準備中，得知快要到臨的事情。我對於此事，除了有好衣服穿、有鼓打、舉行婚禮、很豐富的筵宴，和有一個陌生的女孩可以一起玩以外，不知其他。男女之事，隨後也就來了。我的羞恥方面，就不多說了，其中稍有價值的，於後面再約略敘述一下。

於是我的兄弟和我，被命從拉吉科特回到波爾班達。父親是一邦的冢宰（Diwan），然而卻是一邦的僕人，並且因爲他擁護沙西布・塔科爾，所以塔科爾一直留住了他，到最後一刻才放他走，爲他特別預備馬車，儘量兩日內趕到。但是命運之撥弄人，卻別有用意。從波爾班達到拉吉科特一共相距一百二十哩，坐車要五天才可以趕到。父親打算三天趕完，在第三天，車子翻了，父親受了重傷。他到家的時候，已是全身都用繃帶縛住。他和我們對於婚禮的興趣一大半化爲烏有。然而結婚的日子怎可以變更呢？於是儀式仍然照規定舉行。我那時還是一個孩子，爲結婚的好玩所吸引，對於父親的創痛，也忘記去安慰了。

對於父母，我是一個孝順的兒子，但是爲了肉體的快樂，我都放棄了。我也知道孝順父母，所有的幸福都應該犧牲。而竟至遭逢一件事情，似乎是責罰我之貪戀著肉慾，至今我的心靈尚爲之震盪不已，此事留待後來再說，此刻暫且不贅。尼什古拉囊得（Nishkulanand）唱道，「放棄了萬事萬物，而沒有放棄慾望，無論一個人怎樣刻苦地去嘗試，都是不能持久的。」我每當唱到這一首歌，或者聽到別人唱及，這種苦辣的事情就一下湧上心頭，使我充滿了羞恥。

父親雖然受了傷，卻毅然不顧自身，在婚禮進行中，無一樣不躬親其事。我一想到此事，當日他經過各種細微瑣碎的儀式時，坐在那裡的情形，至今如在眼前。當時我一點都沒有想到將來會埋怨父親替我在兒時就完了婚；那一天，任何事物在我看來，似乎不錯，合適，而且可喜。我也亟於想結婚；當時父親所作的事，我以爲都盡善盡美，所以這些事情的回想，在我的記憶中，至今猶然如新。在結婚的席上，我們是怎樣坐的；我們怎樣行「七步禮」③；新婚的夫妻怎樣把甜食④放入彼此的嘴裡；以及我們怎樣開始同居。這些事情如今我自己都可以描繪出來。兩個天眞爛漫的兒童，都不知不覺地投入生命的大海裡去了。當結婚的第一夜，我的行動，完全聽我嫂嫂的教導。至於誰去指導我的妻子，我不知道。此事我從沒有問過她，我也不想去問她。讀者可以知道，我們見面彼此都很激動，彼此都很害羞。我要怎樣和她說話呢？要說些什麼呢？所謂指導，也就止於此境。但是這些事情，其實也無須指導。潛伏在的前生的印象，已足以使所有的指導都成爲多餘的舉動。我們漸漸地互相了解，而在一處自由的談論了。我們年紀相同，但是我卻不費事的實行我作丈夫的權力。

上面已經說過，我結婚的時候，正在中學讀書。我們兄弟三人同進一個學校。大哥的班次很高，和我同時結婚的二哥比我只高一班。結婚的結果，我們兩人都廢學一年。實際

③ 七步禮（Saptapadi）是新郎和新娘彼此互許忠貞所舉行的一種禮節。行過七步禮以後，結婚就不能反悔了。

④ 甜食（Kansar）是小麥粉和糖做成的一種食品，一對新人行禮過後，共食此物。

上，二哥的結局最壞，他竟至全然廢學了。到底有多少青年遭逢和他同樣的不幸，這只有天知道。讀書和結婚同時舉行的，只有我們現在的印度社會是如此。

我的讀書還是繼續下去。我在中學並不是一個笨學生，常常得到先生的喜歡。品行和學業的證書，每年送到我家裡，我總是得到優等。據我所記得的，我那時的智力並不高，而品行方面卻很自豪。些微有一點不好，便足以使我落淚。若是我受了責罰，或者在先生看來，似乎應受責罰，在我是萬分不能忍受的。有一次我因爲逃學受了體罰，體罰的本身並不甚重，然而我被罰的時候，抵不住嚎啕大哭。這是在第一級以及第二級時候的事。當我在第七級時，又發生了一次同樣的事。那時的級任是吉米先生（Dorabji Edulji Gimi），他爲人嚴正，循循善誘，是一位好教師，所以很得學生的景仰。他規定體操和曲棍球爲高級學生的必修課。我不喜歡學校裡的遊戲，如足球、曲棍球之類的運動，在未規定爲必修課以前，我絕對不去參加。我之所以趨避不前，害羞是其一因，這從現在看來，實是錯誤。但在那個時候，我自有其謬誤的見解，以爲體操與學校裡的遊戲，和教育沒有關係。到現在我也才知道在課程中，體育訓練應與德育占同樣的地位。不過那時我也不是完全不運動，我曾讀過一些論及在曠野中作長途散步的好處的書籍，很以爲然，因此養成一種散步的習慣。這一個習慣至今猶然不變，因此使得我的身體很堅實。

我之深想看護照顧我的父親，乃是我不喜歡體操的理由。學校的時間一過，我便急急忙忙趕回家去照料父親。強迫運動正在照料的時間之中，因此我請求吉米先生免除我的運動，以便回家照顧父親。但是他不允許。有一次是星期六，我們上午有課，下午四時又有體操，於是我從家裡上學校去。我沒有錶，天氣又彤雲密布，因而不知道時間。等我到校，學生都已散了。第二天，吉米先生查點名簿看見我缺席，於是問我的理由。我將事由告訴他，他不相信，要罰我一點錢。

我是被人視爲撒謊了！此事大大的傷了我的心。我怎樣能夠證明我是無辜的呢？實在無法可想，於是痛哭了一場。我才明白一個誠實的人一定也是一個仔細謹愼的人。這是我在學校時，不謹愼的第一次，也是最後一個例子。至於後來罰款怎樣免去，我已不記得了。

後來我的父親寫信給級任先生，說明放學以後，他要我回家陪他，於是我的運動免了。我於運動方面雖可以忽略不管，但是在另一方面的忽略，我又受罰了。那時我又以爲字寫得好，在教育方面並不必要，這種觀念一直到我去英格蘭之前，還堅持不捨。及至後來到了南美洲，看見那裡的律師和少年人書法之美，我自己不勝羞愧，而深悔以前之疏忽。我才明白惡劣的書法字就是教育受得不完備的一個徵象。日後我想用功把字寫好，但是已經遲了。幼年時候的疏忽，絕對不能償還。我現在的意思是，兒童在未學寫字之先，應教他繪畫。使兒童從觀察入手以去學習字母，也和繪畫之須視察如花鳥一類的不同的事物一樣。他學會了繪畫，然後再去學寫字，寫起來一定很美。

我在學校的時候，還有兩樁事，値得一記。我因爲結婚，曾廢學一年。而在學校凡是勤學的兒童，就可以升班，於是先生要我升級，以爲可以補平一年的損失。我在第三級僅念了六個月，考試以後，便跳入第四級。從第四級以上，多數功課都以英語講授，於是我一開始便完全掉入大海裡了。我對於幾何這一門新功課就不甚在行，爲講授工具的英語在我更其感覺困難。先生教得很好，苦於我趕不上。我因此屢屢灰心，想仍然回到第三級去，以爲將兩年的課程在一年內讀完，野心未免太大了。但是這樣一來，不僅使我失卻信用，先生因爲我勤學，推許我的進步，也將因此而把他的信用掃地了。我於是努力用功，學到《歐幾里得幾何》第十三問，所有單純的問題，才豁然呈露。凡是一個題目，如只須用一個人的推考力，那是不甚困難的。自此以後，幾何一課，我覺著容易而又有趣了。

還有梵文，已公認爲繁難的功課。幾何不需要記憶，而梵文則一切都要心中牢牢記住。從第四級起便有了梵文一課。到了第六級，我對於梵文便感到灰心。據我想，梵文先生是一位很嚴的教員，對學生甚爲嚴謹。而梵文先生和教波斯文的先生之間又有一種競爭。波斯文先生爲人和易。學生之間彼此談論，都以爲波斯文很容易，先生對於學生又和善而體恤。我爲波斯文「容易」的話所動，有一天就跑去上波斯文。梵文先生心甚不悅。他叫我坐在他旁邊，說道：「你的父親是毗濕奴教徒（Vaishnava），你怎麼可以忘記呢？⑤你如何可以不

---

⑤ 信從唯一至高的毗濕奴神者，稱爲毗濕奴教徒（Vaishnava）。不能殺生，普通都是極嚴格的蔬食者，主張情愛，最爲強烈。

學自己這一教的語言呢？你若是有什麼困難，爲何不來找我？我要盡我的所長來教你們這些學生的梵文。你若是再深造一點，就可以知道其中有引人入勝之處。你不要灰心。來，再坐到梵文班上來。」

這樣的和善，使得我羞愧了。我不能蔑視先生的和愛。到了今天，我對於班提亞（Krishnashankar Pandya）除了感謝以外，無話可說；因爲我如果沒有當時所學得的一點梵文，對於我們的聖經賢傳，我一定很不容易感到興趣。實際上，我只深深地後悔，後悔我對於梵文不能有更淵博的知識，到如今，我才體認到每一個印度的男女兒童，都應該具有很好的梵文學識。

我現在的意思以爲，所有印度中等教育的課程中，應該將印度文、梵文、波斯文、阿拉伯文以及英文列入其間，此外，自然還得有方言一門。這些課程並不駭人。若是我們的教育能夠比較有系統一點，學生不須用外國語學習功課，我敢擔保學習這些語言是一件十分快樂的事，並不是擾人的功課，對於一種語言有一種科學的知識，則從事學習他種語言，就比較容易了。

第二章　學校時期

我在中學時候的新朋友，有兩位算是親密一點的，其中一位的友誼並未維持長久。我沒有拋棄朋友，只因為我和另一位訂了交，他便不睬我了。後來這一位的友誼，在我的生命中，我是視為一幕悲劇。我們的友誼持續很久，我是以一種改造家的精神來看待的。他本是我二哥的朋友，他們是同班。我知道他的弱點，但是我把他當作一位有信義的朋友看待。我的母親、大哥，以及妻子都警告我不要和這位損友往來。我那時儼然以丈夫自居，自可不聽妻子的警告，但是最初我尚不敢反對母親和大哥的意思。然而我總是強辯道：「你們所說關於他的弱點，我也知道，但是你們不知道他的品性。他無法誘我走入迷途，我和他往來，意思是要引他歸正。我相信他若是能改正他的行為，他可以成為一個有作為的人。我懇請你們不要為我擔心。」

我不以為這個答覆足以使他們滿意，但是他們竟然接受我的解釋，讓我自行其是了。後來我才知道我的打算是錯了。一個人要想感化他人，在感化的歷程中，彼此不能過於親密。眞正的友誼乃是靈魂合一，而這在現世上是很少有的。只要性情相投，友誼便算是有價值而可以持久了。朋友是互相呼應的，所以在友誼上要感化一個朋友，可能性是甚微。人之就惡較服善為易，所以我主張所有外貌的親密要一概避去，人以上帝為友者，一定是孤獨的，要不然全世界就當是他的朋友。我說的也許不對，但是我想培植一份親密的友誼的努力，證明是失敗了。

當我開始和這位朋友締交的時候，正有一個「改革」的波浪從另一方向掃蕩了拉吉科特全境。他告訴我說，我們的先生中有許多位在那裡祕密的食肉飲酒。他又舉出好幾位拉吉科特的知名之士，都屬於此一團體。並且還有許多中學生在內。我聽了這種消息，深為詫異，問我的朋友是何理由。他這樣解釋道：「我們之所以柔弱，是因為我們不食肉。英國人所以能管轄我們，因為他們是肉食者。你知道我何以這樣結實，而且是一個大賽跑家，就因為我是肉食者，肉食者不生癤、不生瘡，即有，也能迅速痊癒。我們的先生和其他有名的人食肉，他們並不是蠢人，他們知道食肉的好處。你應該照樣去力行。除掉嘗試以外，更無他途。試試看，看能給你以什麼力量。」

所有這些食肉的行動，進行並不簡單。我的朋友為要打動我，常拿這些事來和我做長久而縝密的討論。我的二哥已經加入了，所以他也贊助我。和我的二哥與這位朋友比起來，我的身體的確相形見絀。他們兩位都結實堅強，比我膽大。這位朋友的能力更其誘動我。他能用最快的速度跑很長的距離，跳高和跳遠的成績都很好。任何體罰，他都能忍受。他常向我顯示他的本事；他看見別人有勝過他的地方，往往豔羨，而我也為朋友的本事所炫動了。我也很想學他。我不能跑、跳。為什麼我不能和他一樣的強壯呢？

還有，我的膽子很小。我怕賊，怕鬼，怕蛇。夜裡我不敢開門外出。黑暗於我是一個恐怖。要我在黑暗處睡，幾乎是不可能的事，我會想著以為鬼、賊，以及蛇要從四面八方跑了過來。所以我睡的時候，房裡非有燈不可。那時正值年輕，妻子睡在身旁，我怎能將這種畏懼的情形讓她知道呢？我知道她的膽子比我大，這使我自己覺得很慚愧。她不怕蛇也不怕鬼。黑暗處無論哪裡，她都敢去。我的朋友知道我這一些弱點。他於是告訴我，他敢把活蛇握在手裡，敢去追賊，不相信鬼。這一些的結果，自然是食肉原故。

我們當學生時，曾流行一首拿瑪德（Narmad）的打油詩：

看那強壯的英國人；
統治了小小的印度佬，
因爲，他是肉食者，
所以有五肘那麼高。

這一首打油詩使我發生了相當的影響，最後我失敗了。我漸漸以爲食肉是好的；食肉可以使我強壯勇敢；若是全國都能如此，便能夠戰勝英國人。

於是確定一個日期去開始實驗，這是祕密舉行的。甘地氏一族都是毗濕奴教徒。父母對於信仰尤其虔誠。我們一家尚且還有自己的廟宇，耆那教（Jainism）①在古加拉特（Guja-

---

①印度耆那教的成立是和佛教在同一時期。耆那教最重要的一個教條就是不殺生。非武力主義之所以能深入印度的宗教意識中，一部分是受耆那教的影響。在西印度，毗濕奴教徒有時依他們自己的信仰，僅信仰耆那教

rat）的勢力很強，到處都可以感受到這一派的影響。古加拉特的耆那教徒和毗濕奴教徒之反對和嫉惡肉食，極爲強烈，無論在印度或者在外國都可以看出來。我所生長的宗教環境是如此，而我之極端孝順父母又如彼。他們若是知道我食肉，立刻會將我打死。加以我之愛好眞理，更其使我勉強。我一食肉，便是欺騙父母，此事我並不是不知道。但是我的心已是傾向「改造」去了。這不是使舌頭受用。我的心上並沒有肉是特別好吃的想法。我僅只想要強壯勇敢，希望國人都能這樣，然後我們能夠打敗英國人，使印度得到自由。我那時還不知道「斯瓦拉哲」（Swaraj，自治），但是我知道自由的意義。「改造」狂蒙蔽了我，祕密地去做。我自己安慰自己，以爲將事情瞞住了父母，並不算是不守眞理。

終於那一天來了。要把我當時的情景完全描摹出來，很不容易。一方面熱望「改造」，想在生命中獲得一個偉大的成就，一方面則祕密地參加此事，躲起來像賊一樣，又感到羞愧。這兩個勢力到底誰強，殊難斷言。我們在河畔找到一個荒僻的處所，在這裡，我有生以來第一次看到肉食。我們也有英式的烤麵包。但是兩者都不能讓我喜好。肉之粗硬有如牛皮，我一點都嚥不下。實際上，我生了一場小病。離開的時候滿懷厭惡。

當天晚上很不好過，發生了一個可怕的夢魘。每次要熟睡的時候，便似乎在體內有一隻

的生命哲學。甘地一族就是奉行此規者。

活羊在叫，我總嚇得直跳起來，充滿了悔恨。隨後自己又自我安慰，以爲我所作的乃是一種責任，如此我可以更爲快活。我的朋友對於此事不輕易放棄，他著手烹煮許多很好的肉食，弄得極其乾淨。會餐的地方也不再選河畔隱僻的處所，而在一所邦有的屋子，那裡有餐室、有桌椅，我的朋友和廚師商量安排妥貼。這樣的吃很有效。我對於英式麵包不討厭了；不爲山羊憐憫了；雖還不喜歡肉食的本身，然而卻愛盛肉的碟子。這樣前後持續大約一年。因爲邦有的屋子不能每天使用，又常吃美味的肉耗費也太大，所以我的享受前後不過十二次左右。我是沒有錢去償付這種「改造」，所以常是我的朋友會鈔。我不明白他何以會有這許多錢。然而他一心想把我變成一個肉食者，他也做了。可惜他的接濟究竟有限，於是聚餐的次數少而且稀了。

我既然有機會沉溺於祕密的肉食，回家吃飯於是成爲問題。母親自然要我吃飯，並且把食物拿來，問我何故不吃。我只好說，「我今天不想吃。」或者「我的胃有點不舒適。」我之設爲種種口實，未嘗不感覺悔恨。我知道我是在說謊，並且是對母親說謊。我也知道母親和父親如果知道我已變爲肉食者，不消說，他們是要打我的。這些利害觀念在我心上侵蝕不已。因此我撫躬自問道，「吃肉，實行食物『改造』雖然重要，但是對自己的父母親欺騙說謊，那比禁肉還要壞。所以在我父母還在世的時候，這一類事一定要免去。一到父母百年以後，我自己已經自由了，然後公開的食肉。這個時期如尚未到，我應該把肉食戒去。」

我將這個決心通知朋友，以後我就不再去了。父母從來不知道他的兩個兒子犯了教規。

於是肉食一事，最後因爲我不願意向父母說謊的純潔慾望而棄絕了；但是我還沒有棄絕我的朋友。我想使他棄邪歸正的熱望，已經證明堪憂，這一段期間，我完全茫然不知所措。

這一位朋友又幾乎使我對於我的妻子不忠實。所幸懸崖勒馬，得以不至失足。有一次，朋友帶我上妓院。他送我進去並且傳授了一些必要的指導。事情是預先安排好的，帳款也已付過了。我已經投身在罪惡的掌握中，而上帝懷著無限量的仁慈，保護我以反抗我自己。在這罪惡的淵藪裡，我幾乎眼瞎了，耳也聾了，我於是不和朋友商議，便跑出去。我覺得男兒氣概已受了損傷，羞愧得想從地縫裡鑽進去。但是我永遠感謝上帝，祂總是拯救了我。在我的一生中，據我記得，共凡有四次這樣的事發生；大半靠著運氣好而得了救，而與我自己的努力無關。從嚴格的倫理觀點說來，這些都應視爲一種道德上的過失；肉慾的情感已然出現，這同見諸行事是一樣的壞。但是從一般的觀點而言，一個人只要保得住肉體上不犯罪，便算是得救了。我之沒有犯罪，是只就這一種意義而言。有許多行爲，幸而得以逃出，這在逃出的人與陷害人的人，兩方面都是天意。人，一恢復良知，避除罪惡，這是要感謝神的恩惠。我們知道一個人無論他怎樣抵抗，總是傾向於受誘惑，可是我們又知道他自己雖然如此，然而神靈常要出面干涉，而拯救他。這些事是怎樣來的？人的意志，到底自由到一個什麼地步？人爲環境的產物到底到一個什麼程度？命運之參加活動，又到一個什麼地步？——這非常神祕，而且永遠會是一個祕密。

閒話少說，言歸正傳。像以上所舉，還不能使我覺察到朋友的罪惡。因此我還得吞嚥一些苦淚，直到後來蒙神靈的指示，發現他有一些令我意想不到的過失，我才爲之恍然覺悟。這留待後來再說。其中一事也在此時發生的，我必得先敘述一下。我同我的妻之發生意見，其中一個理由自然是由於我與這位朋友往來。我是一個忠實而又嫉妒的丈夫，這位朋友於是將我對於妻子懷疑的無明火煽動起來。我一點都不疑惑他說的話，每當他告訴我一些話語，我回去便數落妻子使之受罪，這種粗暴之處，我是永遠不會自行饒恕的。只有一個印度教人的妻子能夠忍受得住，所以我時常以爲婦女乃是忍耐的化身。一個僕人橫被誣蔑，可以棄職不幹；一個兒子遭逢同樣的事，可以和他的父親分居；一個朋友當此可以絕交。至於妻子，即使她懷疑丈夫，仍許保守沉默；然若丈夫懷疑了她，那她可就毀了。她到哪裡去呢？一位印度教人的妻子不能上法庭提起離婚，法律不能替她申雪。當時我把妻子逼上了那條絕望的路，至今想來，我是永遠不能忘記，並也永遠不能寬恕我自己的。

一直到我明白仁愛（Ahimsa）[②]的各種意義以後，多疑的病根才算澈底剷清。那時我始知道淨行（Brahmacharya）[③]的可貴，而恍然於妻子並不是賣身投靠丈夫的奴僕，而

---

② Ahimsa 一詞的意義，直譯即是天眞（innocence）、非武力（non-violence），就積極方面而言，其義即等於仁愛（love）。

③ 淨行（Brahmacharya）一詞的意義，直譯即是引導一個人到上帝那裡的行爲。專門的意義爲克己，尤其是貞潔。

是他的伴侶和助手，共同享受他所有的苦和樂，也和丈夫一樣，有選擇她自己的道路的自由。任何時候只要一想到我那多疑猜忌的黑暗時期，對於我的愚笨與殘酷以及盲目的信從朋友，便不勝悔恨。

我還要述說幾樁在這個時期以及以前的若干過失，這大約是結婚前後不久的事。一位親戚和我在那時忽然喜抽紙菸。我並不是以爲抽紙菸有什麼好處，或者愛好紙菸的香味，只是喜歡將菸吐出以後，看著菸圈兒冉冉上升，以爲有趣而已。我的叔父有這種習慣；我們看見他抽菸，於是以爲也應該學他的樣子。但是我們沒有錢，所以只有將叔父棄去的紙菸頭偷偷的聚起來。

可是紙菸頭不常有，又不能有許多菸，因此我們便動手從僕役的荷包裡竊取銅幣，去買印度紙菸，買來以後，收藏何處，又成問題。我們自然不能當著長輩的面抽菸。拿著這些偷來的錢，計畫去買印度紙菸，躊躇了好幾個星期，還不知如何處置。那時我們聽說有某一種植物，中空有孔，可以生菸。於是我們弄了來，如法泡製，但是全然不能滿意。我們因而爲獨立自尊的心所傷了。沒有長輩的允許，不能作任何事，這是我們所不能忍受的。到最後，由恨而轉厭，我們竟決心要自殺了！

但是我們怎樣去自殺呢？到什麼地方去弄毒藥呢？我們聽說達土拉（Datura）的籽是很烈的毒藥，於是跑到樹林裡去找這一類的籽，居然找到了。決定於夜間實行自殺。我們到曼地克達兒寺（Kadarji Mandir）去，把溶了的牛油注到寺燈裡，向神座禮拜，然後去尋一僻靜的角落。可是我們的膽子使我們躊躇不決：假使我們並沒有即刻死去？我們自殺了又有什麼好處？不能獨立，我們何以不姑且忍受下去？如此的自問一番，到底還是吞了二、三粒達土拉籽下去，可是不敢多吃。我們倆此時都怕死了。我們決定到曼地蘭寺（Ramji Mandir）去休息一會，將自殺的想法拋除。自此我才知道，實行自殺固然不容易，就是僅僅想去自殺也不是容易的事。從那一晚以後，無論何時聽到誰去自殺，我都不爲所動。

自殺念頭的最後結果，我們倆將抽香菸頭以及爲了抽菸而偷僕人銅幣的習慣都棄掉了。從那時候起，一直到成人以後，我從沒有想抽菸。抽菸一事在我看來，野蠻汙穢而且有害。我不懂全世界對此爲何趨之若狂。旅行的時候，我若在一滿是淡巴菇菸味的車廂裡，我是窒息得實難忍受，非出去呼吸新鮮空氣不可。

此事過後不久，我又犯了一樁比此更爲嚴重的竊盜行爲，發生在我十五歲的時候。這一次的事是我偷偷的從我那吃肉的二哥手鐲上刮了一片金子。這副手鐲是二哥借了二十五盧比的債弄來的。他有一隻金手鐲，要從那裡刮取一點，並不是難事。

這事作過了，債也清償了。但是我良心上的責備，再也忍受不住。我決定不再偷竊，並且決心向父親懺悔。但是我不敢說，並不是怕他打我，我記得他從來就沒有打過我們。我不是怕打，我是怕他因我的不肖而痛苦難過。但是我覺得這一次非冒險不可，因爲如不明白的懺悔，是不會純淨的。最後我決定將我的懺悔寫在紙上，交給父親，請求他的寬恕。於是我將紙片寫好，親自遞給他。在這一張字條上，不僅懺悔我自己的罪惡，並且請求施予應得的處罰。字條的末尾又懇請他不要因爲我的不肖而責備自己，也說我以後誓不再犯。

我把字條交給父親的時候，戰慄不已。他那時正患癱症，偃臥床上。他的床只是一塊光木板。我把字條遞給了他，我就坐在對面，他將字條讀過以後，眼淚就像斷線珍珠一般，從他兩頰流了下來，溼透了字條。他閉目靜思一會，然後將字條撕碎。他讀字條的時候已是坐了起來，他又睡下去。我看見父親傷心，我自己也在那裡掉淚。那時的情景，至今在我心頭猶躍然如生，我如是一個畫家，我可以把全部的情形都描繪出來。那些愛的珠淚滌淨了我的心弦，洗清了我的罪惡。只有體驗過這種愛的，才能知道愛是什麼。聖詩上說道：

> 只有那被愛的箭所射中的人，
> 才知道愛的力量。

這在我是「愛」的一個客觀的教訓。那時我僅僅以爲不過是一位父親的慈愛，但是現在我知道那是純潔的「愛」。這一種愛如變爲涵育萬物的時候，任何事物凡一接近，便可爲其所化。愛的力量了無限制。這種高尚的寬恕並不是我父親的本性。開始我以爲他會發怒，說嚴厲的話，自行打他的額頭。但是他卻異常地鎮靜，我相信這是由於我純淨的懺悔。純淨的懺悔，加之以絕不再犯的誓言，呈給一個有權受此的人，乃是最純潔的改悔。我知道我的懺悔使得父親對於我絕對滿意，而他的愛我之深也因而大大的增加了。

這時候我已是十六歲了。我已說過，父親臥病在床，侍候他左右的只有母親、家中一位老僕人，和我自己。看護的責任付託給我。大部分的事務是紮縛傷處，遞藥給父親，藥如須在家配製，就我去分配藥品。我每晚為他按摩兩腿，他要我去睡或者他睡熟了，我才休息。這些事情我覺得很親切有味，我從來沒有大意過。我每天的時間，盥洗以外，便分為入校念書與侍候父親兩部分。他答應我，或者他感到好一點，我才出去散步。

這時我的妻正希望有一個小孩。這一種情景就今日看來，對我是雙重的羞恥。第一，我那時是一個學生，不曾就自己的分內，予自己以克制。第二，這樣肉慾，反而使我視為做學生的一個責任，尤其以為是孝順父母的一個大責任。每晚，我的手在急急忙忙的按摩父親的兩腿，我的心早已飛馳到臥室裡去了；當宗教、醫學以及常識都禁止性交的時候，我也是這樣。我只願意將事情早早做完，向父親鞠躬告辭之後，便向臥室直跑。

同時，父親的病勢一天壞似一天。印度教醫生用盡了他們的油膏，回回教醫生用盡了他們的膏藥④，當地的江湖郎中也試盡了他們的偏方。一位英國外科醫生也請來一試他的技能。這位外科醫生主張用外科的手術，但是家庭醫生出來說話了，他以為這樣年紀的人是不

④ 藥典（Ayurvedic）式的醫藥乃是按照吠陀書所說的一種印度式治病法。回回教的治病法稱為臾那尼（Yunani 希臘的）。醫生則稱為哈欽（Hakim）。

能施用手術的。家庭醫生是一位老資格而且頗有名氣的人，於是採用了他的勸告，放棄施用外科手術的計畫，另購各種藥品來治理。我的意思以爲若是家庭醫生准許施行手術，病痛或許可以容易救治一點。施術的也是孟買（Bombay）負有盛名的外科醫生。但是上帝卻別有用意。大限如已迫近，誰又能有方子起死回生呢？父親從孟買帶回了一些施用手術的器具，至此都無用處。他自知不久於人世，一天弱似一天，一直到最後，才命令在床上爲他預備一切。但是到了最後那一天，這種種事情，他一概拒絕，他努力掙扎要離開他的床——毗濕奴教徒的規矩，外部清潔是絕對不能通融的。

這種清潔自然是必要，但是據西洋的醫學，各種盥洗，連沐浴在內，都可行於床上而仍然極其清潔，對於病人毫無不適之處，床上則常是一塵不染。我以爲這一種的清潔法和毗濕奴教規絲毫不背。而父親卻堅持要離開床上，他的那種毅力，我只有驚異，只有讚嘆。

可怕的一夜終於來了。叔父那時是在拉吉科特，我還彷彿記得他接到我父親病危的消息，於是趕了來。兩老相見，深相依戀。叔父於是終日坐在父親的榻畔，打發我們都去就寢以後，自己也就睡在父親的床旁邊。沒有人想到這是命運所繫的一夜。至於危險，自然是時刻都在的。

我按摩完了以後，大約是下午十時三十分到十一時光景。叔父命我去休息。我喜得直往臥室裡跑。我那可憐的妻已是熟睡了。但是我來了，她怎能睡呢？我把她鬧醒。大約有五、六分鐘光景，僕人在外敲門。我駭得爬了起來。僕人在外呼道：「快起來，父親病危了！」我自然知道父親病勢不好，所說「病危」的意思，可想而知。我於是一躍下床，問道：「事情怎樣了？請快告訴我。」僕人答道：「父親是不在了。」

一切都完了！我急得只有搓手。我深深地感到羞愧和悲哀，於是跑到父親房裡去。若不是禽獸的情慾把我弄昏了，在我父親的最後一刻，我會不辭勞苦，守住了他，為他按摩。他或許就死在我的臂上。但是現在我的叔父卻來擔當了。他十分忠於他的兄長，因而為他盡了最後的服務。父親作一個手勢要筆和紙，在上面寫道，「準備最後的儀式。」父親於是卸載了他臂上的手鐲和金念珠（Tulasi-beads）⑤，拋在一旁。做完以後，只一瞬間，便與世長辭了。

以上所述，乃是懺悔我在父親臨死的一刻，應當寸步不離的照拂，而自己竟耽於肉慾的羞恥。這一個汙點，我永遠不能消去，也不能忘懷。我常以為孝順父母沒有限度，所以任何其他事務，我都應該放棄，是在那最重大的時期而我竟因為心耽慾樂，不在旁邊。所以我總以為自己雖然是一個忠實的丈夫，但也是一個淫慾無度的丈夫。過了許久，我才得脫掉這種桎梏，不過，在得著寬釋以前，卻也經過許多的磨難。

當我敘完雙重羞恥以前，還要一述我的妻子養了一個可憐的嬰兒，不到三、四天也就夭折了。此外，更無可希冀。讓天下結婚的人，都以我為前車之鑑吧！

---

⑤ 土拉西（Tulasi）是印度極重視的神樹，所結的籽可以作為念珠。

第三章　幼年

從六、七歲以至十六歲，我都是在學校裡，除宗教以外，聽受各種功課。但是我可以說他們所教的，我並沒有得到什麼，也沒有發生過什麼影響。然而我卻從周圍得知各種不同的宗教觀念。此處「宗教」一詞乃是指廣義的意思，意爲自我實現（Self-realization）。

我是生長於毗濕奴教信仰之中，我常到自家的寺院裡去。但是寺院崇拜，我是沒有的。我不喜歡那裡的光輝和華麗。我又聽到關於寺院裡不道德的謠言，因而對此索然無味。

但是我在寺院所失去的，卻從我的保姆得到補償了。我的保姆名朗巴（Rambha），是家裡的一位老女僕，她很愛我。我怕鬼怪，她於是教我反覆念誦羅摩的名字。①我信她比她的方子還要深一點，於是我在髫齡的時候，便用此法治我的畏懼。自然此事歷時甚短；但是兒時所下的良種究竟不是白費的。至今我一逢憂患，以念誦羅摩的名字爲不二的方藥，這都是那良善的婦人朗巴爲我下的種子。

正在這時候，我的一位信奉《羅摩頌》（直譯羅摩衍那，*Ramayana*）的堂兄弟，要我和二哥學《羅摩守護篇》（*Rama Raksha*），②我們念熟以後，規定每早就浴前溫習一

---

① 羅摩那摩（Romanama）是虔敬尊神念念羅摩所常用的一個名詞。據士拉西達斯的《羅摩頌史詩》，羅摩乃是至高的尊神托體爲人的一個化身。印度文史詩乃是從跋彌伽仙人（Valmiki）的梵文原本而出。

② 這是背誦要求羅摩保護的一篇有名的聖詩。

遍。在波爾班達的時候，一直這樣，沒有停過。可是一到拉吉科特便忘記了。我對此不甚相信，而所以溫習者，因爲我念《羅摩守護篇》發音極爲正確，於是引以爲傲。然而在父親前面誦讀士拉西達斯的《羅摩頌》卻深深地留下了印象。父親病中有一時期在波爾班達，在這裡，他每夜都要聽人念《羅摩頌》。念者比勒斯瓦爾（Bileshvai）的拉達大王（Ladha Muharaj）是愛好羅摩的大師。據說他曾用比勒斯瓦爾寺供奉大神的一種聖樹葉，和念念羅摩，治癒他的癩病。他的健康是信仰賦予的。這說可信可不信。不過我們卻相信這一個故事，因爲他一開始讀《羅摩頌》，他的病態全都沒有了。他有一副和諧的聲音，一念起駢偶的句子和四行詩，便將他自己融化在詩句之中，而聽者也爲之悠然神往。我那時一定是有十三歲了，他一讀起來，我那狂喜的神態至今還記得。我之酷嗜《羅摩頌》，植基於此。至今我猶以士拉西達斯的《羅摩頌》爲我所喜好的文學中，最偉大的一部書。

此後幾個月之內，我們便搬到拉吉科特。在這裡並沒有人念誦《羅摩頌》，於是就改說《薄伽梵歌》（*Bhagavat*）。③我偶然也去聽過，而誦者不能動人。現在我知道《薄伽梵

③《薄伽梵歌》是相傳爲中古印度教聖書《富蘭那書》（Puranas）中最有名的一篇，內文中具體的表示信念歸敬（Bhakti）的宗教理想，述說神的化身的故事。

甘地在德里絕食二十一天以自罰，於是印度教和回教的爭端得告平息。當馬拉維亞誦《富蘭那書》中這一篇的時候，我也在那裡恭聽，後來甘地告訴我誦讀此篇時，對於他精神上是如何的大有補助。

歌》是一部很能激起人們宗教情感的書。我曾讀過此書的古加拉特文（Gujarati）本，有著濃厚的興趣。但是當我在德里（Delhi）絕食二十一天，得聽馬拉維亞（Pandit Madan Mohan Malaviya）所讀一部分的原文，不禁想到幼時如能聽到他的講誦，我便早已喜好上這部書了。小時候的印象可以在一個人的品性中深深地植下根柢；在這一時期中，我不能多多的聽一些同類的好書，乃是我永久的恨事。

然而在拉吉科特，對於各派的印度教以及其他宗教一視同仁的根基，在那時便已植下了。我的父母，於家寺以外，如溼婆（Shiva）、羅摩兩派的寺院也常去敬禮，並且帶我們小孩子同去。耆那教的僧侶也常來訪問父親，並且還接受我們這些非耆那教徒的食品。他們和我父親，教義、世事無所不談。我父親還有回回教、拜火教（Parsi）的朋友，他們也常常談講他們的教義，我父親總是敬謹聽受，時時覺得有趣。我因爲照拂他，因此有機會聽到這些議論。這樣的反覆叮嚀，因而養成我對於各種信仰一視同仁的態度。

此時只對於基督教是例外，我漸漸地不喜歡基督教。這也有一個理由。那時候基督教教會建在離中學不遠的地方，時時發布攻擊印度人和印度神祇的言論，這使我不能忍受。我只立在那裡聽講過一次，然而即是這一次，我實在不願意再去述說。大約在同時，我聽到一位有名的印度教人改信基督教。鎮上傳說他受洗以後即吃牛肉、飲酒；他又改易他的服裝，以後他就看上歐洲的服飾、帽子之屬。這些事都印入我的腦海之中。我以爲既稱爲宗教，而要人吃牛肉、飲酒、改易本來的服裝，那眞是名不副實。我又聽說那位新近改教的，已經開始攻擊他祖宗的習慣、國家以及所信奉的宗教，這一些事都使我不喜歡基督教。④

事實上，我雖然對於其他宗教一視同仁，可是對於上帝並無信仰之意。那時候我正遊心於父親藏書中的《摩奴法典》（*Manusmriti*）⑤一書。法典中的創造說和其他一類的東西，我並沒有十分注意，反而使我傾向於無神論的方面。

我有一個堂兄弟，他的學問是我素所敬仰的，於是我將疑難告訴他。但是他也不能解答，只這樣的回覆我道，「你長大了就能夠自己解決這些疑惑。這些問題不是你這樣的年紀所應當有的。」我於是不敢則聲，但是不能滿意。《摩奴法典》中關於食物及類似的諸章，在我看來，和日常生活都恰好相反。我一提到這些疑惑，也得到同樣的回答。

無論如何，《摩奴法典》沒有教我戒殺。我已說過我吃肉的故事，《摩奴法典》似乎還擁護此事。我又覺得殺蛇和臭蟲之類是很合於道德的。我記得那時候殺臭蟲以及其他小蟲，自以爲是一種責任。

---

④ 自傳中這一段，斯各德君曾提出否認。斯各德君是一位教士，四十年前，他曾在拉吉科特傳過教。甘地承認斯各德君的話，以爲他所陳述的實是敘述他幼時的傳聞而已。參看《甘地的理想》八十七頁。

⑤《摩奴法典》是印度很古的一部宗教和法律的典籍，爲擁護階級制度的權威。文中並有宇宙生成和人類起源的傳說。

但是有一件事在我卻根深柢固，牢不可破，那就是以為道德乃是萬事萬物的根本，而眞理又為一切道德的本質。眞理如今成為我唯一的對象，並且也一天天的增大。自此以後，我對於眞理的定義也更為廣博了。

有一節古加拉特文的教訓詩緊緊地抓住了我的心。詩中「以德報怨」（return good for evil）的一句格言，竟成為我處世的南針。我為所感動，常是如此去做。文中最奇異的幾行是：

投爾一碗水，報之以美飧；
向爾致好意，鞠躬以感恩；
給爾一便士，答之以金元；
倘救爾生命，捨身何足論；
遵此嘉言行，賢哲所遺存；
即使沾小惠，投報宜十翻；
惟有高貴士，方知齊四民；
逢惡報以善，用德以報怨。

當我大學入學試驗及格以後，長輩要我進大學去繼續讀書。喀地瓦的巴甫那伽

（Bhavnagar）和孟買都有大學，而前者比較便宜，於是我便決定到巴甫那伽去，進入了沙馬爾達斯大學（Samaldas College）。入校以後，茫然不知所措，覺得無一門不困難。我趕不上教授的演講。這怪不得教授，這個大學的教授都是第一流的人物，而我的程度太不足了。一學期終了，我遂回家。

達夫馬甫先生（Mavji Dave）⑥是一位聰明而有學問的婆羅門，爲我家的老朋友兼顧問。我放假的時候，他來看我們。和我的母親和二哥談話之間詢及我的學業，知道我已入沙馬爾達斯大學，說道：「現在時代不同了。你們若沒有受過適合的教育，沒有一人能夠繼承你父親的事業仍爲冢宰。這一個孩子既然仍在求學，你們還是應當要他去繼承冢宰的地位。然而進大學要得到學士學位，非四、五年不可，得了學位，所得地位還是很低，談不到冢宰。又像我的兒子，他去學法律，時間更是來得長久，到那時也許有成群的律師渴想當一當冢宰。我勸你們把他送到英國去，我的兒子基發爾朗說做律師很容易。他留學三年就可以回國。至於費用不會超過四千到五千個盧比呢！」

我們常稱達夫馬甫先生爲約書先生（Joshiji），他十分堅定地問我道，「你有沒有意思到英國去讀書？」這在我自然是最爲歡迎。我在那裡正因爲功課困難而發愁，聽到此說，即刻

---

⑥ 專有名詞之後添一Ji字，表示敬意，說話、作文常有如此用法者。如甘地先生（Gandhiji）、斯瓦米先生（Swamiji）等，即其例也。

跳了起來，說是送出去讀書愈速愈妙。可是考試就不容易趕急通過。然則我不能去學醫嗎？

我的二哥立即插嘴道，「父親絕不喜歡此事。他說我們毗濕奴教徒不應該去從事截割死屍的工作，意思隱隱指你而言。父親的意思要你去學律師。」

約書先生笑說道：「醫學學位不能使你作冢宰，我要你將來去作冢宰，如其可能的話，或作更好的事。只有那樣你才能擔得起大家庭的責任。時局變動很快，並且愈變愈困難。所以還是以作律師為上策。」

約書先生離開後，我便開始胡思亂想起來。二哥的心裡也在那裡盤算不已。如何籌款送我出國？似我這樣年輕，而聽其一人出國，是否應當？母親更為發愁，她不願意離開我，於是只好用這樣的話把我支開道：「叔父現在是一家之長，應該先去跟他商量。若是他答應了，我們再商量不遲。」

我謁見叔父，行禮以後，把這些情形告訴他。他想了一會說道：「這是否和我們的宗教相合，我還不大確定。不過就我所聽到的，也不無可疑之處。我會見那些大律師，看見他們的生活和歐洲人並無分別。飲食方面毫無顧忌。雪茄從不離口。衣服也不知羞恥，和英國人一樣。這和我們家裡的習慣都不合。我目前就要去巡禮，在世上也就不久了。我這樣行將就木的人，怎能許你跋涉重洋，到英國去呢？但是我也不阻攔你的壯志。這還是要得到你母親的允許。若是她答應了，那你就可以一帆風順！你去告訴她，我不阻擋此事。你去，我在這裡為你祝福。」

回到拉吉科特以後，我將上面的情形一一報告。可是母親仍然不願意。對於一些小事發了許多疑問。有人告訴她說，少年人一到英國，道德上便墮落了。又有人說，少年人一到英國，便要吃肉；更有人說，到那裡非飲酒不可。於是她問我道：「這一些事情怎麼樣呢？」我回答道：「親愛的母親，妳不相信我嗎？我不敢對妳撒謊。我誓不近這些東西。若是那裡有這種種危險，約書先生能贊成我去嗎？」

母親說道：「我相信你，但是你如身在異國，叫我如何放心呢？我是有點糊塗了，不知要如何才好。我要去問問斯瓦米．伯查爾先生（Bechurji Swami）。」

斯瓦米．伯查爾先生也是出身於摩提巴尼亞階級，⑦現爲耆那教僧侶，同約書先生一樣，也是我們的家庭顧問。他幫著我說道：「我要這孩子嚴肅的發下三個誓，然後許他去。」於是由他監視，我發誓到英國以後，要保守貞潔的生活，不飲酒，不食肉。發過誓以後，母親方始答應，替我祝福。

得了母親的允許祝福，我爲之大喜，遂去到孟買，那時我的妻養了一個孩子，已有幾個月了。到了孟買之後，朋友們告訴我哥哥說，印度洋每年在六、七兩月風浪險惡，此次即是我第一次遠渡重洋，不如於十一月放洋爲佳。有人並且報告說，那時適有一輪船爲風暴所打沉。這種消息使得哥哥放心不下，不許我立即放洋。於是留下一位朋友在孟買伴我，他卻

---

⑦ 這位斯瓦米先生也屬於摩提巴尼亞一階級，和甘地家一樣。

回到拉吉科特去作他自己的事。他將我的旅費交給內兄保管，託付一些朋友在需要時幫助我。那時我在孟買時間很是迫切，而我仍繼續夢想著到英國去。

當時我那同階級的人爲了我的出國，大爲激動。到那時爲止，還沒有摩提巴尼亞階級人到英國去過，我若是悍然不顧，就要按律議處。這一階級人於是開了一次大會，命我出席。我不知道那時何以忽然鼓起了勇氣，絲毫都不猶疑，毅然去赴會。這一階級的先師（Sheth，長老之義）跟我不甚親近，而跟我的父親交情很好，他這樣對我說道，「據我們階級的意思，你打算到英國去的計畫是不正當的，我們教裡禁止飄海出洋。我們並且聽說要到那邊去住，就非得把我們的宗教放棄不可。一個人要逼著和歐洲人一樣飲酒食肉！」

我回答道：「我以爲到英國去並不違反我們的宗教。我打算到那裡去求高深的學問。你們所最畏懼的三件事，我已鄭重的向我的母親宣誓，絕不接近了。我相信誓願可以保我平安。」

先師接著道：「但是我們要告訴你，到那裡去是絕對不能保持我們的宗教的。你知道我跟你父親的關係，你就應該聽從我的勸告。」

我說道：「我知道那些關係，你也算是我的一位長輩。但是這一件事我沒有辦法。我到英國去的決心，不會變更。我父親的朋友兼顧問的某先生，是一位有學問的婆羅門，對於我到英國去並不反對，我的母親和兄長也已經應允我了。」

「那麼你是要不顧階級的命令了？」

「我眞的是沒有辦法。階級不應該干涉這一類事。」

這一句話把先師激怒了。他詛咒我，然而我坐在那裡昂然不動。於是先師宣布他的命令道，「自今日起，將這小子逐出階級之外。有誰幫助他或者到船上去送行的，罰一盧比四安那。」

這一條命令我置之不理，隨即離開先師而去。但是我詫異的就是我的哥哥如何處置。幸而他力持鎭靜，寫信安慰我，允許我仍然可以前去，先師的命令可以不管。

當我為這種景況所苦的時候，聽得有一位朱那加地（Junagadh）律師定乘九月四日開行的船到英國去。我找哥哥拜託照料我的那些朋友去商量。他們也贊成我不要失去和這一個人相伴到英國去的機會。時不可失，我打電報去徵求哥哥的同意，他回電允許了。於是去找我的內兄要錢。但是他因為先師的命令，說他不能供應逐出階級的人。為了此事，我只好尋一位本家的朋友，向他通融旅費和雜用的錢，並要他把我哥哥借出去的錢設法討回來。這位朋友不僅慨然答應我的請求，而且還鼓勵我。

我即刻以一部分的錢將船票購妥，然後製辦服裝，準備出發。那時又有一位朋友於此事頗有經驗，他把衣服和其他事物為我預備妥當。那些衣服有我喜歡的，也有我一點都不喜歡的，例如領帶，後來我甚為喜歡，而當時卻很厭惡。短衣我也視為無禮。但是到英國去的念頭，盤踞在我心裡，這些不悅之意，都因而化為烏有。船上應用之物，也就當用的一一置好。我的朋友並且在朱那加地的那一間艙裡替我留了一個鋪位，又把我託付給他，他是年齡稍大、富有經驗、深通世事的人。我那時只有十八歲，世界上的事，一點經驗都沒有。

後來我們於九月四日起椗，月底抵南安普敦（Southampton）。在船上的時候，我穿一套黑衣，我的朋友替我置的一套白法蘭絨衣服，我留著到上岸才穿，我以為登陸以後，著白色衣服為宜，所以我上岸的時候著白色法蘭絨。那時已是九月末了，只有我一個人穿這樣的衣服。我把所有的行李交給格林得來公司（Grindlay & Co.），學其他人的方式，把鑰匙也交給公司。我看著只有我一個穿白衣服，眞是羞愧極了。到了旅館，才知道第二天是星期日，不能到格林得來公司取行李，我不禁生氣。我在南安普敦，打電報給麥他博士（Dr. Mehta），當晚他就來看我。他很誠摯的歡迎我，但又笑我穿法蘭絨的衣服。我們談話時，我偶然拿起他的帽子，想看看是怎樣的光滑，於是把手放上去，不意之間誤觸帽上的毛。麥他博士看見我的行為，面有怒容，禁止我再去撥弄。這是我將來的一個警告，也是我對於歐洲禮節所學的第一課。

我還是繼續想我的家，想我的國。母親的愛時時縈繞著我。到了夜間，眼淚像泉水一般的淌下來，對於家庭的各種想念，簡直不能成寐。誰都不能替我分憂。即令能夠如此，又有什麼用呢？我不知道有什麼足以安慰我的。人民、生活的方法，甚而是他們的居室，在我無一不是新奇。對於英國的禮節，我完全是陌生人，得繼續留心。還有不便的便是蔬食這一個誓願，我能吃的又多是淡而無味。於是我不知所從了。英國我是不能忍受，但是回印度我又不想，內心以為我既然來了，一定要撐完三年再說。

第四章　在倫敦的生活

麥他博士一看我的房間和器具，搖頭表示不贊成。他說：「這個地方不行。我們到英國來，讀書以外，同時還得熟習英國的生活和習慣，那你非得住到一戶人家去不可。但是在未搬以前，我想你應該先跟我一位朋友學習學習，那位朋友會照應你。」

這個提議我欣然接受，於是搬到那位朋友的家裡去。他十分和善而又盡心，待我和自己的兄弟一樣，告訴我英國的習慣。然而我的飲食，仍然成爲嚴重的問題。燒煮的菜不加調味，我不能吃，因而廚師也弄得不知如何是好。我們早餐吃燕麥粥，甚爲滿意，但是中餐和晚餐我時常挨餓。那位朋友總勸我吃肉，但是我爲了有誓在先，總是默然不答。中餐和晚餐我們有菠菜、麵包和果子醬。我的食慾常常變得貪多無厭，但是要兩片或三片麵包，似乎是不應該，我因而畏羞不敢。中點和晚餐都沒有牛奶。那位朋友有一次對於我的情形實在氣憤不過了，公然的對我說道：「你若是我自己的兄弟，我眞得要你捲鋪蓋回去。對一位不識字而又不知道此間情形的母親宣誓，我眞不知有什麼價值？你的誓約完全算不得誓約，在法庭上也不能視之爲誓約。這純然是對於這樣的一種允許的迷信行爲。你要如此固執，這裡會沒有什麼你可以得到的。你自承以前曾吃過並且也喜歡過肉食。完全不必要的時候，你倒去吃，當吃的時候，反而不吃了。」但是我仍然堅持不變。

這位朋友於是和我開始辯論，而我卻老是用消極的方法應付他。他發的議論愈多，我愈不屈服。我每日只禱求上帝的保護。我對於上帝的觀念並不清楚，但是相信冥冥中是有上帝在那裡運作不息；這粒種子是我那位良善的保姆朗巴替我埋下的。

當我在城中閒逛的時候，最後在法林頓街（Farrigdon Street）找著了一家素食館。我看見之後，其歡喜正同小孩得了他所要的東西的情形一樣。我還沒有舉步入內之先，周覽門旁玻璃窗內所陳列的書籍。其中有一冊沙爾特的《素食論》（*Salt's Plea for Vegetarianism*），我花了一先令買來，然後走入餐館。我在這裡才嚐到抵英國以後，第一次快心的食品。上帝來助我了。

我將沙爾特的書從頭至尾細讀一遍，深爲感動。從讀過那一部書以後，我才成爲一個自願的素食者，慶幸自己那一天在母親面前所宣的誓。以前之所以不食肉，是爲了眞理和所宣的誓，而同時卻願意每個印度人都成爲肉食者，眞的，我那時已經想到，如有一日，我脫然一身，我就要自由公開的從事於此，並勸別人也要如此。到現在，我總傾心於擁護素食主義，而以廣事宣傳爲我的使命。

我以前從孟買帶來的衣服，現在看來不適宜於英國社會，因而在海陸軍成衣店（Army and Navy Stores）另製新衣，並花十九個先令買一頂緞帽。還不以爲足，又在龐德街（Bond Street）花上十鎊做一套晚禮服，我那和善的哥哥又送我一條雙金錶鍊。使用現成的領結不合於禮，所以我又學會自己打領結。在印度，鏡子是一件奢侈品，只有家裡的理髮師替我理髮的日子，可以面對一下鏡子。在這裡，我每天立在一面大鏡前面要花上十分鐘工夫，來打領結、分頭髮。我的頭髮並不柔軟，用刷子將頭髮弄得服貼，成爲每日的功課。每回將帽子戴上或取下的時候，手總不知不覺地向髮上去撫摸一遍，使之就緒。

以上種種還不以爲滿足，我的注意更轉到其他的小節上去，以期養成英國式的紳士。於是有人說我得再學一點跳舞、法文和演說術。我已決心到一個跳舞學校去學跳舞，交三鎊錢以爲第一學期三星期的學費。我大約學了六堂課。然而我於有節奏的動作不能有所成，因爲我跟不上鋼琴，於是不能跟上節拍。然則我當怎麼樣呢？故事上說一位隱士爲了要養貓驅鼠，於是養一隻母牛來擠奶餵貓，又用了一個人去看牛，如此這般的弄了下去。我此時的野心也像那位隱士一般了。我以爲我應當學會拉提琴，以培養聽西洋音樂的耳力，於是我花上三鎊錢去買一把提琴，學費更不止此，然後找第三位先生教我演說術，付初學學費一幾那（**guinea**）。他介紹我去買貝爾的《標準演說家》（***Bell's Standard Elocutionist***）作課本。

貝爾教本中的警鐘把我敲醒了。最後我自言自語道，我既不打算在英國住一世，然則學會了演說術有什麼用呢？難道學會跳舞，就可以使我成爲紳士嗎？提琴在印度也可以學。我是一個學生，應該從事我的學問事業。若是我的品格能使我成爲紳士，那自然再好不過，否則，我就要放棄這種妄想。

這種種想法盤據了我的心中，因而寫了一封信給演說教師，告之我的想法，聲明不再上課的歉忱。又寫一封同樣的信給跳舞教師。此外，親自去看提琴教師，商量以某種價格將提琴出讓。提琴教師對我較爲客氣，我因此告訴她說，我近來發覺我以前的理念都錯了，她對我決定全然改變也予以鼓勵。這一些事情我沉溺其中，前後大約有三個月光景，至於衣服方面之斤斤於繁文縟節也歷好幾年。然而從此以後，我成爲一個學生了。

可是我之學習跳舞等等，不可誤會以爲我的生活是在墮落。雖在那時，我的靈智依然不滅，在沉溺的時期中，藉內省之力得以拯救者不少。我的花費都立有帳目。當我把帳目一算，發覺我應該節省，因此決定將生活費用減少一半。據帳目所記，有許多項目都是花費於飲食上面，還有寄住在人家裡，每星期照例要付伙食。此外，還得偶然請他們某人到外面去吃飯，或者和他們參加宴會，此中並包括有一筆很重的車費。若是一位女朋友，男子照規矩應當負擔一切的費用。在外面吃飯，而每星期照例所付的伙食又不能將不在家吃飯的次數扣除，所以是一種額外的消費。這在我看來，都可以省去，而我的荷包因我動用不節，也有點空虛了。

所以我決定自行租屋，不再寄住在人家裡，又按我工作的地方而時時搬動，如此同時可以得到新的經驗。房屋的選擇以步行三十分鐘可達工作地者爲準，這樣又可以省費用。以前我無論到何處都得坐車，散步還得另挑時候。採行新法以後，散步與經濟合而爲一，一方面省錢，一方面我每日可以步行八哩到十哩路。我在英國那麼久，實際上沒有得病，而身體練得很強，大部分得力於這種長途散步的習慣。

此後不久，我瀏覽了一些論述簡單生活的書，於是把所租多餘的房間退去，只留一間，中裝爐子，自行在家裡煮早餐。作一點燕麥粥，燒一點開水沖可可，因此所花還不到二十分鐘。中餐在外面吃，晚餐用麵包和可可，也在家中自備。每日所費只有一先令三便士左右。這一個時期，我讀書也最用功。簡單的生活，使我有充裕的時間讀書，我的考試也及格了。這樣的經濟，我的生活一點也不覺得枯寂，反而因此變化，身心內外的行動諧和無間，和家庭的意旨也因而一致。我的生活自然更爲眞實，內心的喜悅也就無邊無涯了。

四十年前留學英國的印度學生比較不多。他們雖然結過了婚，到此仍說自己還是鰥夫。英國中學和大學的學生都沒有娶妻，學生時代視爲萬不可以結婚。我們印度古來原也如此，近代才有童婚之習，這在英國實際上是不知道的。在英國的印度少年因此也羞於說他已經結婚。我也受了影響，毫不遲疑地說我未娶，其實我已結婚，並且還是一個兒子的父親了。我這個扯謊者其實也很苦惱，猶幸我的靦腆和靜默，將我從深淵裡救了出來。

有一個假期，我和一戶人家在梵特諾（Ventnor）住。照這種家庭的習慣，主人的女兒應該帶客人出去散步。這家主人的女兒一日帶我到梵特諾附近的小山上去。我走路並不算遲，但是我的同伴走得更快，將我拖在後面，一路上嘖嘖嘈嘈地說個不停。我有時輕輕的回答一聲「是」或「否」，最多也不過說，「是，多麼美啊！」她像一隻鳥似的飛，我疑惑著不知道什麼時候才能回家。於是我們到了山頂，可是怎樣下山又成了問題。這位二十五歲左右年輕的少女，雖然穿的是高跟鞋，可是一溜下山，如箭一般。我是滿面羞慚，蹣跚下山。她站在山下望著我只是笑，打算走來扶我。好容易，一面走，一面喘息，幾乎是連滾帶爬才到山腳。她大聲笑道，「好漢子！」又把我羞了一頓。

但是我不能把傷害全然避去。上帝還要罰我不誠實的罪。有一次我到布里頓（Brighton）去，在旅館裡遇見一位和善的寡婦。這是我到英國的第一年。旅館的菜單都是寫著法文，我看不懂。我和這位年老的太太同在一個桌上，她看見我是生客，並且不知所措的樣子，即來幫我的忙。她說道：「你似乎是一位生客，並且看來不知所措。你爲何不點菜呢？」我道了謝，將我的困難告訴她，說我不懂法文，不知哪幾樣是蔬菜。

她說道：「讓我來幫你，我把菜單解釋給你聽，將你可以吃的指示給你。」這是我們友誼的開始，我在英國以及後來許久，友誼仍然長留未絕。她把她在倫敦的住址寫給我，並且邀我每逢星期日到她家裡去晚餐。逢著特別的機會，她還要介紹幾位年輕的少女給我，要我和她們談話。這些談話之中，特別可以稱述的是一位與她同住的少女，我們兩人常常在一起談天。

這些事最初我都很勉強。談話時既不知道從何處說起，也不能夠縱情笑謔。但是她時時引著到那條路上去。我於是開始學習，時間一久，只望星期日到臨，並且喜歡和那位年輕的朋友談話。

這位上了年紀的太太在那裡把她的網一天一天撒開。她對於我們的聚會感到興味。也許是她對於我們自有其一種計畫，亦未可知。我十二萬分的迷惑。我問自己道：「我若是早日告訴那位和善的太太，說我已經結了婚，那是多麼的好！她現在也許以爲我們已經訂婚了。然而從事補救，絕對不宜再遲。現在即說實話，還可以免除許多愁慮。」我的心上既然如此，於是遂寫了下列這樣的一封信給她：

自從在布里頓會見以後，承蒙妳的厚遇；殷勤看顧，有如慈母之於其子。妳又以爲我是應該結婚了，於是妳介紹了一些年少淑女給我。不過我爲了事情不要弄得太複雜起見，我要向妳懺悔，我已不值得妳的眷顧了。我最初造府奉看的時候，就應該告訴妳，我是已經結了婚的。我知道在英國的印度學生對於他們的結婚，大家都瞞住不肯告人，我也不能例外。我現在知道我不應該如此。我並且要告訴妳，我在小時候便已結了婚，如今已做了一個孩子的父親。此事我到如今才告訴妳，實是不安之至。但是我很高興上帝給了我勇氣來説出眞話。不知妳是否能夠諒恕我？至於妳所殷勤介紹的那位賢良的淑女，我自知我的分際，不敢作非分之想。妳不知道我已結婚，自然希望我們可以訂約。但是我們的友誼只能止於此步，所以我不能不向妳陳明我的實情。

若是妳接到了我這封信，以爲我不值得再受妳們的厚遇，那我也不怪妳。妳那種和藹和顧念之情，我已是永遠感激不盡了。假使妳看了我這封信以後，如蒙不棄，仍然以爲我還值得妳的厚遇，那是我所不惜千辛萬苦以謀得到的，我自然喜之不勝，並且更足以見出妳的和愛顧念之意。

這一封信我寫了又改，改了又寫，總有若干次。寫完以後，若釋千斤重負。我的信發去以後，大約即是原班郵差遞到了她的回信，信內約略說道：

你那封坦白懇摯的信收到了。我們兩個人都很高興，並且歡笑了一場。你所說的那種不誠實，是可以諒恕的，好的就是你對我們全然相處以誠。我邀請你的意思仍然不變，我們並且希望你下星期日仍能惠然降臨，得以一聆你當年童婚的情形，對於你的損失，我們要大大的嘻笑一番。我們的友誼並不因此而受些微影響，務請你不要介懷。

我這不說實話的過失就此消除了。以後無論在什麼地方，如有必要，我總毫不猶疑的說我已經結了婚。

我到英國的第二年年底，遇見了兩位神學先生，他們是兄弟，都沒有結婚。他們向我談到《薄伽梵歌》（*Bhagavad Gita*）。他們讀過阿諾爾德爵士（Sir Edwin Arnold）翻譯的《天國之歌》（*The Sog Celestial*），希望我將原文讀給他們聽。我不禁覺著羞愧了，我從沒有讀過梵文的原作，也沒有讀過古加拉特文的譯本。我只得告訴他們說我沒有讀過，但是我願意爲他們讀一遍，我的梵文知識雖不甚高深，但我希望我能讀得懂原文，並能將譯本有失原意處爲之指出。於是我對他們開始誦讀《薄伽梵歌》。讀到下面所舉第二章內的一節詩，在我心裡淡淡的留下了一個印象：

默念身外物，
即足引思量；
思量生願望，
願望若激揚，
慾念遂猛狂；
慾念涉放縱，
良知斯淪亡；
於時墮高志，
心靈亦以喪；
馴致並其人，
舉歸無何鄉。

這部書眞令人感動，眞是無價之寶。我心裡對於《薄伽梵歌》的這種訓誨，一天一天的年限延伸，時至今日，我以此歌爲求眞理的至高無上的書，當我困阨的時候，尤其給我無限的幫助。所有的英文譯本，我幾乎都讀過，其中以阿諾爾德的譯本爲最好，因爲此譯本對於原文甚爲忠實而讀來又不似翻譯。我雖然和那些朋友同讀《薄伽梵歌》，其實我也在那裡學習。一直到若干年後，才成爲我每日常讀的書。

那時我只知道阿諾爾德是《薄伽梵歌》的譯者，他們於是又介紹阿氏所著的一本《亞洲之光》（*The Light of Asia*）給我，我讀了以後所感到的興趣比《薄伽梵歌》還來得濃厚。我一開始讀此書就捨不得放下。他們有一次又帶我到布垃瓦次基會（Blavatsky Lodge）裡去，介紹我見布拉瓦次基夫人（Madame Blavatsky）和貝桑夫人（Mrs. Besant）。貝桑夫人那時才加入通神學會（Theosophical Society），她敘述改信的經過，我聽來很感興味。這兩位朋友勸我加入，我婉謝道：「因為我對於我自己的宗教粗有所知，我不能加入其他的宗教團體。」這兩兄弟於是又介紹我讀布拉瓦次基夫人著的《通神學入門》（*Key to Theosophy*）。因為讀這一部書，於是引起我讀印度教書籍的慾望。我心中所有從基督教士得來以為印度教多是迷信的謬見，至是始克一掃而空。

大約即在那時候，我於素食館中得遇一位來自曼徹斯特（Manchester）良善的基督教徒。他對我談基督教，我將在拉吉科特所傳聞的告訴他。他聽了甚是難過，說道：「我是一個素食者，我不飲酒。有許多基督教徒食肉飲酒，自然不能否認；但是《聖經》上並沒有教人食肉飲酒。請你一讀聖經，便可知道。」我接受他的勸告，他給我一本《聖經》。我彷彿記得他以賣《聖經》為職，我從他那裡購了一本有地圖、索引和其他的《聖經》。我開始閱讀，但是《舊約》我實在讀不下去。將《創世紀》（*Genesis*）讀完，以下諸篇，便催人欲眠。但為表示我已讀過起見，其他各卷我只有勉強結篇，絲毫不感到興趣和了解。我不喜歡讀《列王紀》（*Book of Numbers*）。

但是《新約》給予我的印象卻大不相同，尤其是《山上書》（*Sermon on the Mount*），文中的話語直打入心坎。我拿來和《薄伽梵歌》比讀。《山上書》中有這樣的幾句道：「我對你說，你不要抵抗罪惡，若是有人打你的右頰，你將左頰也轉過去給他。若是有人把你的裹衣拿去，你就把外衣也給了他。」我讀了這幾句，喜歡之狀，非言語所可形容。不禁令我想起巴特・沙馬爾（Shamal Bhatt）的「投爾一碗水，報之以美飧」的一句詩了。我幼稚的心想把《薄伽梵歌》、《亞洲之光》和《山上書》中的訓誨一齊融會貫通起來。不抵抗觀念（idea of Renunciation）乃是宗教最高的形式，很使我感動。

讀過此書以後，再讀其他宗教家傳記的渴想爲之一增。一位朋友於是介紹卡萊爾的《英雄與英雄崇拜》（*Carlyle's Heroes and Hero Worship*）給我。我讀了〈先知者傳〉（Hero as a Prophet）一篇，才認識回教先知者的偉大勇毅，與生活之嚴肅。

除此以外，我對於研究宗教，因爲預備考試太忙，遂無餘暇作更進一步的探討。但是心中卻時常念念不忘，以爲我還得多讀一點宗教書，和認識其他所有的重要宗教。

關於無神論有什麼方法再知道一點呢？凡是印度人大約都知道布拉得勞（Bradlaugh）的名字和他所倡導的無神論。關於無神論的書籍，我曾讀過一些，現在書名都忘了。我已經越過了無神論的撒哈拉沙漠，所以這一派對我沒有影響。貝桑夫人那時正是光輝燦爛，也從無神論轉入有神論，因而更加強我對於無神論的厭惡。我讀過她所著的《我轉爲通神論者的自述》（*How I became a Theosophist*）一書。

布拉得勞氏大約也就死於是時。他葬於溪林寺（Brookwood Cemetery）。我曾參與葬禮，相信當時留居倫敦的印度人也都曾到場。有少數教士也到那裡致他們最後的哀忱。葬禮後我們回去，在車站等車。有一位無神論者從人群中竄出問那幾位教士道：「請問先生，你相信上帝的存在嗎？」

那位純善的人低聲答道：「我相信。」

無神論者面帶自信的神氣，微笑道：「地球圓周二萬八千哩，你也是同意的。那麼，請告訴我，你的上帝大小怎樣？住在何處？」

不錯，若是我們能知道，那「祂」就住在我們兩人的心裡。

「現在，不要再把我當作一個孩子看待了。」這位朋友說完之後，看我們一眼，臉上浮著勝利的光輝，而那位教士只是沉默不語。

這一回談話，更增加我反對無神論的成見。

正是這個時候，亨羌得拉・拿拉揚（Narayan Hemehandra）來到英國。我知道他是一位著作家，我們在國家印度協會（National Indian Association）馬寧女士（Miss Manning）的家裡見過。當我到她家裡，我只是坐在那裡一言不發，除非對我說話。她向我介紹亨羌得拉・拿拉揚。他不懂英文。他的衣服很奇怪，穿一條笨拙的長褲，上身是一件滿是皺紋、骯髒不堪的棕色上衣，作拜火教人裝扮，沒有領帶也無領子，一頂有穗的羊毛織便帽，一把長鬍子。身體短小瘦弱。圓圓的臉上點綴了一些痲子，鼻子不尖不平。這樣一副奇怪的形容和奇怪的衣服的人，在時尚的社會裡是一定會被請出去的。

我們每天見面。我們的思想和行爲相似處極多。我們兩人都是素食者。因此我們常在一起吃中餐。這是我一星期只花十七先令自己煮飯吃的時候。有時我到他家裡去，有時他也到我這裡來。我煮東西是學英國式。但是他除了印度式的煮法以外，什麼也不喜歡。我時常煮些胡蘿蔔湯，他也常常勉強吃我的口味。有一次他弄了一些扁豆，自己做好，帶到我那裡。我吃得很高興。我們常是這樣彼此交換，我把好東西帶給他，他也把他的帶給我。

那時馬寧主教（Cardinal Manning）的大名，誰都知道。船塢工人罷工，得彭斯（John Burns）和馬寧主教的斡旋，不久即行結束。我以狄斯拉累（Disraeli）所貢獻於這位主教的單純生活，告訴亨羌得拉．拿拉揚。他說道，「那麼我一定得見見這位聖人。」

「他是一位大人物。爲什麼你要去看他呢？」

「爲什麼？我自有道理。我要請你用我的名字寫一封信給他。說我是一位著作家，我個人想去祝賀他的人道工作，並且告訴他說我不懂英文，所以請人翻譯。」

我於是遵照他的意思寫了一封信。過了兩、三天，馬寧主教回一個明信片，約我們見面。於是我們兩人去見主教。我穿上普通的訪客衣服。亨羌得拉．拿拉揚和平常一樣，仍然穿上那件上衣、長褲。我試著對他開玩笑，他卻笑了我一頓，說道：「你們文明人都是懦夫。大人物絕不重視一個人的外表，他們所想的只是他的內心。」

我們到了主教的家裡，剛好坐定，一位瘦長的老紳士便出來對我們握手。亨羌得拉．拿拉揚於是致賀詞道：「我不打算耗費你的時間。關於你的事，我聽得不少，你爲罷工的工人作了好事，我覺得我應該來致我的謝意。我的習慣是要遍訪世界上的賢人，這是我來打擾你的微意。」自然他說這些話是用古加拉特語，而由我替他翻譯。

主教回答道：「你到這裡來，我很高興。我希望你在倫敦住得還合適，並且希望你能和這裡的人接觸。願上帝賜福給你。」說完了這些話之後，他便站起來對我們道別了。

有一次亨羌得拉・拿拉揚到我這裡來，身上穿一件襯衣，下身圍一條布裙（dhoti），[①]如同我們在印度穿的一樣。和善的房東太太開門一看，嚇得跑來對我說道：「有一位狂人要來看你哩。」我到門邊看見亨羌得拉・拿拉揚穿一條布裙，也頗爲驚異。但是他的臉上並沒有什麼，只是平常的微笑。

「街上的兒童不嘲笑你嗎？」

「是的，他們跟著我跑，但是我毫不在意，他們也就不叫了。」

亨羌得拉・拿拉揚在倫敦住了幾個月以後，又去到巴黎。他開始學法文，翻譯法國書。我所知道的法文已經足以修正他的翻譯，於是他請我校正。但是他的文章不能算是翻譯；那是另一篇新東西。

---

① 用一長塊棉布，圍繞腰部，並將下身遮蔽起來，這種服裝稱爲 dhoti。

最後他決心到美國去。好不容易才買到了一張甲板票。到美國以後，有一次出外穿一件襯衣和布裙，竟被人以「穿淫猥的衣服」起訴。我記得他後來是釋放了。

在英國充當律師容易，找實習的機會卻難。我的主旨在學法律，但是我不知道要怎樣去實習。我讀《法學金箴》（*Legal Maxims*），甚感興趣，可是卻不知道要怎樣去應用。

當我讀法律的時候，只是懷疑莫釋，因此將這種困難告訴幾位朋友。其中一位主張我到諾洛·達達貝先生（Dadabhai Naoroji）那裡去請教。我從印度來的時候，本帶有一封介紹信給他，但是以爲他那樣的偉人，我沒有權去拜訪。有時他公開演說，我也赴會，總坐在演講廳的一個角落裡恭聽，心滿意足的聆聽了一頓，然後歸去。他爲了和學生接近，於是創設了一個協會。我也時去赴會，對於達達貝之關切學生以及學生之敬重他，頗爲喜悅。到後來我鼓起勇氣將介紹信遞給他。他說道「你若是願意的話，到我這裡來，我可以指導你。」但是他的盛意，我始終沒有去領受。

我也忘了，不知是否就是這位朋友介紹我去見賓各特先生（Mr. Frederick Pincutt）。他是一位保守黨員，但是他對於印度學生的好感卻是純潔而不自私的。有許多學生都到他那裡求教，我也約期見他，他答應了。這一次的拜訪，我絕不會忘記。他歡迎我如同朋友一樣，嘲笑我的悲觀。他說道，「從種種方面可以知道，作一個普通的律師，並不需要特殊的才能。普通的誠實和勤勉，就可以使他能夠生活了。所有的案件都不甚複雜。好，你就把你平常讀書的範圍說給我聽聽。」

我把我小小的範圍告訴了他，看他似乎有點失望。但是這只一瞬間，他隨又轉爲喜色，說道：「我知道你的煩惱。你的普通知識太缺乏了。你不知道世界，甚至連你本國的歷史，你也沒有讀過。一個律師應該要研究人的品性，而每一個印度人都應當知道印度的歷史。這和法律實習沒有關係，但是你應該具有那種知識。我看你連凱和馬勒生的《印度兵變史》（Kay & Malleson's *History of Muting*）也沒有讀過。趕緊將那部書買來，並且還要閱讀一、兩種研究人類品性的書。」

這位可敬的朋友對我所說的話，我是萬分感激。他的教導本身，對於我倒沒有什麼，只是他那種和藹的態度對我卻很有用。他那帶著笑意的誠懇面容，我至今還記得。我相信他所說要作一成功的律師，大才幹並非必要，只要誠實和勤勉就夠了的話。我這兩點都很齊備，因而心上爲之一慰。法律考試及格以後，我在英國住居的生活也告一段落了。

第五章　回到印度

現在已是我離開英國的時候了，於是買了船票於六月間乘阿薩號（S. S. Assam）回家。船到阿拉伯海，信風已起，過了亞丁（Aden）到孟買，一路上天氣都很壞。船上的旅客幾乎無一個不暈船，我卻仍然很好，在甲板上看那風波大作，浪濤洶湧反而非常快意。因爲大多數的旅客病了，早晨只有我們兩、三個人去吃早餐。我們吃燕麥粥，用碟子要很小心的擱在膝頭上，不然粥便會淌出來了。

外面的風暴，在我看來正是內心風暴的一個象徵；前一種既不能擾動我，後一種自然也是一樣。我自己的階級內，對我正醞釀了一個大風波，而我之開業作律師，也處於孤立無援的地位。還有我既然決心作一改造家，我自應籌劃怎樣才能開始一最好的改革。但是等待我的，比我所知道的還多著呢！

我的二哥已從喀地瓦動身到碼頭上來接我。他認得麥他博士和博士的兄弟；博士的兄弟堅持要我們到他家裡去，我們遂去他家暫住。我們在英國相識，回印後，舊誼未斷，因而形成我們兩家永久的交誼。我在回家的旅途中，心上只是縈繞著要去看母親。我不知道她已經不在人間，不能讓我返回她的懷抱了。噩耗到現在才告訴我，我自然免不了平常守服之類的一番儀式。母親死去時，我還在英國，哥哥以我遠在異國，因此密而不宣。這一個消息，在我是很嚴重的打擊，感受到的悲哀比父親死時還來得更大，我所懷抱的希望，大半因而粉碎了。可是我記得那時我並不敢怎樣恣情悲痛，甚至還勉強含住眼淚，在人生的道路上照常前進，好像沒有這回事一樣。

麥他博士替我介紹一些朋友，其中一位是他的兄弟，名叫賈格吉凡・來瓦香克爾（Revashankar Jagjivan），我們的友誼至今未衰。麥他博士又介紹了一位詩人拉羌得（Raychand），是他哥哥的女婿，賈格吉凡・來瓦香克爾是珠寶公司的股東，這一位朋友值得特別記述一下。他年齡還不到二十五歲，我第一次見面就知道他是一個學問淵博、品格奇特的人。他有一個諢名做「記百事」（Shatavadhani，即同時能記能聽一百件事）。麥他博士曾介紹我去試驗他的記憶力，於是我將自己所知道的歐洲語言儘量說出來，要這位詩人重述一遍。他能夠按著我所說的次序，覆述得一字不差。這種天才我雖羨慕，但並不傾倒，我所傾倒的只是他對於經典的淵博知識、他的純潔品性和期求自我實現的熱烈情感，而後者更是他所以生活的目的。下面所引穆克塔囊（Muktanand）的幾行詩，他是永銘心版，常不離口的，詩曰：

只有在我每天的日常行事中見出了「他」（Him），我才算是有福；
「他」眞是一根線，
這根線連住了穆克塔囊的生命。

拉羌得兄（Raychandbhai）①的生意值很多萬盧比。他是珍珠和金剛鑽石商人。所有商業不易解決的問題，在他都不是難事，但是這些都不是他的生命所圍繞的中心。他的中心乃是親近上帝的情感。在他的公事桌上總有一些宗教書籍和日記本。一個人做完了重要的交易以後，立即提筆書寫他精神方面隱藏著的事，那顯然全不是商人，而是一位眞正的眞理追求者。我留心看他在事務繁忙之中，傾心於這些精神事業，不止一、兩次，而是時常如此。無論在什麼景況之下，我從沒有看見他失去心中的平衡。我是一個繁瑣的律師，然而他一見我，總要對我談一些帶宗教性質的重要問題。我那時雖還是暗中摸索，於宗教討論不能有多少嚴正的意見，然聽他的說話，每覺得分外引人入勝。後來我曾拜訪過不少宗教大德，會見過不少各教的首領，卻總是沒有能和拉羌得兄一樣引起我印象的人。他的言語直打入我的心坎。他的品格和學問都不同流俗，尤其使我傾心者，他常以他最爲深處的想法告訴我，不想我走入迷途。因此在精神上，每逢無所適從之際，他便常常是我的逃避之所。

然而我對他雖是尊敬，卻不能視爲我心中的尊師（Guru）②。尊師還是沒有，我仍得繼續追求。我相信印度所說，尊師在精神實現中的重要。眞正的知識若無尊師，是不可得的學

---

① 古加拉特和印度各處都作興於朋友名字後面加一bhai字，意即兄弟也。
② Guru有精神的教師之意。

說。在世事方面，不完備的教師也許可以容忍，但在精神方面的事情可就不行。只有精神智慧圓滿無缺的主宰，才可以居尊師的高位。所以一定要不斷的追求圓滿。有了尊師，那就有望了。向圓滿作無限的追求，這是我們人類的權利。這種追求的報酬就在本身，其餘的是在上帝的手裡。因此我雖不能把拉羌得兒當作尊師放在我心坎的高位上，他在許多地方仍然是我的尊師和幫手。近代有三個人在我的生命中留下了很深的印象，並且吸引了我視線，那就是和拉羌得兒在生活方面的接觸；托爾斯泰（Tolstoy）方面是他的《天國就在你的心裡》（*The Kingdom of God is Within You*）；拉斯金（Rus kin）所著的《到了最後》（*Unto This Last*）。

我的二哥對我期望很高。他對名利的慾望很盛，他有廣博的心胸和恕惡的精神，加之以簡樸的性情，因之很能吸引不少朋友。他想從這些朋友中替我尋得許多門路。他又以爲我的事業不久就可以擴大起來，於是答應由家庭方面負擔一筆鉅款。他又用盡方法替我準備出庭作律師。

我那一階級對於我出洋的風潮，一直到我回國，還沒有止息。因此階級中顯分兩派，一派允許我仍回本階級來，一派則主逐我出外。我的二哥爲取悅前一派起見，未回拉吉科特以前，特地帶我到拿息克（Nasik），在聖河裡沐浴一次，到了拉吉科特，又備一次階級宴，爲我贖罪。這一些事，我全不喜歡。但是二哥愛我既是如此之厚，而我之愛他，也正不相下，因此我只好機械似地順著他的話去做。於是回到階級內的困難，在事實上總算是渡過了。

凡是一個團體以前拒絕過我的，我從不想請求允許加入。然而我對於這一團體的首領，心上也並無怨恨之情。其中若干人很不喜歡我，但是我十分細心地避免傷了他們的感情。我對於逐出階級的規條十二萬分的尊重。按這種規條，我的親戚連岳父、岳母、姨妹、內弟在內，都不得招待我；在他們家裡喝水都不行。他們打算祕密破禁，然而我是不喜歡作那些不能公開的祕密勾當的。

我謹言慎行的結果，從沒有爲了階級的事受過煩惱；不僅沒有受過煩惱，如今視我爲已經逐出的那一階級的一般人，反而對我愛顧有加，甚而對於我的工作予以幫助，且並不要我爲階級作一點什麼。我的意思，這些很好的現象乃是因我採取不抵抗的態度所致。若是我使力復入本階級；若是我打算把他們分裂成爲幾個團體；若是我激起了階級領袖的怒氣，那他們一定是要報復的。幸而我已看清這一點，否則我從英國回國便要捲入憤怒的漩渦，以至於被迫而爲僞善之黨了。

我的親戚與我的妻仍然如舊，不能如我所期。即是我在英國，也不能除去我的妒嫉。在每一件小事上，我還是照常懷疑，因此我懷抱的一些願望都無從實現。我已經決定要妻子學習讀書寫字，而我從旁加以幫助，但是半途上，我的情慾衝動，而她遂吃了我的短處的苦了。有一回我送她回娘家去，發話說要她受盡了苦才接她回來。後來我才明白我所爲的種種，純是愚蠢的行爲。

我曾計畫改革兒童教育，我的哥哥已有孩子；我自己的孩子，從我去英國以後，至今已四歲。我希望教這些小孩子一點體操，把身體弄結實，並由我個人施以指導。此事得哥哥的幫助，多少收了一點成效。和小孩子作伴是一種快樂，我至今還喜歡和小孩子遊戲說笑。那時還以爲我應該會成爲一位良好的兒童教師。

飲食改革的需要也是顯而易見的。我們家裡向來以茶和咖啡作飲料。哥哥以爲我回國之後，應該要保留一點英國風氣；因爲如此，陶器之類以前留著以備不時之需者，至此也普遍的使用起來。我的改革就是對於這些新器物的普遍使用。我介紹了燕麥粥，主張用可可來代替茶和咖啡，而實際只是於茶和咖啡以外，更添上了可可。家中已經穿用靴鞋，我又加上歐洲衣服，來完成歐化。

家裡的用費於是增加了。新的東西每天增加。我們在門口算拴住一匹白象了（意指耗費大而無用），但是一切應用的東西從哪裡來呢？在拉吉科特開業作律師，那簡直是笑話。我連夠資格的訟師（Vakil）③知識尚且沒有，卻在那裡想要十倍的酬勞費。沒有那樣蠢的事主會來找我。即會有那樣的一個人，我是不是應該去添加我愚昧的驕矜與欺詐，而增重我對於世界的負擔呢？

③ 凡是辯護士在印度經過法律考試及格者，印度稱之爲Vakil。

朋友們勸我到孟買去住些時候，以圖得到高等法院的經驗，研究研究印度的法律，弄幾樁案子辦辦。我接受了這個建議，於是去到孟買，在孟買住家找到了一位廚師，其不中用正如同我自己一樣。他是一個婆羅門，名叫拉維香克爾（Ravishankar）。我並不把他當作僕人看待，而視他爲家庭中的一員。他只將水潑在他自己身上，而從不去洗他的布裙，他的腰帶（sacred thread）都很骯髒，對於印度經典一點都不知道。但是我怎樣去找一位好廚師呢？

我只好問他道，「好，拉維香克爾，你既然不知道煮飯作菜，那麼你應該知道你每日禮拜（Sandhya）了？」

「每日禮拜，先生！犁是我每日的禮拜，鋤是我每日的儀節。我就是這樣的一位婆羅門。我一定得靠你的恩活下去，否則我只有去務農了。」

我沒有辦法，只好繼續作拉維香克爾的先生。那時既然無所事事，於是我自己動手去燒煮一半東西，並用在英國所得的經驗去煮蔬菜。我裝了一個爐子，要拉維香克爾去打雜。在我個人既不想吃中餐，拉維香克爾也沒有什麼吃，因而我們過得很舒服。就只一樣，拉維香克爾還是那樣髒，弄的東西仍然不乾淨。

我在孟買住了四、五個月，毫無收入供我開銷，我實在不能再住了。我在孟買找事失望之後，遂回到拉吉科特，在那裡設起事務所來。在這裡，收入勉強可以應付，每月平均約有三百盧比左右。但是這種工作只能說是得力於勢力，並非由於我的能力。哥哥的夥伴也有一個事務所。所有重要的案子，他送給大律師去辦，那些窮事主的小案子則撥歸我來處理。

我必須自承的，就是我以前抱定不給回佣的主張，現在卻讓步了。我曾聽說情形各不相同；在孟買，先得給招生意的人以回佣，而這裡卻須給那些替你招徠主顧的訟師以回佣；這裡也和孟買一樣，所有的律師都得提幾成，沒有例外。我哥哥的話語就使得我無言可答。他說道：「你看，我是又和一個訟師合夥。我們受理的案件，只要你辦得下的，都讓給你去辦，若是你不答應給我夥計的回佣，那豈不是叫我爲難。你和我既然連在一起，你的錢都歸公共所有，所以我自動的有一份。但是我的夥計得到什麼呢？假使他把案子給其他的律師去辦，他當然可以得到回佣。」我承認這種辦法，並且覺得若是我開業作律師，關於回佣的原則，我可不能這樣做。這是我自寬自解的話，說得憨直一點，就是我在欺騙自己。但是我要補上一句，其他的案件有沒有給回佣，我卻不記得了。

雖然這樣的收支兩方可以相抵，可是這時候，我卻受到有生以來第一次的打擊。我以前聽說英國官吏是怎樣的，但是直到現在，我還沒有親自遇見過。

我的哥哥是故波爾班達拉那（Rana of Porbandar）的祕書兼顧問，他在職時，曾被加上一個罪名，說是進了讒言，此事移到總督政治代表那裡去了。這位總督的政治代表素來和哥哥不睦。可是他在英國時和我相識，並且可以說交情還不錯。哥哥以爲我應該去敍敍舊誼，順便爲他說幾句好話。於是他說我可以去試試，把對於他的成見解除一點。我是全然不喜歡這種做法，因爲我以爲不應該靠著在英國相識的那一點小面子。若是我的哥哥眞有不是，我去說又有什麼用呢？若是他眞正無辜，他應該循著正當的途徑，上書辯白，靜候結果。但是哥哥不以我的話爲然。他說道：「你不知道喀地瓦的情形，你對於世故還欠缺得很。這裡是只講勢力。你是做兄弟的人，明明你可以向你認識的官爲我說幾句好話，你都不願意，不去盡你的責任，那是不應當的。」

我實在無法拒絕他，只好萬分不願的去見那位官。我知道我無權去見他，我也十分明白我把自己的尊嚴犧牲了。然而既受哥哥之命，就不能負其所託。我於是和他敘起往日的友誼，但是立即看出喀地瓦和在英國時不同了。請假退休的官和現任的官並不是一樣的。這位總督政治代表承認我們認識，可是一提起交情，就把他惹惱了。他說道：「當然的，你不是到這裡來濫用那種認識的，你是不是有這種意思？」他雖是如此說，我仍然把我的來意說明。他很不耐煩，說道：「你的哥哥是一個陰謀家，我不要聽你的話。我沒有時間，若是你的哥哥有什麼話要說，教他按照正當的手續申訴好了。」這種尖刻的回答，可算是活該。然而那時自私的心把我蒙蔽了，我仍然刺刺不休。那位政治代表霍地站起來說道：「你現在給我出去。」

我說道：「但是你聽我說完啊！」這句話讓他的怒氣更激動了。他叫僕人來領我出去。我那時還躊躇不決，那位僕人進來，便用手扶住我的肩頭，將我推出門外。

我爲此事，即刻寫一個字條給那位政治代表道：「你侮辱了我。你叫僕人打我。你若是不道歉，我就要對你起訴了。」他的回答迅即送來，紙上寫道：「你對我無禮。我要你出去，你不出去。我便要我的僕人引你出去。他於是請你出外，而你仍然置之不理。他因此才用了適當的力量把你推出去。你要怎樣做，都聽你的便。」

我得了這種答覆，於是垂頭喪氣地跑回家去，將一切經過告訴哥哥。他聽了也覺傷心，但是又不知道如何來安慰我。因爲我那時不知道要怎樣才能去控告總督政治代表。哥哥因此去請教他那些當律師的朋友。那時麥他爵士（Sir Phirozeshah Mehta）爲了某件案子，正從孟買來到拉吉科特。像我這樣初出茅廬的律師怎麼敢去晉見他呢？於是我將事情寫好，交由他的幫辦律師轉給他，請求他的指教。他說道：「去告訴甘地，這種是平常的事。他是新從英國回來，血還熱著。他不知道英國的官吏。他若是想在這裡做一點事，享一點快活日子，還是勸他把那張紙條撕碎、忍藏那侮辱吧！他若是要對總督政治代表進行訴訟，不僅得不到什麼，反而會害他了自己。去告訴他，他還得要學一點人情世故哩。」

這種勸告，其苦有如毒藥，然而我竟吞下了。我忍受了這侮辱，然而我也因此得了益處。我對自己說道：「我以後絕不再把我自己放在這樣惡劣的地位裡去；絕不再這樣去向人攀談交情。」從此以後，我絕不作違心之事。這一次的打擊變更了我整個的人生途徑。

自然，到總督政治代表那裡去，就是我的錯處，但是他那種不耐煩和過分的盛怒，也未免太過，而爲我所不應受。這種驅逐，眞是出乎意料。我全部還沒有花上他五分鐘時間。這只是他不耐煩聽我的說話。他未嘗不可以客客氣氣的請我出去；然而權威痲痺了他，以至於軼出常軌。後來我才知道他的德行中，原來並無忍耐這一項。

若是我繼續在這裡做事，大部分的工作就得經過他的法庭。但是要我去和他講和，這是辦不到的，要我諂媚他，得他的歡心，我也不想。我既然說過要反對他，我就不願意仍然緘口不響。適逢我在那時候對於印度政治上的組織已稍稍知道一點。喀地瓦是一些小邦的集團，政治上自然有許多人在那裡勾心鬥角；各邦間之彼此傾軋，官吏間之狼狽爲奸，乃是家常便飯。各邦的君長也就聽信諂言，一任自然。這種空氣在我看來，毒不可言，在此能如何不爲所中，眞是一個永久的問題。到末尾，我完全灰了心，我的哥哥於此知道得很清楚。我們都覺得我若是能在別處找得安身之所，我應該離開這些奸詐的空氣才好。但是不用卑劣的方法，冢宰和法官都沒有得到的希望，即使得到，和政治代表的紛爭也足以阻遏我的進行。

那時候波爾班達是在行政官統治之下，我在那裡有些工作，就是設法把王公的權力弄大一點。我又因對於農民繳納重租的事，需要去見那行政官；但是那位行政官雖是一個印度人，其傲慢比之前述英國大官還要更甚。所以就是這種使命，我也不免失望。據我的意思，我的事主享不到公道，我也無法去替他們保障。最多我只能上訴到政治代表或者總督那裡，他可以批駁說：「我們不便干預。」這種決言若是有什麼規則章程之類爲之管轄的話，也許可以有一點，但是在這裡，那行政官的意志就是法律。到後來我憤恨極了，只願意脫離所有的這種惡劣環境。

正在這個時期，波爾班達一家公司寫了一封信給我的哥哥道：「南非也有我們的生意。

我們是一個大公司，最近在法庭上有一件重要的案子，要求的數目是四萬鎊，訴訟已經進行許久了，我們請了很多有名的印度和外國律師。若是能派你舍弟去，對於我們自然有用，對於他自己也未嘗無益。他去指導我們的法律顧問，是比我們自己好，他也可以藉此看看新地方，廣廣新眼界。」

哥哥於是和我討論。我不明白他們是要我去指導他們的法律顧問，還是要我去出庭；但是我很想接受這個請求。哥哥因此介紹我去見所說的達達・阿布都拉公司（Dada Abdulla & Co.）一位股東札哈凡里先師（Sheth Abdul Karim Thaveri）。先師向我宣稱道：「那不算是難事。我們有歐洲朋友，你可以和他們認識認識。你在我們的公司裡也甚爲有用。我們來往的書札多用英文，你也可以幫我們的忙。你去的時候，自然算是我們的客人，你到那裡，一點都不用花費。」

我於是問道：「你們要我去多久呢？報酬怎麼樣呢？」

他回答道：「不到一年。我們打算送你以頭等的回國盤川，此外，並送上一百零五鎊錢。」

這種報酬，哪裡能說是律師，只能算是公司的僕役。但是我那時離開印度的心很急切。到那裡去，既可以看新地方得新經驗，而我得一百零五鎊錢，給我的哥哥，對於家用亦不無微補。因此我慨然答應，並不爭論多少。以後就此到南非去了。

第六章　到納塔爾

阿布都拉經理（Abdulla Sheth）在都爾班（Durban）候著接我。船到了碼頭之後，自有不少的人蜂擁上船迎接親友，我在其中看出印度人是不爲人所尊敬的。我同時還窺出那些知道阿布都拉經理的人，對他那種足恭逢迎的態度很使我難過。我的衣服和其他的印度人兩樣：身上披一件大氅而頭上纏一個小包頭，因而他們都帶有幾分好奇的心理看我。

阿布都拉經理實際上一字不識，但是經驗很豐富。他有敏銳的智慧，他自己也知道。他懂得一點英語，無論是和銀行經理、歐洲商人以及法律顧問，商談一切，都勉強可以應付。印度人很看重他。那時他的公司也可算是最大的一家。這都是他的長處，但是有一個缺點，就是天性多疑。

他相信回教，喜歡討論回教哲學。他雖不懂阿拉伯文，而他對於《可蘭經》和普通的回教文獻卻很熟悉。例證很多，脫口而出。和他接觸，我對於回教實踐方面的知識增加了不少。我們熟識以後，對於宗教題目，常有很長的討論。

我到後的第二天或是第三天，他帶我去參觀都爾班法院。在這裡，他替我介紹了一些人，吩咐我坐在他的顧問律師下首。法官老看著我，最後要我將包頭除下，我不答應，便退出法院。所以這裡也有些戰爭在等著我呢！阿布都拉經理向我解釋此地印度人何以要除去包頭的原因。以爲凡是著回教衣服的，可以不去包頭，但是其他的印度人一到法院非脫去包頭不可，這是規矩如此。

爲使此種仔細的區別敘述明瞭起見，有許多瑣碎之處，我也得說一說。在這兩、三天之內，我就看出此地的印度人分爲幾個團體。一派是回教商人，他們自稱爲「阿拉伯人」。一派是印度教徒，又一派是拜火教徒（Parsi）。印度教徒除非和所謂「阿拉伯人」混在一起，是無所謂的。拜火教徒則自稱爲波斯人。這三派人彼此多少有點來往，而最多的還算是塔米爾（Tamil）特盧古（Telugu）和北印度的契約工人和自由工人。契約工人到納塔爾來，訂有契約，爲期五年。其他三派和這些工人只有一些商業上的關係。英國人稱此輩工人爲苦力，因爲多數的印度人都屬於勞工階級，於是所有的印度人也都被稱爲「苦力」或沙米（Sammy）。①

因爲此故，我是號爲苦力律師（Coolie barrister），商人也號爲苦力商人（Coolie merchants）。苦力一詞的原意於是失去，而成爲一般印度人的通稱。回教商人聽了這種稱呼，便要申辯，以爲「我不是苦力，我是阿拉伯人」，或者說「我是商人」。英國人客氣一點的，便也向他道歉。

戴包頭的問題在這種情態之下，顯得異常重要。把一個印度人的頭巾除去，意思就是忍辱負屈。所以我想不如不戴印度包頭，而改用英國式呢帽，以避免侮辱，省去不快的爭論。但是阿布都拉經理不主張這種辦法。他說道：「你若是這樣辦，會有不好的影響發

---

① Sammy爲Swami一字的轉變，許多塔米爾人專名都以此作語尾。

生。你得和主張戴印度包頭的人聯合起來。印度包頭可以好好地安放在你的頭上。你若是改用英國式帽子，那你會被認爲是一個侍者了。」

這一個勸告有事實，有愛國主義，也有一點偏見。事實方面，他除了愛國的理由以外，也並不堅持要纏印度式包頭巾；而說到侍者，就不免顯得度量褊狹了。契約工人之中，有印度教徒，有回教徒，也有基督教徒，最後一種乃是契約工人之後來皈信基督教者的子孫。在一八九三年時，他們的人數便不少了。他們穿的是英國式衣服，大多數在旅館裡當侍者爲生。阿布都拉先生所批評的英國式帽子，指的就是此輩而言。在旅館裡當侍者是視爲下流的事。

大體上，我喜歡阿布都拉經理的勸告。我於是寫一封信給當地的報館，敘述當天經過，並申明我在法院所以要戴包頭的理由。這一個問題在報紙上討論得很多，報紙稱我爲「不受歡迎的客人」（unwelcome visitor）。於是這一次的事情，在我到南非後不到幾天光景，便爲我刊登了一個意想不到的廣告。擁護我的主張的人固然也有，激烈批評說我無禮者也是不少。

我到後七、八日左右便離開了都爾班。他爲我買了一張頭等車票。照規矩如要臥車，另加五先令。阿布都拉經理力主我應買一張臥車票；我爲了固執、驕傲和省錢的原故，竟沒有聽他的話。阿布都拉警告我道：「你看吧！這一個地方和印度兩樣。謝天謝地，我們在這裡已經夠受了。凡是你所需要的，請你自己不要節省。」

下午九時左右，車抵納塔爾（Natal）省城馬立茲堡（Maritzburg），臥車是從這一站起。有一位車上的侍役來問我是否要一個鋪位，我說不要，於是他便走了。隨後一位客人走來，對我上下一看，看出我是一位有色（Coloured）人，把他氣惱了。於是他跑出去和兩、三位車上的職員重又進來。進來之後，大家不出聲，一位職員走近對我說道：「跟我來，你一定得到貨車上去。」

我說道：「但是我有頭等車票。」

又一位接著說道：「那不相干，我告訴你，你一定得搬到貨車上去。」

我說道：「在都爾班既然許我乘坐此車，我當然，非坐下去不可。」

職員說道：「不，你不能夠，你一定得離開這一節車廂，不然我便叫路警來推你出去。」

我回答道：「是的，隨你的便。要我自己出去，那辦不到。」

於是路警來了。他用手將我抓住，推我出去。我的行李也帶了出來。我拒絕到其他的車廂裡去，而車子已鳴笛開走。我只好坐在候車室裡，守住我的手提包，其他行李任其擱置在外，由路局派人經管。

那時候是冬天。南非高原地方的冬天氣候奇寒，馬立茲堡地勢很高，因而冷得特別厲害。我的大衣擱在行李箱內，我怕去開箱時，又受侮辱，只好坐在那裡發抖。候車室內並沒有燈。半夜裡，一位旅客走了進來想和我談話，而我卻不願談。

我於是開始思慮我的責任。我應該爲我的權利而奮鬥呢？還是回到印度去呢？還是不顧這裡的侮辱，繼續去到普勒托利亞（Pretoria），把案子辦了以後，再回印度去呢？我的責任沒有完便跑回印度去，那簡直是一個懦夫。我所遇著的困苦僅是表面上，這只是蘊藏在深處的人種成見的一個病徵。若是辦得到的話，我應該想辦法把這種病根一齊剷除，在這種旅途中，我自然得吃一些苦楚。而爲避免錯誤起見，我應該只揀那可以化除人種成見的一個範圍來做。

於是我決定仍乘下班車到普勒托利亞去，第二天早晨便發一長電致鐵路局長，又打一個電報給阿布都拉經理，他立即找局長去交涉。局長承認鐵路人員的辦法爲正當，但是告訴他說已經命令站長好好照料我到目的地。阿布都拉先生又致電馬立茲堡的印度商人和其他地方的朋友來接我。那些商人到站上來接我，並且敘述他們身受的困苦，安慰我說我所遇到的實是平常見慣的事。他們又說印度人乘頭二等車，有車上人員和白種乘客來找麻煩，乃是意料中之事。這一天聽他們敘說這些傷心的故事，就此消磨過去。到了夜裡，車子到了，已替我留了一個鋪位，我於是買了一張在都爾班所堅持不要的到馬立茲堡的臥車票。

第二天早晨，火車抵查理鎭（Charlestown）。那時候查理鎭與約翰尼斯堡（Johannesburg）之間尚未通車，只有驛站馬車，夜間停於斯丹得屯（Standerton）。我的那一張車票並不因在馬立茲堡停留一日而失效；此外，阿布都拉先生也曾打一個電報給查理鎭的驛車行經理。

經理想藉口不許我上車，當他知道我是一個生客時，他說道：「你的票已經失效了。」我自然予以正常的答覆。這個理由，他心上未嘗不明白，但全不是那一回事。旅客都先後上車，我已被視爲苦力，並且是一生客，車掌以爲我不應該和白種人坐在一起。車廂內兩邊都有座位。車掌照例也有一個位子，今天他坐進去，把他的座位讓給我。我知道這全然不公平，並且是一個侮辱，但是我想還是忍辱爲好，我不能把我自己擠進裡邊去；我若是再一反抗，也許今天的車子，就又坐不上去了！這豈不是又耽擱一天，而明天還要發生一些什麼事，這只有天知道！所以心上雖是十分憤怒，仍然很謹慎的坐在車掌旁邊。

大約三點鐘的時候，車子到了巴得科鋪（Pardekop）。那位車掌現在想坐到我的座位上來吸菸，並且可以呼吸新鮮空氣。於是他從車夫那裡取一片骯髒的布袋，鋪在踏腳板上，命令我道：「沙米，你坐到那裡去，我要靠著車夫坐。」這種侮辱我實在忍受不住。我又怕又氣，對他說道：「我應該坐在裡邊，你要我坐在這裡。那種侮辱我忍受了。現在你要坐到外邊去吸菸，於是把我放在你的腳下，我不能照辦。要我坐到裡邊去，那可以。」

當我憤憤致詞之際，那人跑過來重重的給我幾個耳光。他把我的手握住想拖我下去。我抓住車廂上的銅環，決定哪怕肋骨拉斷，我也不肯放手。那個人罵我，拖我，打我，我總是一聲不響，全車旅客都目睹此事。他強壯，我柔弱。有些旅客覺得可憐，於是喊道：「那漢子，讓他一個人在那裡吧！他是對的。若是他不能在那裡坐，要他來和我們坐好了。」車掌還是咆哮道：「不怕。」但是這時候，他已經氣衰色沮，也不再打我了。他把我的手鬆掉，罵了一會，於是要坐在車廂那邊的霍屯都（Hottentot）僕人坐到踏腳板上去，而他坐在那個空位上。

旅客歸位，哨子一吹，車聲轔轔，又復前進。我的心亦是怦怦不已，不知到目的地時，我是否還能活在人世。那個人時時橫目怒視，用手指著我咆哮道：「小心點；我一到斯丹得屯，就要給你好看。」我一語不發，只禱求上帝幫我。

天黑以後，我們到了斯丹得屯，看見了一些印度人的臉孔，我才如慶更生。一下車，那些朋友便說道：「我們來接你到伊薩經理（Isa Sheth）的店裡去。達達・阿布都拉的電報，我們接到了。」我是十分的歡喜，於是去到伊薩（Sheth Isa Haji Sumar）的店裡。伊薩和他的夥計們圍住了我。我把所經過的全都告訴他們。他們聽了很是難過，也把他們自己苦痛的經驗告訴我，以相安慰。

我要把此事的全部情形通知驛車公司的經理。所以我寫一封信給他，敘述一切經過，要他注意手下辦事人的那種恫嚇態度。我要他保證我明晨能和其他旅客安然上車。爲了此事，經理這樣的回答道：「從斯丹得屯起，我們另備一輛大車，管車的也換了人。你所說的那位車掌，明晨不在那裡，你可以和其他旅客保有一樣的座位。」這樣一來，使我如釋重負。我自然無意去反對那位侮辱我的人，於是侮辱的事就此告一段落。

第二天早晨，伊薩經理派人送我上車。我得了一個好座位，於夜間平安無事的到了約翰尼斯堡。

斯丹得屯乃是一個小鎮，約翰尼斯堡爲一大城。阿布都拉經理也曾致電約翰尼斯堡，並且告訴我康魯丁（Muhammad Kasam Kamruddin）公司的地址。公司曾派工役到馬車站來接，但是我既沒有看見他，他也不認識我。我遂決定先住旅館，僱馬車直赴國民大飯店（Grand National Hotel）。見了經理，要他給我一間房間。他看了我一會，很客氣的回答道：「抱歉得很，我們已經客滿了。」於是我命馬車夫轉赴康魯丁的店裡。在那裡遇見了甘泥經理（Abdul Gani Sheth），招待我甚是殷勤。知道我到旅館的事，爲之大笑。他說道：「無論如何，你以爲旅館能允許你去住嗎？」

我問道：「爲什麼不能？」

他說道：「你在這裡住上幾天就會知道的。我們在這種地方只有吃苦頭才能夠住下去。爲了掙錢起見，就算侮辱也不去管了。所以我們能住在此地。」此外，他並將南非印度人的困苦，敘述給我聽。

後來他又對我說道：「此地不是你這種人的地方。你看吧！明日你到普勒托利亞去，你得乘三等車。特蘭斯瓦（Transvaal）的情形比納塔爾還要不如，頭二等車票是從不賣給印度人的。」

我問道：「你們何不努力去要求？」

他答道：「我們曾經派過代表；不過我要先聲明，就是我們自己人照例也不想乘頭二等車。」

我於是索取一份鐵路規章來看，發現其中有一漏洞。以前特蘭斯瓦所規定的文字就不甚正確；鐵路規章尤其如此。

我對甘泥先生說道：「我打算坐頭等車去，如果辦不到，我寧肯坐馬車到普勒托利亞，不過三十七哩的路程，不算一回事。」

甘泥先生以爲坐馬車既費時又花錢，但是贊成我坐頭等車的主張，因此我們寫一封信到站長那裡去請求。我在信中說明我是一位律師，旅行時總坐頭等車。信中又說我因有要事急於想到普勒托利亞去，等不及他的回信，我想到站上親聽他的回話。我曾經想過，若是站長用書面回答，一定是「否」字，尤其是他心中橫著一個苦力律師的觀念。因此我去會他時，一定會穿上一身整齊的英國式服裝和他說話，或者可以請他給我一張頭等車票。所以我到車站時披著大氅，打了領結，在櫃檯上交一枚金幣，要買一張頭等車票。

賣票人問我道：「那封信是你寫的嗎？」

我回答道：「是的。麻煩你，請你給我一張票，我於今天務必要趕到普勒托利亞。」

他笑了一笑，和顏悅色的說道：「我不是特蘭斯瓦人，我是尼德人，所以我很能了解你的情感，我也爲你深表同情。我可以給你一張票，不過就有一件，若是查票人要你移到三等車去的時候，你不要把我牽涉進去；我的意思就是你不要反對鐵路公司。祝你路上平安，我看得出你是一位紳士。」

他說完這些話之後，將票給我。我道了謝，並且申明不至於牽涉到他。甘泥先生也到車站來送我。此事他爲之驚喜不已，不過他警告我道：「若是你平安無事到達普勒托利亞，我自然謝天謝地。所怕者就是查票的不讓你在頭等車裡停留；即或查票人允許了，而其他旅客也許要不准呢！」

於是我在頭等車廂裡坐定，車也隨即開去。到格密斯屯（Germiston），查票人來驗票了。看見我在那裡，爲之大怒，用手指著三等，要我過去。我把頭等車票給他看。他說：「那不行，到三等裡去。」

頭等車裡只有一位英國旅客。他詰問查票者道：「你對那位紳士找麻煩是什麼意思？你沒有看見他有頭等車票嗎？他和我同車，於我並無什麼關係。」於是他對我說道：「你安心坐在那裡好了。」

查票人嘰哩咕嚕道：「若是你願意和『苦力』同車，和我有什麼相干？」說著便逕自走了。

晚上八時左右，車抵普勒托利亞。

我曾盼望達達．阿布都拉公司的顧問律師派人到車站來接我。我知道此地沒有印度人，所以他們特別允許我不住到印度人家去。但是顧問律師竟沒有派人來。後來我才知道我到的那一天是星期日，顧問律師找不到一個人有時間來。那時我怕沒有旅館能許我去住，我眞不知道如何是好。

一八九三年的普勒托利亞車站和現在大不相同。車站上的燈黯然無光，旅客稀少。我讓所有的旅客先走，打算等收票人一空閒的時候，然後把我的票給他，問他能不能指引我到一個小旅館或其他可以去的小住處；不然我只有在站上過夜了。我承認那時連詢問也感到畏縮，恐怕又受了侮辱。

車站上的旅客都走光了之後，我將車票交給收票人，開始我的詢問。他回答很客氣，可是我看他一點都不能幫助我。在附近站有一位美洲黑人，從旁插話道：「我看你在這裡異常生疏，沒有什麼朋友。若是你和我去，我可以帶你到一小旅館，旅館主人是一位美國人，他和我很熟，我想他也許可以收留你。」

他的話我不無疑慮，但是我謝謝他的好意，接受了他的提議。他帶我到莊士敦家庭旅館（Johnston's Family Hotel），把經理引到旁邊說話，經理允許我那夜在那裡住，不過晚飯需在房間裡用。

他說道：「我敢向你擔保，我沒有種族成見。但是我只有歐洲客人，若是我許你到餐廳去吃飯，我的客人也許要反對，甚至於到別家去了。所以我不得不如此。」

我說道：「承你許我今夜住下，已是感激不盡。我對於當地的情形稍微知道一點，我明瞭你的困難。把飯送到房間裡來，我並不在乎。我希望到明天能再想別的辦法。」

帶我去看了房間以後，我便坐在那裡，等候晚餐送來，一個人眞是寂寞至極。這個旅館裡客人並不多，我只望侍者能一會就把晚餐送來。可是莊士敦君卻親自跑來說道：「要你在這裡吃晚餐，我不勝慚愧之至。我把你的事告訴了其他客人，問他們能否許你到餐廳去就餐，他們說並不反對，你在這裡久住下去，也不要緊。所以現在請你下樓到餐廳去隨意用餐吧！」

我再三道謝，於是到餐廳去，很開心的飽餐了一頓。

第七章　在普勒托利亞

第二天早晨，我去拜訪顧問律師巴克爾君（Mr. A. W. Baker）。阿布都拉經理曾對我稍微說過一點，所以我沒有被他那有禮貌的接待所嚇到。他很溫和的招待我，作了許多很關切的談話。他說道：「你到這裡來作律師，沒有什麼事情可做。我們已經聘請一位很好的法律顧問了。這件案子很複雜，所以我只要你幫忙，備必要的諮詢。我想請你代表我去和我們的事主談話，我所要知道的，由你去查問，可以容易一點，這自是一點便利。至於種族的成見，此地很嚴重，你要找住處，怕不容易。但是我知道有一位小販商人的妻子，景況很不好，我想她也許肯招待你，藉此增加一點收入。」

於是他指引我到她家裡，他私下和她談了一會，她答應我寄住在她家裡，每星期費用三十五先令。

巴克爾是一位忠實的基督教傳教師。他如今還健在著，不過已純粹致力於傳教工作，不再從事法律專業了。他家道很過得去。他至今還繼續和我通信，信中所討論的總是同一個題目。他主張基督教的優美，並且以爲要得永久的和平，只有承認耶穌是上帝的獨子，是人類的救主，不然便不可能。

當我們第一次見面，巴克爾君便打聽我的宗教主張。我對他說道：「我生於印度教的人家，然而我於印度教並不十分清楚；其他的知道得更少。實際上，我不大知道哪裡是宗教上的事情，什麼是我的宗教信仰，和什麼應該是我的宗教信仰。我想對我自己的宗教去仔細予以研究，有餘力的話，其他宗教也要去研究研究。」

巴克爾君聽了很高興。他說道：「我是南非傳道總會（S. Africa General Mission）的董事，曾自己建了一座教堂，按時在那裡宣教。我是沒有種族成見的。我有好幾位同道每日一點鐘的時候，大家聚會，爲和平和光明作幾分鐘的禱告。你若是也加入，我會非常高興，我可以介紹你去會會我的同道，他們一定高興見到你；我敢說你一定也喜歡他們。我也可以給你一些宗教書讀，不過最好的自然是《聖經》，我要特別介紹給你。」我道了謝，答應他如辦得到的話，每天一點鐘的禱告會準時去參加。巴克爾君又加一句道：「那麼我希望你明日一點鐘來，我們一同作禱告。」說完之後，彼此道別而散。

那時候，我沒有太多時間去考慮。我到莊士敦旅館把帳算清，遷入新居，即在那裡用午餐。房東太太爲人很好，她爲我煮一頓素食。我在家裡休息一會之後，去看達達·阿布都拉爲我介紹的一位朋友。從他那裡，我又知道一些印度人在南非的苦楚。他主張我應該和他住在一起。我謝謝他的好意，告訴他說我已布置好了。他很懇切的回覆我，我如需要什麼，可以毫不客氣的去找他。

天已經黑了，於是回家去吃晚餐。進房之後，睡在那裡，陷入沈思之中。在那裡，我沒有什麼急切的工作。我所奇怪的就是巴克爾君對我那樣的關切，有什麼用意呢？從他那些同道中間，我可以得到什麼呢？對於基督教，我應該研究到什麼地步呢？我若是對於自己的印度教還未能澈底明瞭，我怎能懂得基督教的正當意義呢？我只能有一個結論，就是：凡是我所遇到的，我都應拿公平的態度去研究，和巴克爾君的團體接觸，也只有靠上帝的指導；我沒有充分明瞭自己的宗教以前，我不想容納另外一個宗教。這樣的沉思，不久便熟睡了。

第二天一點鐘，我去赴巴克爾君的祈禱會。在那裡得介紹和哈理斯女士（Miss Harris）、格布女士（Miss Gabb）、科特斯先生（Mr. Coates）諸人的相見。各人都跪下祈禱，我也學他們的樣。祈禱者依據各人的需要，各自向上帝禱求。於是就照通例禱求一天和平的過去，並求上帝打開各人的心門，現在又加上了爲我的幸福的虔誠禱告：「主啊！新來的兄弟加入我們這裡，請指示他的路。主啊！請你將給我的和平轉分給他。主耶穌救渡了我們，也請救渡他。我們用耶穌的名字，作這樣的請求。」這些祈禱會不唱讚美詩，也不奏樂。每天如此祈求以後，便各自散開，去用午餐；祈禱的時間還不到五分鐘。

哈理斯和格布兩位女士都是單身，科特斯先生是貴格派教徒（Quaker）。兩位女士住在一處，邀我於每星期日下午四點鐘到她們那裡去茶會。我們星期日會見，我就將一星期來的宗教日記給科特斯看，和他討論一星期來，我所看過的書，以及他們給我的印象。兩位女士便陳述她們的甜美經驗，和她們所找得的和平。科特斯君是一位心地坦白的忠厚少年，我們時常一起出去散步，他也帶我去看其他的基督教朋友。我們來往既密，他便常把他所喜歡的書借給我看，久而久之，我的書架上滿是他的書籍。在純粹信仰方面，我無書不讀，並且常彼此討論。

他介紹我書籍之外，並介紹一些他視爲忠實的基督教朋友。其中有一個家庭，爲「普里茅斯兄弟會」（Plymouth Bretheren）會友。科特斯所負責介紹的接觸結果都還好。他們大都以為我寅畏上帝。只有和這一家往來時，其中一位普里茅斯兄弟會會友向我發表一篇辯論，竟是我所沒有想到的。

他說道：「你不能了解我們宗教的美。從你所說的看來，似乎你一生中，無時無刻不在思過，常在那裡補救挽回。這種循環不息的動作怎樣能救渡你呢？你絕不能得到和平。你說過我們都是有罪的。現在你看看我們信仰的完善。我們自己的改過與補救都是徒然，然而我們畢竟得了救。我們如何擔當得起這些罪孽？我們只有把自己交給耶穌。他是上帝唯一無罪的獨子。凡相信他的，可以得到永生，這是他的話。這裡含有上帝無限的恩惠在內。我們相信耶穌贖罪，所以我們自己的罪不足以束縛我們。罪惡，我們是一定有的，生在世上要沒有罪，那是不可能的。因此耶穌受苦，以救渡人類一切的罪惡。只有接受他這種偉大的贖罪者，才可以得到永遠的和平。試想看看，你的生活是多麼的不安靜，我們所得到的和平是多麼的甜美。」

這一個辯論不能折服我。我謙恭的回答道：「若此即是基督教，我不能接受。我不是從我罪惡的果中去求補救。我要從罪惡的本身，或者換一句話說，從罪惡的思想上去求補救。我若是沒有達到那一個目的，我甘願不求休息。」

那位普里茅斯兄弟會會友接著說道：「我老實告訴你，你的企圖是沒有效果的。我所說的，你再仔細的想想吧！」

那位會友又證實他的話。他故意的去犯罪，而告訴我說不因此而心中難過。

但是我沒有和這些朋友會見以前，便已知道所有的甚督教徒都不相信這種贖罪學說。科特斯他自己就是一個寅畏上帝的人，心甚純潔，他相信有自己滌淨（Self-Purification）的可能。他借給我的書籍，其中也頗多虔誠之作。所以他知道了這一回事之後，雖然感覺著不安，但是我再三安慰他，並且告訴他說，那位普里茅斯兄弟會會友牽強附會的信仰，並不會引起我反對基督教的成見。我的困難別有所在，在於《聖經》和現在對於《聖經》公認的解釋。

和這些基督教朋友接觸之外，在這一時期，我還有其他的經驗，也得乘便記述一下。普勒托利亞有位戴布先生（Sheth Tyeb Haji Khan Muhammad），他在普勒托利亞的地位正和達達・阿布都拉之在納塔爾一樣。大眾運動沒有他領導是不行的。我到普勒托利亞的第一個星期便認識了他，把我想和此地所有的印度人接觸一下的意思告訴了他。我第一步方法是召集一次大會，到會的以密門派商人爲多，印度教人也有幾個。在普勒托利亞的印度教人，實際上就甚少。

我在這一次大會的演說，可算是有生以來第一次的公開演說。所說的是關於交易要誠實的話，這個題目我準備得很好。我常聽得商人說生意方面，誠實是不可能的。那時我不以爲然，至今還是如此。一直到現在，還有許多商界上的朋友以爲誠實的生意是不相融洽的。他們說做生意是很實際的事，而誠實乃屬於宗教；他們辯稱實際的事務是一事，宗教乃是截然不同的又一事。我在演說中爲我自己的主張選定立場，提醒商人對於他們所擔任的意識。

我又看出我們的民族，遠不及周圍居住的英國人的清潔，於是喚起他們對於此事的注意。關於泯去種族和宗教上的歧視，我反覆申說其爲必要。末了，我提議組織一個協會，關於印度殖民的困苦情形，庶幾可以有機會去上告當局的人。而我則願意盡我的能力和時間，爲會中幫忙。

大會的結果我很滿意。據我所記得的，當時決定以後，每星期開這樣的一次大會。大概有一定的時期，會中可以自由交換意見。結果普勒托利亞的印度人，我無一個不知道，他們的情形我也少有不清楚的。這樣一來，我和普勒托利亞的英國官韋特（Jacobus de Wet）也認識了。他對印度人也表同情，但力量太小。但是他答應盡力幫忙，我無論何時，都可以去看他。

我於是寫信給鐵路當局，告訴他們說，即令照著鐵路規則，印度人在乘車所受的限制也欠公允。當局回書答應印度人只要衣服整齊，也可以買頭二等票。但是所謂衣服整齊，全依站長的意思，這還不算是妥當的解決辦法。那英國官也給我一些關於印度人事項的文件看，戴布先生也有同樣的文件給我。我從文件上面才知道印度人從橘河自由邦（Orange Free State）被逐出境是如何的殘酷。我既住在普勒托利亞，便帶著去研究特蘭斯瓦和橘河自由邦兩處印度人的情形。我那時只想於年底即回印度，若是案子能於年底以前了結，我的歸期還要提前，所以我的研究並沒有想到對於將來會成無價的事業。然而上帝的用意卻又不同。

普勒托利亞住了一年，這在我的一生實是最有價值的經驗。在這裡，我得到學習公共工作的機會，養成服務的能力。在這裡，宗教的精神成爲我體內活躍的力量，又獲得了法律實踐方面的知識。我在這裡學到了那些新進律師在大律師辦公處所學到的知識，我又相信我無論如何，應不失其爲一律師。我在這裡才學得做律師的成功祕訣。

達達・阿布都拉的案子可不小。起訴的數目是四萬鎊。事情起於商業上的交易，帳目複雜至極。一部分的要求根據期票，一部分是根據於允許交付期票，要求特別履行。被告答辯以爲期票出於僞造。

我對於此案十分有興趣，把關於交易所有的文件都讀過一遍。當事人很有才幹，他絕對信任我，便利我的工作不少。因此我於簿記學也好好的研究一番。所有往來的書札，大半用古加拉特文，我爲之翻譯，翻譯的能力也因而長進了。

前面說過，我對於宗教集會和公共事業有濃厚的興趣，也曾花上一些時間，但是那都不是我所要首先研究的事。準備案子乃是我急切的要務。讀法律，必要的時候參考案件，時常最先占住的是我的時間。我把雙方的案卷都讀過一遍，結果我知道的那些事實，甚至於有爲雙方當事者所不知道的。

我記得賓各特所說「事實就是四分之三的法律」的話。其後，南非有名的律師故李奧那得（Mr. Leonard）更是贊成這句話。我在經手某一件案子中，看出公道是在我的當事人這一面，而法律似乎又反對他。失望之餘，我遂去找李奧那得求助。他也覺得此案的事實很強。他於是說道：「甘地，我已經明白了一樁事，那就是，若是我們專注一件案情的事實，那麼法律就會去注意他自己。我們把這件案情的事實再深刻的研究一番吧！」他要我去把案子再爲研究，再去見他。我把事實重新考察一番之後，發現了一線嶄新的光明，並且獲得南非一樁與此相同的舊案。高興之餘，就去見李奧那得，把所有的情形傾盤相告。他說道：「不錯，這件案子我們可以得勝。我們所要留心的，就是哪一位法官來審理這案件。」

當我準備達達・阿布都拉的案件時，我還沒有完全認清「事實」有這麼的重要，便是事實即眞理，我們既然守著眞理，法律自然要來幫助我們。我知道達達・阿布都拉的案子，事實極其明確，法律不得不袒護他。但是我也知道官司若是堅持下去，這同在一城本屬親戚的原被告雙方都要吃虧。這件案子到底要拖延多久，沒有人能知道。若是聽其在法庭上繼續打下去，將不會有止境，對雙方都無好處。因此兩方都希望能立即告一段落。

我去看戴布先生，勸他付之仲裁，我勸他和他的法律顧問商議，並告訴他說，如能推出得雙方信任的仲裁人，這件案子一定可以迅即了結。雙方當事人都是大商家，但若是案子遷延下去，僅僅律師費累積起來，便可以傾他們的家。他們全神貫注於此，無暇旁及，那時彼此的惡感也與日俱增。到頭他們還是要費盡精神去求和解。說到最後，戴布也同意了。於是選出一位仲裁人，將這件案子請其仲裁，結果達達・阿布都拉得到勝利。

但是這還不能使我滿足。若是我的當事人對於判決要立即執行，戴布先生這方面是絕對不能付出全數的。而居住南非的波爾班達的密門教人有一條不成文法，即是「與其破產，毋寧死。」戴布先生將全數三萬七千鎊和其他的費用一併付出，那絕對辦不到。而他既不願少付分文，又不願宣告破產，那就只有一條路；達達．阿布都拉允許他慢慢的分期付款。他也是同病相憐，允許戴布先生分期付款，便要拖延很長的時期。這時候，我要勸說他們讓步，採行分期付款，其困難比之要雙方同意仲裁還要更甚。但是雙方對於結果都很高興，雙方在大眾方面的聲譽也得以再起。我的喜悅，更是不可言說。我因而知道法律的眞正用途，找出人性善的一面，使之進入人心之中。我體認到律師的眞正責任乃在將背馳的雙方結合起來。這一次的教訓，我永不能忘，我從事律師事務二十年，大部分的時間用在勸人私下和解者不下數百件。在那些地方，我毫無所失，精神方面我固然沒有損失，就是金錢方面也毫無損失。

我在普勒托利亞的時候，夜間常和科特斯出去散步，很少在十點鐘以前回家。但是特蘭斯瓦有一條法律，有色人種九點鐘以後，如無允許，不得出外和在人行道上散步。那麼我們在外散步，警察把我抓去了又怎麼辦呢？對於此事，科特斯比我更爲關切。他的黑奴，他都給有通行證。但是他怎能將這種通行證給我呢？只有主人才可以給奴僕以一種允許。若是我要一張，甚而科特斯打算給我一張，他也不能那樣辦，因爲那就要成爲詐欺了。

於是科特斯，又好像是他的朋友，引我到特蘭斯瓦邦法律顧問喀魯斯博士（Dr. Krause）那裡去。我們發覺竟是同在一個學院出身的律師，要他給我一張通行證，以便晚上九時以後能在外自由行走，對他似乎說不過去。他表示對我的同情，因而他不用發通行證的辦法，而另寫一信給我收執，信中許我無論何時，可以在外行走，不受警察詰問。於是我無論到什麼地方，都將此信放在身上。我始終沒有用過，但這只是幸運。

關於行走小路的法律，在我算是比較要緊一點。我時常行過總統街到一曠野去散步。科魯格總統（President Kruger）的房子就在這條街上，房屋異常簡陋，沒有花園，和四鄰房屋更無分別。普勒托利亞許多富人的別墅較此遠爲華麗，都繞以花園。所以科魯格總統之儉德是有口皆碑的。門前只站有一位警察保護，以表示這是官吏的住宅。我差不多總是從這條人行小道上走，打從門衛面前過去，一點阻礙都沒有。

然而守衛的人時常更換。有一次，一個守衛的門警竟不先令我走開，便手推足踢，將我打到大街去。我不禁爲之一驚。我還不及質問他的時候，科特斯正騎馬經過此地，在馬背上向我打招呼，並且說道：「甘地，我都看見了。若是你要告這個人，我願意爲你上庭作證。你憑空受這種侮辱，我很爲你難過。」

我說道：「你不必難過。那種可憐的人，他知道什麼？在他看來，所有的有色人種都是一樣。他對待黑人也正同適才對我一樣，關於我個人受委屈的事情，我是向來不願涉訟法庭的，所以我不打算去。」

科特斯說道：「那正像你的爲人。但是你再考慮考慮看看。我們一定要給這個人一點教訓。」他於是叫來警察，斥責一頓。警察是波爾人（Boer），他們用尼德蘭話對談，我聽不懂。說完之後，警察向我道歉，但我已經諒恕他了，這種道歉是不必要的。

從此以後，我不再走那條街。也許有別的警察代替那個人的職務，他們不知道那回事，說不定又要重演一回。我何必再去挨踢呢？我因此另選一條路走。

此次的事，使我對於南非的印度僑民的悲憫心更為深刻。我和他們討論，如其有必要的話，去見英國政治代表，對於這種規則，要求能夠試行改革。

我於是對於印度僑民的情形作一縝密的研究，讀書、訪問之外，並經親身經歷，因而看出南非不是自重的印度人居住的地方，於是如何改良這種情形的想法，在我心上一天天的增長。

巴克爾對於我的將來甚為關切。他引我去赴威靈頓會議（Wellington Convention）。新教徒每隔數年召集這樣的會議，以求宗教的光大，換句話說，即為自我的滌淨，又可稱此為宗教復興的會。威靈頓會議就是這一種。主席是有名的穆累牧師（Reverend Andrew Murray）。巴克爾希望藉由這種會議中濃厚的宗教氣氛和與會者的熱烈誠懇，得以使我相信基督教。

但是他最後的希望是在祈禱的有效，他最相信祈禱，他堅決相信只有熱烈的祈禱可以上達天聽。並舉布立斯托爾（Bristol）的穆勒（George Muller）為例，穆勒連偶有所需也都付之祈禱。我聽了他所說的這種至誠不貳的祈禱以後，對他申明以為只要我視為必要，沒有人能阻止我信從基督教。我一向決定不為違心之言，所以我毫不猶疑的如此告訴他，也會很高興的去赴會。不如此作，在我反而困難痛苦了。

於是我們去赴威靈頓會議。巴克爾因爲有我這樣的一位有色人種同伴，很感爲難。有好幾處都因爲我的緣故，而感到不便。路途中曾有一天是星期六，巴克爾和他的會友照例於安息日不旅行，因而休息一天。和驛站旅館爭論許久，才准我進去，但是旅館主人無論如何不許我進餐廳去就餐。巴克爾也不是一個輕易妥協的人，他堅持旅館裡旅客應有此權。但是我也知道他的難處。到威靈頓，我也和巴克爾住在一處。他雖然極力掩飾他所受的那些小小的不便，我卻完全看得出來。

這種會議是忠實的基督徒大會。我很讚美他們的信仰，並且我個人拜訪過穆累牧師，看見有許多人都爲他祈禱。有些讚美詩很好，我很喜歡。

會議期間三天。與會人士的虔誠，我很明白而且讚美，但是還沒有理由改變我的信仰。要我相信一變爲基督教徒，便可以升天得救，那是不可能的。我把這種意思明白地告訴良善的基督教徒，他們爲之震驚。然而這實在無能爲力，我感覺到的困難還更深哩！耶穌是上帝獨子的化身，只有相信祂，方可以得到永生的話，是我所不能相信的。若是上帝能夠有子，那我們都是祂的兒子。若是耶穌和上帝相似，或者即是上帝，那麼所有的人都像上帝，或者就是上帝自己了。我的理由是我並不眞的相信耶穌的死或者用他的血來贖世界上的罪。這只在譬喻上說，或許有一點道理。還有按基督教說，只有人才有靈魂，其他的生物沒有，在人看來，死的意義即是完全寂滅；而我的信仰則相反。我可以承認耶穌是一個殉道者，是犧牲的具體表現，是一位大師，但是不能承認他是空前最完美的人。他死在十字架上是世界上一大模範，然而若說其中有什麼神祕奇蹟，我卻不能承認。基督教徒的虔誠生活，並不能使我把信奉其他宗教者的生活抹煞。我在其他宗教生活中所看見的改革正如同在基督教徒中所聽得的一樣。在哲學方面，基督教的原理並無何種特長。從犧牲的一點而言，據我看來，印度教徒還勝於基督教徒。要我說基督教是一個完善的宗教，或者所有宗教中最偉大的一種宗教，那是不可能的。

一有機會，我便和基督教的朋友討論這些問題，但是他們的答覆總不能使我滿意。基督教我固然不能承認是完善的或者是最偉大的宗教，可是我也不能說印度教便是這樣。印度教的缺點顯然可見。「不可接觸」（Untouchability）若是可以說是印度教的一部分，那也只是腐敗的部分，或者一個贅瘤。我不明白許多宗派和階級的意義何在。《四吠陀經》（*Vedas*）是上帝靈威的話語，到底是什麼意思？若是《四吠陀經》可以說是上帝靈威的話，《聖經》和《可蘭經》又何曾不是呢？

基督教的朋友在那裡努力想感化我，回教的朋友也在那裡進行。阿布都拉先生時時引導我去研究回教，他也常向我講說回教的美處。

我把我的困難寫信告訴拉羌得兄，並致書印度其他各宗教領袖，獲得他們的回音。拉羌得兄的信很能給我安慰。他要我耐心，要我對於印度教去作更深一步的研究。他的信中有這樣的幾句話：「平心而論，各種宗教在思想方面的眞實與堅定、靈魂方面的見解和貞潔，沒有能趕得上印度教的。」

我買了薩爾（Sale）譯的《可蘭經》來讀，並買了一些其他關於回教的書。此外，並且和英國的基督教朋友通信。其中一位介紹我和梅特蘭（Edward Maitland）通信。他送我一本他和金斯福（Anna Kingsford）合著的《完善的路》（*The Perfect Way*）。此書對於流行的基督教信仰加以否認。他又送我一部《聖經新解》（*The New Interpretation of the Bible*）。兩部書我都喜歡，似乎都有一點袒護印度教。而托爾斯泰的《天國在你們心裡》（*The Kingdom of God is Within You*）更是打動了我，留給我一個永久的印象。科特斯借給我看的那些書，在這部書的獨立的思想、貞固的道德與夫眞實的前面，都相顧失色，化爲無足重輕了。

我此時對於爲印度團體服務的興趣，一天濃似一天，要追問理由，那就是因爲我希望自我實現。我覺得只有從服務中可以體認出上帝來，所以我以服務爲我自己的宗教。替我服務就是替印度服務，這不是我去希求得來，我對於此事，自有一種嗜好。我之所以到南非來，爲的是能脫去喀地瓦奸詭的牢籠，而能得到我自己的生活。然而我發現自己無時無刻不在那裡追求上帝，無時無刻不在那裡努力求自我的實現。

基督教的朋友老是在那裡激發我的求知慾，幾乎使得我不知饜足；我雖是想不去理會，而他們總不肯使我空閒。我在都爾班的時候，南非傳道總會的華爾敦（Mr. Walton）便把我找了出來，我幾乎成爲他家庭中的一人。這種相識的背景，自然因爲我在普勒托利亞和基督教徒來往的原故。華爾敦自有其態度，他沒有勸過我去信基督教，但是他把他自己的生活如同一本書一樣，展開在我的面前，要我去注視他所有的行動。華爾敦夫人也是一位溫婉而有才德的女子。他們夫婦倆的態度我都喜歡。我們也知道我們之間根本不同的所在，任是多少討論也不能將它抹掉；不過凡有容忍、慈愛和眞理的地方，即使有不同，也未嘗沒有補益。我喜歡他們夫婦的廉恭貞固以及忠於其事，所以我常到他們家裡去。

這種友誼，把我對於宗教的興趣又激發出來了。我在普勒托利亞的時候，有空就從事於宗教研究，現在是不能了。但是現在我一有閒暇就轉向良好的實踐方面去。我的宗教通信仍然繼續不斷。拉羌得兄時時指引我。有一位朋友送我一本拿馬達香克爾（Naimadashankar）著的《達摩惟洽》（*Dharma Vichar*），此書序文對我很有幫助。這位詩人的浪漫生活，我已經略知一些，這本書的序中說及他研究宗教，因而使他的生活有了改革的話，更是傾動了我，因而很喜歡這部書，從頭至尾的仔細讀了一遍。穆勒博士（Max Müller）的《印度論》（*India-What Can It Teachus?*）及其所譯由通神學會出版的《奧義書》（*Upanishads*），我也喜歡讀。這些書都引起我對於印度教的注意，所感受到的印度教的美處，也與日俱增，但是並不因此而對於其他宗教發生成見。我讀過華盛頓・歐文（Washington Irving）著的《穆罕默德及其後繼者傳》（*Life of Mahomet and His Successors*）和卡萊爾對於這位先知者的頌詞，使我認識穆罕默德。我又讀過《扎拉圖斯特拉語錄》（*The Sayings of Zarathustra*）。

我對於各種宗教所知愈多，因而激起我的內省，並養成了要將研究所得見諸實行的習慣。於是就我讀印度教書籍所能夠知道的，開始作靜坐修行的瑜伽（Yogia）工夫。但是不能深入，打算回印度後再請教專家。不過此願至今未能達到。

我對於托爾斯泰的著作也曾下過一番工夫；《福音概論》（*Gospels in Brief*）和《行爲論》（*What to Do*）以及其他的書籍留給我的印象很深。我愈其體認到宇宙的愛（Universal love）之無限的可能。

就在那時候，我又和另一基督教徒朋友發展友誼，常相往來。因爲他們的提議，我每星期日上威斯來揚（Wesleyan）教會去；他們也常請我去晚餐。教會給我的印象不甚佳。這一個集團並不是一個純粹的宗教集會，其人員也不盡是虔誠的分子；到教會去的，都抱著一種庸俗的心理，無非是求一點休息和遵從習俗而已。我到那裡，有時不由自主的打起瞌睡來了。我很覺得羞愧，但是有幾個鄰人情形也不見得比較好，羞愧才覺減輕一點。老是像這樣，我是不能去的，於是我漸漸的便缺席了。

我和他那一家人的往來，也急轉直下的宣告破裂。實際上可說是我被警告不要再到那裡去。事實經過是這樣。那家的女主人是一位良善儉樸的女子，就是氣度狹小一點。我們時常討論關於宗教的題目。我那時正在重讀亞諾爾得的《亞洲之光》，有一次我將耶穌的生活和佛陀比較。我說道：「請看喬達摩的同情心！於人類以外，並及於所有有生命的物體。想到一匹羔羊欣然爬上一個人的肩頭，他的心上能不充滿了慈愛嗎？但是試看耶穌的一生，就找不出這種對於有生之物一視同仁的愛了。」這一個比較，傷了那位老太太的心。她的心情我也明白。於是我把話岔開，一同到餐廳去。她的兒子，像天使似的年紀，還不到五歲，也在那裡一同進餐，我在小孩群裡常是快樂的，這位小孩和我便成了朋友。我嘲笑他面前碟子裡的肉，而讚美我的蘋果。這位天眞的孩子便將蘋果拿去吃了，也在那裡稱美不置。

但是那位母親怎樣呢？她發愁了，我受警告了，於是我止住自己，另外換一個談論的題目。下一星期，我仍舊去訪問那戶人家，可是總感覺到有一點畏懼。我不知道我不應該再去；我也不以爲這是正當的道理。但是那位善良的太太替我找一條生路了。

他說道：「甘地先生，請你不要誤會，我說我的孩子還不能和你作伴。他每天都不肯吃肉，只是要果子吃，常拿你的議論和我爭辯。這是太過了。他若是屏絕肉食，不病也得弱。這叫我怎能受得住？所以你的議論，以後只能對我們年長的人說，對於兒童一定是會產生不良的反應的。」

我回答道：「我很抱歉，我自己也有孩子，所以我明白你們爲人父母的心情。這種不快樂的事情，很容易使他了結生命。我所吃的和我所不吃的，其能影響到兒童，比我說的話，力量還要大。所以最好的法子，還是我以後不到府上來。這自然是不會影響到我們的友誼。」

她如釋重負般的說道：「感謝，感謝。」

我所走的路，雖然爲一般基督教朋友所不及料，但是在宗教的探討方面，他們所喚醒我的，實是不少。至今一想起當日和他們的往還，猶不勝其悵惘。此後的幾年，這種甜美而莊嚴的來往，等待著我的，還只有比以前更多。

第八章　都爾班的群衆暴動

我於一八九六年年中回到印度。那時候乘輪船從納塔爾到加爾各答，比到孟買爲便，我遂乘船赴加爾各答；因爲契約勞工從印度到南非來，不是從加爾各答出發，便是取道麻打拉薩（Madras）。我從加爾各答到孟買去，因爲誤了車，遂在阿拉哈巴（Allahabad）耽擱一天。我之從事於敘述南非的工作即始於此。我會見了《先鋒報》（*Pioneer*）的吉斯內（Mr. Chesney）。他對我談話很客氣，但是他明白的告訴我，他對殖民地人是深表同情的。他答應我若是我有寫文章，他願意一讀，並爲我披露。這對我來說已經很足夠了。

我回到印度的時候，對於印度人在南非的情形，寫了一本小冊子，幾乎各報都有登載，前後翻印兩次，銷行印度各處達五千本之多。這一次回國，因得歷訪印度的領袖，並於孟買、蓬拿（Poona）及麻打拉薩各處公開演講。這些事情我本不打算仔細去做，在加爾各答的時候，有一公共大會邀我去演講，而我接到納塔爾的海電，要我迅即返非，於是只好草草了事。從電報裡得知有仇視印度人的計畫正在醞釀，因此在加爾各答事情未完，便匆匆赴孟買，帶了我的家眷乘輪赴非。那時達達．阿布都拉公司已將科蘭號（S. S. Couland）買來，打算兼營航業，將此船駛行於波爾班達和納塔爾之間。而波斯輪船公司（Persian Steam Navigation Co.）的拿得利號（Naderi）則隨著從孟買開到納塔爾，兩輪所載搭客一共有八百人。

印度的暴動，印度各大報都用大號字登載，於是路透電訪員就將這種情形發了一個電報給英國。此事我到納塔爾之後，方才知道。英國的路透電代表又發了一個電報到南非，對於我在印度的演講簡略報告，不無過甚其辭之處。這種事情很是平常，過甚其辭往往也不是有意。以有成見的忙人，將一篇東西草草讀過，然後寫一節略，一部分自不免出於杜撰。這種節略又因地方不同而解釋各異，因而牽強附會，爲意料所不及。公共活動往往伴隨著有此種危險，然而其限度也僅止於此。

我回印度的時候，曾批評過納塔爾的歐洲人。我的演講辭中，對於抽契約勞工以三鎊人頭稅的事，強烈反對。有一個契約勞工名蘇布拉曼揚（Subrahmanyam），爲他的主人所毆，我親自驗過他的傷，辦理他的案子，在印度時，我將此事很生動的陳述出來。在納塔爾的歐洲人讀了路透社所發關於我的演講辭的牽強附會的節略之後，爲之大怒，大家起來反對我。其實我當時在納塔爾所寫關於此事的文字，比在印度所說的還要來得嚴重詳盡。我在印度的演講辭已是愼之又愼，避免過甚其辭的話。我知道對一個陌生人敘說一件事，他所看見的往往不是我們的本意，所以我在印度，考慮之下所敘述的南非地位，事實上是更嚴重的。但是我在納塔爾所寫的，歐洲人看者固少，留意及此的更少。情形和我在印度所寫所說的雖然顯有不同，卻有成千成萬的歐洲人讀路透社的通訊。還有一件事既然值得用海電來報告，哪怕本來不甚要緊的，至此也變爲重要了。納塔爾的歐洲人以爲我在印度的工作是反對他們在南非的行爲，因此契約勞工的制度也許要就此歸於末路，而歐洲的廠主會大吃其虧。此外，他們還覺得在印度受了屈辱，也心有不甘。

納塔爾的歐洲人正在慷慨激昂的時候，聽得我帶了家眷乘科蘭號回到納塔爾來，並且同船還有三、四百位印度人，拿得利號也於同時抵埠，也裝有這樣多的印度人，於是為之大憤。納塔爾的歐洲人接連開了幾次大會，所有名人差不多都到了場。一般的印度客人，尤其是我，成為當時大會攻擊的目標。把科蘭號和拿得利號的到臨，視為對於納塔爾的「侵略」。演說者說我帶這八百人到納塔爾來，乃是用自由的印度人來充塞納塔爾的第一步。於是一致通過決議，不許這兩艘船上的客人，連我在內，於納塔爾登岸。若是納塔爾政府不去或者不能阻止船客上岸，大會所選出的委員會便要代替政府的職權，用全力防止印度人上岸。然而這兩艘船卻於同日到都爾班。

一八九六年，印度第一次發生鼠疫，遂以此為藉口來禁止我們登陸。納塔爾政府為法律上的困難所阻礙，那時移民禁律還未實行，然而他們卻完全同情於歐洲人的委員會的主張。愛斯康（Mr. Escombe）是政府人員之一，在委員會的進行中也是一位重要的角色。按當時各港口實施的規例，凡是進口的船隻上必須發現傳染病，或者船從有疫情的口岸開來，才得停船檢疫，並將船隻扣住若干時期。但是這種禁令只能根據衛生的立場，並由港口衛生局下令執行。如今納塔爾政府濫用職權，為了政治的原因頒布這條禁令。船上雖無傳染病一類的病症，仍然扣留，超出普通的期限，竟達二十三日之久。在此期間，歐洲居民委員會繼續他們的活動。達達・阿布都拉回；如其不然，便以不相往來為恫嚇。但是公司裡的股東也不是弱者，宣稱哪怕公司因此關門，也要奮鬥到底，絕不能將這些無援助、無罪過的旅客送回去；他們也是愛國的男兒。公司的舊法律顧問洛夫頓（Mr. F. A. Laughton, K.C.）

也是一位很勇敢的人。

正在那時候，已故法官哈理達斯（Mr. Justice Nanabhai Haridas）的姪子，喀雅斯吒（Kayastha）的紳士拿扎兒先生（Sjt. Mansukhlal Hiralal Nazar）從蘇拉特（Supat）來到南非。我以前不知道他，他來，我也不曉得。拿得利號和科蘭號上的客人也不是我一手帶來，這不用去分辯。他們大都是南非的老住戶，有許多是要到特蘭斯瓦去的。歐洲居民委員會甚至對這些人也發出恐嚇的宣言。兩艘船主因此將這些宣言揭示給旅客看。宣言宣稱納塔爾的歐洲人現正慷慨激昂，若是印度人不顧警告，企圖上岸，委員會的會員在碼頭上偵察，便要將每一個印度人都推下海去。這些宣言，在科蘭號上由我向旅客解說，拿得利號上由另一能操英語的旅客解說。兩船上的旅客都堅決拒絕回印，其中有許多是到特蘭斯瓦去的，其餘是納塔爾的老住戶。無論如何，衆人在法律上都許可上岸的，所以委員會雖然如此恫嚇，而他們仍然決定上岸，爲他們的權利去拼上一拼。

納塔爾政府此時也就智窮力盡。這種不正當的禁制，到底能行多久呢？二十三天是已經過去了。達達・阿布都拉公司和船上的旅客都沒有屈服。二十三天既過，於是檢疫停止，允許輪船進口。其時，愛斯康則從事於平息歐洲人的怒氣。開了一次大會，他發言道：「都爾班的歐洲人，這一次已經表示了一致的精神與勇氣。你們已盡其所能的作了，政府也幫助了你們。印度人已被扣二十三天。你們的情感和急公好義的精神在此已有足夠的表示，可以給帝國政府很深的印象。你們的行爲，使得納塔爾政府行事容易，假使現在你們用強力禁止一個印度人上岸，你們就要損及你們自己的利益，使得政府陷於不利的地位，而且印度人仍然得上岸。旅客不全是可以責備的，其中兼有婦女和兒童。他們從孟買出發，並不知道你們的情感是這樣。我因此要勸你們暫行散去，不必再去阻攔他們。我可以斷言，納塔爾政府一定要向議會取得禁止將來移民的權利。」這只是節錄愛斯康演說辭的大意。聽眾自然不免失望，但是他在納塔爾的歐洲人中頗有勢力，於是聽從他的勸告散去，兩艘輪船於是得以進入。

愛斯康送給我一個訊息，要我不可和其他旅客一起上岸，應俟夜間，他派港務巡警局的巡長來保護我回家，至於我的家眷則無論何時都可上岸。按法律說，這不是一個命令，這只是對於船主的一個勸告，不許我上岸，並且警告我，說前面即將有危險發生。船主當然無權阻止我上岸，但我自己最後決定接受這個安排。我於是把家眷先送到老朋友兼當事人的羅斯托姆先生（Parsee Rustomji）的家裡，約定在那裡相會。當旅客都上岸以後，達達·阿布都拉公司的法律顧問，我的朋友洛夫頓（Mr. Larughton）上船來看我。他問我爲何還不上岸，我將愛斯康來信的話告訴他。他說他不以我等到天黑，然後像賊匪一樣悄悄進城的意思爲然；我若是不怕的話，可以如他像平常一樣的一同進城。我回答說這不是怕不怕的問題，乃是應不應該接受愛斯康建議的問題。我們又討論到船主對於此事是否要負責任。洛夫頓微笑說道：「愛斯康對你幫了些什麼，爲何你一定得考慮到他的建議？你相信他的話是出於善意而無其他的動機，那有什麼理由？城裡發生一些什麼事故，愛斯康在其中是用一種什麼手段，我都比你知道得多。」我聽到這裡，搖頭不信。

洛夫頓繼續說道：「我們固然可以假定他是出於最好的動機，但是你若是聽從了他的話，便是屈服。所以我要勸你，你若是預備好了，現在便和我一起上岸。船主是我方的人，他的責任就是我們的責任。他只對達達・阿布都拉公司負責。他們對於此次的抗爭表現出很大的毅力，他們的意思怎樣，我都知道。」我回答道：「那麼，我們去吧！我沒有什麼好預備的。我就只要纏上我的包頭。我們告訴船主一聲，然後上去吧！」我們於是向船主告別，然後上岸。

洛夫頓是都爾班地方有名的一位老律師，我和他往還甚密，遇到疑難的案件，常常向他求教，並且尊他爲我的前輩。他是一位勇敢堅實的人。我們上岸，要取道都爾班的一條大街。上岸的時候，已是下午四點半左右，天已微黑，太陽下山。步行到羅斯托姆先生的家裡，最少要一個半鐘頭。碼頭上的人也沒有平常那樣多。我們上岸的時候，就被幾個年輕人看見了。只有我是印度人纏了包頭，外形特別，他們一下就認出是我，狂喊道：「甘地在這裡！甘地在這裡！打他！圍住他！」於是圍了上來。有幾個就動手拋石頭。少數年長的歐洲人隨即加入年輕人隊裡，行凶的暴徒漸漸增多。洛夫頓認爲我們步行危險，打算叫人力車。用人拉車，我一向反對，即到現今，我還沒有坐過這種車子。那時的我卻以爲應該坐人力車，以避此難。一個人願意墮落，而上帝竟去救他，這種經驗，我一生總有過五、六次。那時之沒有墮落，我眞不敢相信是我自己的力量呢！拉這些人力車的都是祖魯人（Zulus）。當時年老的和年輕的歐洲人都恐嚇他們說，如果讓我坐車，他們就會打他，把車子搗成粉碎。人力車夫因此只好拒絕我，自行走開。我則得以免除坐人力車的羞恥。

我們現在既無別的辦法，只好仍然步行前去。群眾圍著我們，我們前進，暴徒的積聚也愈多，到了西街（West Street），積聚多到不知其數。一位力量強大的人將洛夫頓從我的身旁拖開，讓他再也不能靠近我，群眾一面開始罵我，一面將石子撈在手上，雨點般的向我打來，把我的包頭也扯下了。其時有一暴徒跑了過來，給我一頓耳光之後又踢我幾腳。我趕緊抓住近旁一戶人家的欄杆，人是幾乎沒有知覺，呼了幾口氣之後，才未至昏厥。那時我幾乎不敢奢望能活著回到家裡。但是我記得很清楚，那時心中絲毫沒有責難那些侮辱我的人。

當我掙扎著前進的時候，警察局長的妻子——亞歷山大夫人（Mrs. Alexander）適從對面走來。我們彼此很熟。她很勇敢，看見了我，雖是曇天，太陽也快要下山了，仍把陽傘張開來保護我，靠住我一同行走。歐洲人不敢欺負婦女，尤其這年長知名的警察局長的妻子，當然不敢傷害她。他們用石頭打我，總要留心不誤傷她；所以她和我一起走以後，我所受的打擊就不甚嚴重了。其時警察局長也已知道群眾攻擊我的事，派來一隊警察包圍著保護我。那時警察局已在眼前，走近，看見警察局長正在等候我們。他要我躲到警察局去，我辭謝他的好意，說道：「我一定要到目的地去。我相信都爾班市民的光明磊落，我也相信我自己的理直氣壯。謝謝你派警察來保護我，而亞歷山大夫人對於我的安全，也盡了不少力。」

我到羅斯托姆的家裡，沒有再受到騷擾。我到那裡，快要天黑了。科蘭號船上的醫生來替我驗傷，幸還不多，只有一處暗傷，最爲疼痛。但是我還沒有能好好的休息，便有幾千位歐洲人在羅斯托姆的屋前麕集，到了夜間，連街上年輕的莽漢也加入群眾之中了。群眾遣人通知羅斯托姆先生，若不將我交出來，便要把他、他的房屋和我一起放火燒。羅斯托姆先生是一位很好的印度人，也遭這種橫逆，眞是太難堪了。亞歷山大局長知道此事發生，便暗地派遣偵探混入人群，而他拿一張櫈子站在上面，假裝和群眾談話，櫈子正放在羅斯托姆屋門口，於是沒有人可以衝進去。他一方面把偵探四處布置妥貼。他一到此，便命一個手下穿了印度人的衣服，塗黑了臉，假扮印度小販進屋來找我，傳達他的意思道：「若是你打算救你的朋友，和他的客人、財產，以及你自己的家眷，我勸你扮作印度警察，由我的人帶領，取道羅斯托姆的棧房，從人群中混出到警察局去暫避。街角上已預備好一輛馬車。我只有這一條法子能救你和其他的人。群眾現在激昂已極，我已不能控制。你若不立即聽從我的指導，群眾會要將羅斯托姆的房子剷爲平地，那時要死多少人，損失多少財產，就不是我所能想像的了。」我把當時的情形一考慮，立即扮爲警察，離開羅斯托姆的屋子，隨同警察安然到達警察局。而這裡則是亞歷山大對群眾開玩笑，唱土曲子，絆住他們。他知道我們已經安然到達警察局之後，立即變爲莊嚴的樣子，問道：

「你們要什麼？」

「我們要甘地。」

「你們要他作什麼？」

「我們要燒死他。」

「他對你們做了什麼壞事？」

「他在印度丟我們的臉，並且要用苦力來充滿納塔爾。」

「若是他不出來便怎麼樣？」

「我們就要燒了他的屋子。」

「他的妻室兒女都在此地，此外並有其他的男男女女。你們焚燒婦女和兒童，不覺得羞愧嗎？」

「那種責任應該是你負。我們不想傷害任何其他的人，但是我們要你交出甘地來。」

警察局長微微一笑，告訴群眾說，我已然離開羅斯托姆的屋子，從人群中到別處去了。群眾大呼道：「撒謊！撒謊！」

局長說道：「若是你們不相信年長的警察局長的話，請從人群中選出三、四個委員來，到屋子裡去找，而你們在外面靜候，不許擁進屋內。委員們如找不到甘地，你們就得安安靜靜地回到家裡去。你們今天興奮了一天，不服從警察的命令，這可見是你們的不信任，其責不在警察。警察因此對你們開了一個小玩笑；將你們口中的肉從人群中移了出去，使你們空手而返。你們當然不能因此責備警察。警察是你們選出來的，他們只不過盡他們的責任而已。」

局長的話和藹而又堅決。於是他們便照著他的要求，選了幾個委員，將羅斯托姆的屋子大搜一頓。搜完以後，委員出來報告群眾說，局長的話不錯，他們是失敗了。群眾爲之大失所望，然仍守著諾言散去，不再鬧什麼亂子。這是一八九七年一月十三日發生的事。

那天早晨，輪船檢疫停止以後，都爾班新聞記者上船來採訪我，詢問得很詳細。他詢問所以反對我的原因，這回答要使他滿意，並不難。於是我詳細告訴他，極力的避除誇張。我所做的，都是盡我的本分。我若是不反抗，眞也算不得人了。這些言談，第二天都登在報上。納塔爾的歐洲人感覺敏銳的，都承認他們的錯誤。報紙表示同情歐洲人的立場，而同時也極力贊成我的行動。這一來，把我的聲譽和印度人團體的地位都提高了。由此得以證明印度人雖是那麼可憐，卻並不懦弱，印度商人也打算爲他們的自尊和國家而奮鬥，置損失於不顧。因此印度團體方面雖然吃了苦頭，達達・阿布都拉公司也蒙受鉅大的損失，但我相信結果還是完全有利。團體方面得以測驗自己力量的機會，增加了他們以後的自信心。我則得了一個最有價値的經驗，無論何時，我一想到那天，便覺得是上帝有意在那裡教我作消極抵抗（Stayagraha）運動的準備。納塔爾的事故發生以後，在英國有了迴響，殖民部大臣張伯倫（Mr. Chamberlain, Secretary of State for the Colonies）致一訓電給納塔爾政府，命令審訊侮辱我的那些人，務使罪有攸歸。

愛斯康是納塔爾政府的檢事長，持了張伯倫的電報來拜訪我。他首先對於我的受傷，以及事變，幸未十分嚴重，表示惋惜和喜悅。他又說道：「眞的！我並沒有料想到你和你們團體中其他諸人會受傷。我因爲怕你也許會受傷，所以通知你，要你於晚上上岸。你不聽我的勸告，你聽了洛夫頓的話，我絲毫不怪你。你現在想怎樣，完全隨你的意思。納塔爾政府完全接受張伯倫的命令。我們希望能夠將那些暴徒提起公訴。你能指出那些暴徒來嗎？」

我回答我也許可以指認出一、二人來，但是我已經下決心不去起訴任何人。他們所受的指示當然是得自他們的領袖，而事情之正確與否，要群眾去判斷，未免太難了。他們所聽到的關於我的事若屬實，當然會激昂起來，在怒氣沖沖之下做了錯事。激動的群眾常想如此的去求正義。萬一要責備某人，那就只好歸咎於歐洲居民委員會。路透社也許有牽強附會的記載，但是歐洲居民領袖知道我到納塔爾，他們和委員會對於有關於我在印度的行動有疑問的地方，應事先向我質問，才是正理。

愛斯康回說道：「你所說的，我都明白而且了解。你不願意告發侮辱你的那些暴徒，我事先並沒有想到。就是你告了他們，我也沒有絲毫不悅之處。但是你既表示了決定不予起訴，我敢斷然的說，你的處置不僅正當，並且因爲你的自行制裁，替你們團體也給了不少好處。我同時又要說，你拒絕起訴那些暴徒，使納塔爾政府爲難的地位也因而得了解救。若是你要那樣，政府當然可以將那些暴徒逮捕，但是此舉足以激怒歐洲人，而引起各式各樣爲任何政府所不高興的批評。但是若是最後你已決心不去起訴，請你用書面通知我，表示你對於此事的意向。我不能把我們的談話作成節略文字送給張伯倫，即可爲我的政府卸責；我應該將你的通知書大概電告於他。然而我並不要你立刻就將書面的通知給我。你最好是和你的朋友商量商量，和洛夫頓也去商量一下。若是商量之後，你仍然堅持不起訴，請寫信通知我。但是你的通知書中必須明白說明是自己負責申明，拒絕起訴暴徒。只有這樣，我才可以陳明上去。」

我說道：「我沒有想到你爲此事來找。關於此事，我沒有和任何人商量過，我也不願意和任何人去商量。當我決定和洛夫頓一起上岸的時候，便已下了決心，就是受了傷也不怨天尤人。所以起訴暴徒當然不成問題。這在我是一個宗教上的問題。」說完之後，我取一張白紙，將所希望的通知書照樣寫下，遞交給他。

第九章　波爾戰爭

一八九九年，波耳戰爭（Boer War）爆發，於是南非的印度人應如何表示，乃成爲當前立待解決之問題。波耳人中，所有的男丁一起加入戰爭。律師放棄了職業，農人停止了耕作，商人不作生意了，僕人也不服役了。南非的英國人卻不像波耳人一樣要全體加入戰爭，好望角殖民地（Cape Colony）納塔爾和羅得西亞（Rhodesia）等處有一大部分的公民自行報名，爲義勇軍。有許多有名的英國商人和律師也繼踵而起。而其反對印度人的理由中，一說以爲印度人到南非只是爲了掙錢，所以成爲英國人的累贅。南非的印度人不過是一種蛀蟲，鑽吃樹心，以肥一己；國家爲人侵略或者他們的家被劫掠，他們不能絲毫爲力。在這種情形之下，英國人不僅要爲自己防護敵人的進攻，並且要保護印度人。我們印度人對於這種理由仔細的考慮過，覺得這正是一個黃金機會，可以用來證明此說素來毫無根據，但是像下面的討論，有若干人也堅持著：

「英國人之壓迫我們，正和波耳人一樣。若是我們在特蘭斯瓦甘願受苦，在納塔爾和好望角殖民地不見得會好多少。即令有差別，也是一種程度上的差別。還有，我們多少是一種奴隸的團體。據我們所知道的，像波耳人那種弱小民族（波耳人係尼德蘭殖民與南非土著通婚的混血），也要爲他們的生存而奮鬥，爲什麼我們反而作人的工具去破壞他們？最後從實際方面觀察，誰也不敢斷言波耳人要失敗；若是他們得勝，要對於我們的舉動施行報復，那是一定的。」

我們中間，極力主張這一說的，頗占勢力。我了解他們的意思，也承認他們的話有一部分有理。但是這一說的本身我卻不能贊成，我向他們用這樣的話反駁道：「我們是以不列顚的臣民資格，得以在南非居住。我們無論如何表示，總肯定了這種權利。我們也以身爲不列顚的公民爲榮，我們的統治者和世界也相信我們這樣。我們統治者之申明保障我們的權利，乃是因爲我們是不列顚的臣民，我們之還能享有小小的權利，也因爲我們是不列顚的臣民。現在危亡就要臨到不列顚的頭上，同時也是臨到了我們的頭上，而只因爲他們在此地虐待了我們，我們便袖手旁觀，這於我們民族的尊嚴也有損害。這種旁觀的態度反而更加重我們的困難。別人反對我們，我們相信不對，現在這種找不到的良機送上門來，證明反對的理由不正確。而我們失之交臂，那豈不是自暴自棄？到那時，英國人待我們比以前更壞，仇視我們比以前更甚，那都不足驚異了。這種過失，現在已經逼近到了門口。要說反對我們的理由，事實上沒有根據，絕對不可靠，只有恃著我們自己的決斷。我們又可以辯說我們在帝國之中，是處於奴隸（Helots）的地位，這話自是不錯。但是在我們努力改善我們的景況時，我們仍然不能自外於帝國。我們在印度的領袖以及我們的方針都是如此，若是我們願意得到我們的自由，而得享不列顚帝國一分子的福利，現在是一個黃金機會，使我們盡一切的力量，在戰事方面幫助不列顚。波耳人方面自然大部分的理由是不錯，但是一國的臣民不要希望在所有的事件上都堅持一己私意。當局者或者不一定對，但是在一國的臣民應該效忠於國家時，他們的義務顯然是該準備一切來擁護國家的行爲。

「還有，臣民中如有一班人以爲政府的行爲，從宗教的觀點看去，是不道德的，那麼在他們要幫助或阻攔之先，一定得出他們的全力，甚至於犧牲他們的性命，以去敦促政府改弦易轍。這種辦法，我們都沒有作。這種道德上的危機，我們還沒有遇著，也沒有人說我們是因爲這種普遍廣大的理由而對於此次戰爭袖手旁觀。所以我們作人民的平常職務，不是在指謫戰爭，乃是當戰爭眞的爆發以後，我們得盡其所能去幫助。波耳人之戰勝，自然大有可能，現在假說波耳人戰勝，我們後來的景況，一定要比以前更壞，波耳人一定會很嚴厲的報復，那就要對不住那些忠勇的波耳人，也就對不住我們自己了。只要對於這些偶然的事稍微思考一下，就可以看出我們的懦弱和忠誠的表現一斑了。一個英國人，難道會想到假使英國失利，他自己的遭遇要怎樣嗎？一個要加入戰爭的人，而來作這種議論，就不能不喪失自己的人格。」

我的辯論引來許多人的贊同；但是現在實際上的問題卻發生了。在這戰事緊急的時候，有誰來聽印度人微弱的呼聲呢？所貢獻的這種幫助，又有多大的力量呢？我們沒有人知道如何使弄兵器的，何況就是要作一個非戰鬥員的工作，也得受過訓練。我們甚至於連走步法都不知道，要荷起背囊作長途行軍，那更不是易事。還有白種人會把我們一律當作苦力看待，欺侮我們，賤視我們，這些事情應該怎麼辦呢？若是我們志願去服務，如何可以使政府接受我們的貢獻呢？最後我們決定，若是我們下了決心，上帝會許我們以服務的能力。我們的工作是否得人信任，且不必愁，我們只有盡其所能去訓練我們自己。我們既已決定服務，對於工作和服務的差別便應一起泯除，即或有侮辱到來，也應不與計較。

我們的貢獻在得善意的接受之前，遇到了一些重大的困難。事情經過頗爲有趣，不過此處不能細說。所可述者，我們的領袖受過看護傷病者的訓練，領了身體勝任的證明書之後，便向政府上了一封正式的公文。文中懇摯的敘述我們只要政府答應的話，便願盡力幫助政府。這封公函呈上後，印象頗佳，政府回示表示感謝，但是暫時拒絕我們的幫助。其時波耳人像潮水一般，繼續進攻不已，大有可以攻到都爾班的情勢。受傷和死亡的人到處都是。我們於是再度請求，願爲政府效力，最後允許組織一隊印度救護隊。我們曾經表示過，即令我們在醫院裡當打掃員或清道夫，也是願意，現在既許組織救護隊，自然歡迎之至了。我們又曾表示過希望允許契約勞工的印度人一同加入。政府那時需人甚急，於是命合契約勞工的雇主允許他們的人作義勇隊。於是由一千一百名左右的印度人所組成的莊嚴浩大的隊伍，就此由都爾班開赴前線了。出發的時候，由愛斯康致辭爲我們祝福。愛斯康爲人當爲讀者所熟知，那時正是納塔爾歐洲義勇軍的隊長。

這些情形，英國人辦的報紙全都披露出來了。印度人居然參加戰爭，這是誰都料想不到的，我們最初由蒲士博士（Dr. Booth）指導訓練，此刻也加入隊伍，爲醫務長。他是一位虔誠的教士，他的工作雖然偏重於信奉基督教的印度人，然而也和其他宗派的人自由往來。那時也有一隊歐洲救護隊，在同一地方和印度人和衷共濟的共事。

於是我們立即開始工作，而工作的艱苦也出乎意料。從七、八哩外的地方搬運傷兵，乃是日常工作的一部分，有時候甚至爲了救護受重傷的官兵，往往要走二十五哩的路。每晨八時開始出發，沿途尙須換藥，而規定爲五小時之內須到達後方醫院。這實在是很苦的工作，只有一次從二十五哩遠處搬運傷兵，於一天的時間完事。還有不列顚軍隊於戰事初起之時，形勢日形不利，受傷者爲數頗鉅。官吏沒有辦法，也只好把不讓我們迫近火線的主張放棄了。但是要申明的，就是這種緊急命令頒布之後，通知我們說我們來效力之初，本是約定不作這種險事，蒲勒將軍（General Buller）以爲我們若不願意受這種危險，他也不勉強我們去工作，但若是我們自動加入，那自然要大大的讚美。我們也十二萬分地願意進入危險地帶，而不想置身事外。因此我們歡迎這種機會，最終我們沒有一人受流彈或是其他的傷害。我們一隊常和歐洲人組成的救護隊和軍士接觸，可是無人覺得他們待我們有輕蔑或不客氣的地方。同時的那一隊救護隊就是戰前參加反印暴動的南非的歐洲人所組成的。他們一知道印度人不計較他們過去的錯誤，在危急的時候反而幫助他們，當時他們仇視的心理因此消除了。蒲勒將軍在他的報告書中述及我們的工作，三十七個領袖都得了軍事獎章。

當蒲勒將軍進軍，賴德斯密司（Ladysmith）解圍之後，我們以及歐洲人所組成的救護隊都解散了。此後戰爭還繼續許久。我們奉政府命令解散，命令申述若是再需要大規模的行動時，會再行召集我們，所以我們時時準備再行加入。

此外，還有一件有價值的事值得在此記述一下。當賴德斯密司爲波耳人所圍時，被圍者除英國人外，還有少數散居在那裡的印度人。其中有幾個是商人，其餘是一些契約勞工，在鐵路上當工人或者作英國紳士的僕役；當中有一位名叫辛巴布（Parbhu Singh）。賴德斯密司的司令官對於當地的居民，每人都分配一種職務，而號稱為苦力的辛巴布乃是最負責且擔任最危險的工作。在賴德斯密司附近一座小山上，波耳人安有一門野砲，砲火之下所毀去的房屋和喪失的生命，為數很是不少。每一、兩分鐘便有一彈落在遠處的目標上。若是被圍的人能夠守視著報一個信，那麼他們在砲彈落地之前，便可以設法先行躲避，不致受傷。辛巴布手拿一具鈴子，爬在一棵樹上注視著小山上野砲的開放，看見火光一閃，便將鈴子搖動。賴德斯密司的人一聽鈴響，便立即躲避，以免為無情的砲彈所犧牲。

賴德斯密司的守將很稱讚辛巴布無價的勞績，說他的工作極為熱心，搖動鈴子沒有一次錯誤。至於他的生命是如何處在危險之中，那更不消說了。

第十章　黑死病

波耳戰爭結束以後，我在約翰尼斯堡住了一段時間，我的律師事業在此仍是日有增加。某一時期，我曾僱用四個印度書記，而我之待這些書記也有如自己的子弟一般。但是雖有這許多書記，仍然還不夠用。

我是智窮力盡了。事務愈積愈多，職務方面和公共的工作，我實在無法應付。我非常想僱一個歐洲書記來幫忙，所不知者是否有白種的男人或女人肯到我這樣的有色人底下服務。但是我決定試一下，於是去找一位素日知道的打字機代理人，託他代找一位速記員。他答應了，去找一位剛從蘇格蘭來的蘇格蘭籍女子狄克女士（Miss Dick）。她急於想謀一個靠得住的事，什麼地方倒不拘。因此代理人要她來找我；我見了就很中意。

我問她道：「妳在印度人手下作事，不以爲意嗎？」

她堅決地回答道：「那全然不要緊。」

「妳打算要多少薪水呢？」

「十一鎊十先令一個月，不會嫌太多了吧？」

「並不多，若是妳願意幫忙的話。什麼時候妳可以來呢？」

「若是你願意的話，現在就可以。」

我很高興，於是開始口授函件命她速記。從此以後，她竟然像我的女兒或者姊妹，而不僅僅是速記打字員了。她的工作很盡職，而且代我管帳，常常保管幾千鎊的錢。她完全得到我的信任，可是還不止於此，她居然肯把她的內心想法和情感告訴我，她最後選擇丈夫，也聽取我的勸告，結婚的事情，我也可以替她決定。後來狄克女士出嫁為麥克唐諾夫人（Mrs. Macdonald），才辭職不幹，但是她結了婚以後，我有不得已的事去找她，她沒有不來幫忙的。

那時我急於要找一位長期的速記打字員，幸而又找到了一位女士，那是喀林巴哈先生（Mr. Kallenbach）介紹來的斯克勒新女士（Miss Schlesin）。女士現已為特蘭斯瓦某女校校長，來到我手下作事時，年才十七歲。她那種古怪的脾氣，有時使得我和喀林巴哈都沒有辦法。她到我這裡來，與其說是作速記打字員，毋寧說是學一點經驗。人種的差別在她的觀念中是沒有的。年齡、經驗兩者，她都毫不在意。她甚至於去侮辱一個男人，指著他的面去批評他，她都可以毫不猶疑的去做。她那種急躁的性情，時常使我為難，然而她的坦白且胸無城府的性格，其他一切都可以煙消霧散了。

她的犧牲很大。她有一大部分時期只支六鎊錢一個月，從不肯拿十鎊以上的薪水。我一定要她多支一點的時候，她就會回給我一頓好罵，說道：「我不是到你這裡拿薪水的。我之所以到這裡來，是因為喜歡在你手下作事，是因為我喜歡你的理想。」她的膽量可以和她的犧牲媲美。我所知道的幾位婦女，品格瑩潔如水晶，而膽氣可以無愧戰士者，她要算是其中的一人了。我和她共事的時候，我還不十分知道她的心理，但是卻已留下了神聖的回憶。至今回想我所知道的她，幾乎不敢相信是真的。她為了一件事情，常常不分晝夜的去做。她受命之後，往往深夜一人獨自去辦，提議陪伴，即拂然不悅。成千上萬勇敢的印度人都在那裡等候她作爲指導。在不合作運動的期間，所有領袖幾乎一個個的都入獄了，全靠她一手在那裡領導運動。她手裡要招呼成千的人，大量的通訊，以及每週出版的《印度公論報》（*Indian Opinion*），而她卻從不知倦。

印度的大政治家郭喀爾（Gokhale），他對於我的同事都很了解，有許多他也很喜歡，時常加以批評指教。他以爲在我所有的印度籍和歐洲籍的同事中，斯克勒新女士要算第一。他說道：「像斯克勒新女士這樣的犧牲、純潔，與大無畏的精神，我生平少見。在你的同事當中，據我的評論，要以她爲第一。」

大約在這時候，馬旦吉特先生（Sjt. Madanjit）送來一份創辦《印度公論報》的意見書，要求我的贊助。他已經辦了一家報館，我於是贊成他的提議。一九〇四年《印度公論報》正式開辦，聘曼蘇喀拉爾先生（Sjt. Mansukhlal）作第一任主筆。實際上，此報大部分由我負責，所以全部工作的重任其實是在我的肩上。曼蘇喀拉爾先生雖在印度辦報很久了，其所以如此，並非是他不勝任，乃是他對於瑣細的南非問題不甚了解，不敢像我之久於其地的那樣去寫。他極其相信我的才能，所以社論一欄的責任，完全託付給我。

這多年來，我覺得《印度公論報》對於社會方面很盡了點力。開辦之始，原不作營業上的打算。在我管理的時候，報章的變遷，也正足以見出我一生的變遷。《印度公論報》也同《少年印度》（*Young India*）和《那瓦吉凡報》（*Navajivan*）①一樣，可以反映出我一部分的生命。日復一日，我將我的靈魂傾吐於字裡行間，闡發靈力運動的原理和方法。一直到一九一四年，前後共是十載，其間除我因下獄而得休息外，幾乎無一期沒有我的一篇文章。在那些文章之中，我無一語不經思索與考慮，無一語是有意誇張或者取媚於人。《印度公論報》成爲我克制一己的訓練，和把我的思想和朋友接觸的一種媒介。批評者也少有反對，事實上，我知道《印度公論報》的論調反而追得批評者無話可說。靈力運動若無此報，也就要不可能了。在我則又藉此爲我研究人性各方面的一種工具。我時常注意到編者和讀者間的密切和順暢的聯絡，所以報上登載讀者的通信很多。這都是從讀者肺腑中流露出來的，因爲各人的習性不同，而通信的性質有批評與嚴峻之異。對於這些通信的研究分析以及答覆，在我是一個很好的訓練；社會的意見由這些通信中即可以看出來。我因此才充分了解新聞記者的責任，以及由此以影響及於社會，而使將來的事業可以工作神聖而不可抵抗的力量。

《印度公論報》發刊的第一個月，我便認識到報紙唯一的目的應爲服務。報紙的力量甚爲偉大；然而不受約束的水，可以懷山襄陵，淹滅五穀；而無管束的筆鋒也只有破壞。若是管束是來自外面，其惡毒更甚於無管束；所以只有發之於內者，才爲有益。

---

① Navajivan是甘地在印度所辦的古加拉特文週報。

在印度有一些階級需要我們予以很大的社會服務，那些人，我們印度教徒稱之爲「不可接觸者」（untouchables），居住也是在一鎮或一鄉的另外很遠的一區。即在信奉基督教的歐洲，猶太人有一時期也被稱爲不可接觸者，給猶太人住的地方另有名稱，爲ghettoos（猶太區）。如今我們在南非也同樣的成爲「不可接觸者」了。

古代的猶太人自稱爲上帝的選民，排斥異己，結果他們的子孫受到一種很奇異且不公平的報應。印度教徒幾乎同此一模一樣，他們自視爲雅利安人（Aryas），爲有文化的人，而把他們一部分的親友當作不可接觸的人，結果縱使不公平，總算奇異的天罰（Nemises），不僅降臨到南非的印度教徒身上，回回教徒和拜火教徒，因爲同國同種的原故，也光降到了。

南非給我們印度人以苦力的惡名。苦力二字在印度的意思是搬運夫，而在南非則有輕視之意，將我們視爲流氓或不潔的人，苦力所在的區域也特別稱之爲「苦力區」。約翰尼斯堡就有這樣的一處地方。印度人密密的擠在裡面，人口增加而地面不加。除去廁所之類，骯髒不堪、偶一清除之外，其他衛生設備，市政局從不在意，良好的道路和路燈更是談不到了。眞不像是市政局注意到這裡的衛生樣子。若是沒有市政局的監督，住在那裡的印度人對於市政衛生規則，實則不知道要如何去做。

市政局之放任以及印度居民之無知，促成本區全不衛生的情狀。而市政局方面並不想怎樣去改良此種現狀，反而以他們自己放任所釀成的不潔爲口實，要消滅這個住區，因此從本地立法當局取得允許，要把本區居民一律驅逐出去。

當印度人正爲這些事情憤憤不平的時候，有一種名叫肺炎的黑死病突然在那時發生，其猛烈可畏，更超鼠疫而上之。所幸肺炎的發生不起於印度區，而起於約翰尼斯堡附近的一處金鑛山上。金鑛工人大部分是黑人，他們的清潔與否，白種人鑛主應負全責。工人中有少數的印度人，其中二十三人突然爲所傳染，病勢甚劇，於是一夜之中，二十三人一起回到本區。馬旦吉特先生（Sjt. Madanjit）那時正四出推銷《印度公論報》，在印度區遇見了這些人。他爲人最是有膽有識，看了這些可憐的犧牲者，心上難過極了，於是用鉛筆寫一字條，立即送給我道：「黑死病突然發生了。你一定要即刻前來籌劃辦法，否則都要同罹劫數。請趕快來。」

馬旦吉特先生毅然將一所空屋的鎖擰開，把所有病人都安置在裡面。我則立即騎腳踏車趕到那裡，將情形用書面通知市政局祕書。另一方面則請約翰尼斯堡行醫的哥得夫利醫生（Dr. William Godfrey）速來施救，於是醫生、看護治爲一爐。但是病者一共二十三人，非我們三個人所能應付得了的。根據我的經驗，相信只要一個人的心純潔，災難當頭，也可以找出人和方法來與之對抗。那時我的辦公處有四個印度人，除喀爾揚達斯、曼尼喀拉爾兩先生（Sjts. Kalyandas & Maneklal）之外，其他兩位名字，我現在記不起了。喀爾揚達斯是他的父親託付給我的，在南非像他那樣聽從我的話的，眞不多有。所幸他那時還沒結婚，我於是毫不猶疑的將這種含有重大危險的責任委託於他。曼尼喀拉爾是我在約翰尼斯堡所聘，據我所記得的，他那時也還未婚。於是我決定把這四個人都採用了；至於這四個人稱之爲書記也好，稱之爲幫手或兒子也無不可。四人中，喀爾揚達斯可毋庸商量，其他三位和他們說時，也立即答應下來。「你到哪裡，我們就到哪裡。」這是他們的明快答覆。

那是可怕的一夜，通曉不眠，從事看護的一夜。以前我曾看護過一些病人，但是患黑死病的卻從沒有看護過。哥得夫利醫生打的針可以防止傳染。看護是用不著做什麼，只替他們送藥，拿需用的東西照料他們，把他們的床鋪收拾得整齊清潔，使他們快活，這是我們的工作。那幾位青年之熱忱不倦不畏，出我意料。哥得夫利醫生和富有經驗的人如馬旦吉特先生的勇敢，那是我們可以預想得到的，但是可敬的乃是那幾位青年的精神啊！

市政局祕書對於借用空屋處理病人，向我表示謝意。他坦然承認市議會對於此次事情沒有事先預防，他們願意以後盡力量來幫忙。既然感到一己的責任，市政局方面自當迅即設法，不再遲延。

第二天，他們騰出一所空屋，交給我使用，意思是要將病人遷到那裡去。但是市政局事先並沒有將房屋收拾清潔，我們只好自己動手掃除一切，並向印度人的慈善機關裡借了一些床以及其他用具，草草作成一所醫院的形式。市政局方面派一名女看護來。哥得夫利醫生仍然管理一切。

女看護爲人很和善，也願意去照料病人，不過我們怕她受傳染，很少要她去和病人接觸。

當我們還在那裡的時候，病人中便死去了二十個。市政局急忙另想別的方法。離約翰尼斯堡地方七哩光景，有一癩病院，即是專爲傳染病而設的，於是將未死的三位病人搬到癩病院附近的帳蓬裡去，有新病者也一併送到那裡。我們因此得卸下重擔。過了幾天，我們才知道那位和善的女看護也受傳染，隨即死去了。

疫症發生，我就寫了一封很有力量的信給報館，以爲疫症之發生，以及印度區之遭殃，市政局平日之疲玩怠忽，實應負其責。我和波拉克先生（Mr. Henry Polak）之締交，即由於此函，而和故多克牧師（Rev. Joseph Doke）的交情，一部分也得力於此函。

第十一章 《等到這最後》

在前一章裡，我已經說過，我是在一家素食館裡用餐。在那裡我遇見了韋斯特先生（Mr. Albert West）。於是我們每晚在此相會，飯後便一同出去散步。韋斯特是一家小印刷公司的股東，他在報紙上讀到我關於瘟疫突起的信，於是到素食館來找我，沒有見著，他很悵惘。

我的老規矩是：每逢災難發生的時候，就要減食，所以疫病發生以後，我的同事和我便循例的減餐。在這些時候，我把晚餐減去了。素食館的經理和我很熟，我告訴他，我正在看護疫疾病人，想盡力避免和其他朋友的接觸，所以我要在別的客人到這兒以前，把飯用完。

韋斯特在素食館候我一、兩天都沒有見著，有一天大清早便到家裡來找我，他叩門的時候，我正預備出去散步。我開門之後，他說：「我在素食館裡沒有見著你，疑惑你是否眞的出事了。所以我決定早晨來看你，以便在你家裡看到你。好，現在我在這裡，願意聽你的使喚。我已經準備去幫助看護病人。你知道的，我是獨自一個人的。」

我表示謝意之後，不假思索的就回答他：「我不打算要你做看護，若是病人不變多的話，我們應該要休息一、兩天了。但是這裡還有一件事。」

「是的，什麼事呢？」

「你能不能到都爾班去管理《印度公論報》？」

「你是知道的，我有一個印刷公司。我多半可以去，但是可不可以讓我考慮到今晚再來作最後的答覆？我打算在晚上散步的時候，我們再討論一下。」

我很高興。晚上我們出去散步，他答應去作。薪俸他是不計較的，他的動機並不是為錢，但是仍然決定每月薪俸十鎊，並且可以分紅利。第二天的夜車，韋斯特就上都爾班去了。從那天起，一直到我離開南非海岸的時候，他都是和我共甘苦的。

韋斯特出身於羅士（Louth）的農家，受過普通教育。但是自己很用功，經驗很豐富，所以學問也很好。我深知他是一位純潔嚴肅、畏天仁愛的英國人。

關於看護病人，我和我的幫手雖然可以卸責，但是因為疫疾而起的事情，卻還層出不窮。我已經說過市政當局是怎樣忽視印度人住區的情形。然而論到白種市民的衛生，卻是非常注意，絕不像對待印度人那樣。現在為了防止疫疾起見，不惜把金錢像水一般的送了出去。市政當局之忽視印度人，雖然過失很多，但是我對於白種市民的康健，仍然不勝其關切，儘量的幫助他們。那時我感覺到如果不和他們合作，市政當局一定愈感困難，毫無可疑的便要使用起武力來，結果當然弄得更糟。但是一切都得其反。印度人的舉動，市政當局甚為高興，關於防疫方面，有許多未來的工作，也就因此而簡單易辦了。我盡力去指揮印度人，使他們能夠應市政當局的需要。要印度人不倦的去作，那是很不容易的事情，但是我記得卻沒有人違抗過我的勸告。

印度區防範得很嚴密，出入非得允許，不能通過。我和我的幫手則許以自由出入。目的是想把住區裡的人一起淨空，搬到距約翰尼斯堡十三哩的野外帳篷裡去，然後把住區放一把火。要在帳篷裡住，各種用品器具的籌備就得花一些時間，在這期間，不能不有守衛。人民驚恐萬分，幸而有我常常來去，才稍感安慰一點。

住地搬空之後，就放了一把火。大約就在這時候，爲了同樣的理由，市政當局把市上所有積存的木料也一起燒掉，損失大約在十萬鎊左右。所以採取這種斷然的步驟，是因爲在市上發現一些死老鼠的原故，市政當局因此不惜重大的耗費，而疫症因而不再蔓延，城市得以再爲甦息。

因爲疫症，更增加我對於可憐的印度人的力量，因爲我的責任，我的事業不增加了。此外，和歐洲人的一些新接觸愈爲密切，我在道德上的責任，也就大大的增加。

我和波拉克先生（Mr. Henry Polak）在素食館之認識，正同和韋斯特之相識一樣。有一天晚上，一位少年在另一桌上進食，把他的名片送來，表示願意和我談談。我於是就請他到我這邊來，他也就來了。

他說：「我是《評論報》（*Critic*）的副編輯。在報上讀到你關於疫症的信以後，很想和你聊一會。今天得有機會，實在是很高興。」

波拉克的坦白胸懷，頗使我傾倒。當天晚上，我們暢談一次，彼此對於重要事項的意見，大致都很相近。他也喜歡簡單的生活而且有很奇異的才幹，能將腦海中所認爲對的事，一一去實行，他一生中的某些變革，是非常的急速也非常的激烈。

那時《印度公論報》的費用一天天浩大起來。韋斯特送來的第一個報告就使人大吃一驚。他的報告中說：「你所想的發財我並不奢望，我想恐怕還要虧本哩。帳目很亂。其中有很大的欠款應該追討，但是沒頭沒尾的，令人無從追究。帳目得大大的復查一遍。但是你不用驚駭。我要盡我的力量把各事弄清楚。無論是掙錢或虧本，我總在這裡的。」

韋斯特既發現報社無利可圖，本可以不幹，我自然也不能責備他。實際上，我說可以掙錢而無確實的憑證，他此時大可以向我非難，但是他卻不出一句怨言。不過我總感覺到這一次的事情，韋斯特一定會以我爲不甚可靠的人。

我拿到韋斯特的報告之後，就到納塔爾去。我那時對於波拉克表示充分的信任。他到車站來送行，並且送我一本書以備旅途消遣之用，他說我一定會喜歡這本書的。這就是拉斯金（Ruskin）的《等到這最後》（*Unto this Last*）。

我一展讀這一本書就不忍釋手。這書把我迷住了！從約翰尼斯堡到納塔爾，火車要走二十四小時。晚上車抵都爾班，那一晚我都沒有睡。我決定依據此書的指示，變更我的生活。拉斯金所寫的書，以前我一本也沒有讀過。當我在學校讀書的時候，實際上除教科書以外，就不讀其他的書；從事實際生活以後，又沒有時間去讀書。因此對於書本的知識，也就很淺薄。雖然受了此種限制，可是我相信自己並沒有損失多少；不僅沒有損失，我所讀的那一點書，反因此而能好好的融會貫通。而在生活上能立即引起實際上的改革的，就要算等到這最後這一部書了。後來我曾將此書譯成古加拉特文。

我相信在拉斯金這本大書裡，反映出我所有的一些最深沉的信仰，這是此書所以吸引了我，而改變我的生活的理由。所謂詩人者，就是能表達出人類心胸中所有最好的蘊蓄的人。人的品類不齊，所以詩人對於大眾的影響也因人而各自不同。

我從拉斯金的書裡知道下列的幾種教訓：

㈠個人之善是包含在大眾之善的裡面。

㈡律師的工作和理髮師的工作，價值是一樣的，爲的是大家都有藉工作以維持生活的權利。

㈢勞動的生活，例如：耕地的人以及靠手藝過活的人的生活，才是值得過的生活。

以上所舉的第一項，我早已知道。第二項我彷彿感覺到若干。至於第三項，則從來沒有想到過。拉斯金很清楚的說明第二、第三這兩項可以包括在第一項之中。這樣的想著，不覺得天也就亮了，我打算將這些原則一一的去實行。

於是我把想法完全告訴韋斯特。告訴他有關拉斯金的書在我的心中所發生的影響，並且計畫把《印度公論報》遷到一所農村裡去，在那裡，人人都應該工作，過著同一的生活，把剩下的時間去從事印報。韋斯特贊同我的提議，決定每月薪資一律三鎊，無種別、國界之分。

但是報館裡的十個工人是否都願意去住在農村裡，而僅僅只拿夠生活的薪俸，還是問題。我們於是打算凡是不適於這種計畫的人，可以仍支原薪，希望他們能夠漸漸的達到成爲新村中一個志同道合的目的。

在報館工作的這些人當中，甘地・察哈甘拉爾（Chhaganlal Gandhi）是我的堂兄弟。我把計畫告訴韋斯特時，同時也告訴了他。他有妻有子，但是他從小的時候便選擇在我的手下受教作事。他完全相信我，所以並沒費太大力氣討論，就同意了我的計畫，自此以後，他總是和我在一起。此外，還有機器師哥文得斯瓦米（Govindswami），也同意我的計畫。其餘的人並不加入，但是無論我把報館搬到哪裡，他們都願意跟著去。

把這些事情和他們弄妥貼，一共花了兩天多工夫，這是我沒有想到的。弄妥貼以後，即刻登報徵求在都爾班左近靠近鐵路車站的一片土地。不久就有鳳凰村（Phoenix）的地方願意出讓。韋斯特和我去考察一番之後，在一星期內就買成了二十英畝地。那裡有一脈很好的小泉水，還有一些橘子和芒果樹。相連處還有八十英畝地方，果子樹更多，又有一座頹敗的茅屋。我們把這塊地方也買了。兩處一共花了一千鎊錢。

羅斯托姆先生（Mr. Parsee Rustomji）對於這些事情，也常常幫忙。他也贊成這個計畫。他送我一大捲搭棚用的花鉛皮和其他的建築材料。以前和我在波耳戰爭中一起工作過的印度木匠也來幫我，爲報館建造一座鐵棚房子。

我又想把從印度跟我到南非來的那些想發財而現在已有職業的親戚、朋友們，一起帶到鳳凰村去。他們是爲發財而來的，所以要勸他們頗不容易，然而畢竟有一些人贊同了。其中的人在這裡，我只須單單的指出甘地・馬甘拉爾（Maganlal Gandhi）這一位來，其他的人都回轉去作他們自己的事去了。甘地・馬甘拉爾卻放棄他的職業來跟隨我，憑著他的才幹、犧牲和忠誠，在我從事這些倫理試驗的原有幫手之中，占有很高的地位。他又是一位無師自通的手藝人，在同輩中，無人可與匹敵。

到一九〇四年，鳳凰新村便這樣開始了。《印度公論報》雖然遇到一些意外，但在新村裡卻仍然繼續的發刊下去。

要從鳳凰新村裡將《印度公論報》的第一期發行出去，眞不是一樁容易的事。若是我開始沒有注意到兩點，第一期就會擱起來。我本來不大想用機器來印報。我的意思是那裡既然靠一手一足之「勞」去從事農作，用人工去印報，似乎也比較調和一點。但是因爲不甚可行，便弄了一部煤油發動機。然而我仍然向韋斯特建議，要留一部分出來用手工去印，以防機器不靈。他就去弄了一部輪子來，那是可以用手去轉動的。

那永遠不能忘懷的第一夜呵！剛排好的字盤都鎖緊了，而機器卻不能工作！我們從都爾班邀了一位工程師來修理機器。他和韋斯特費盡心力，一點效果也沒有。我們都很焦灼。韋斯特在失望之後，跑到我那裡，兩眼充滿了眼淚，他對我說：「機器不動，第一期大約是不能按時出版了。」

我安慰他道：「果眞是這樣，那也沒有法子。就是流淚又有什麼用？我們姑且就人工所能作的來試一下吧！手輪現在怎麼樣呢？」

「但是我們哪裡有這麼多人去搖呢？我們的人手不夠。每一次要四個人輪班，而我們的人，現在又都疲倦得要死了。」

那時新村的建築還沒完工，木匠們還在那裡。他們都睡在報館的地板上。我指著這些人說：「難道我們不能利用這些木匠嗎？我們可以有一整夜的工作。我想這種工具，還可以用它一下。」

韋斯特回說：「我自己不敢去喚醒那些木匠，而我們自己的人又實在是太疲倦了。」

「好，這樁交涉讓我去辦。」我說。

我於是把木匠們喚醒，請求他們的幫助。他們一點都不會勉強。他們說：「假使有緩急的時候，我們都不能幫忙，那我們還有什麼用處？你們請去休息吧！讓我們來搖動輪子。這對我們是很容易作的。」我們自己的人，自然也已經準備了。

韋斯特那時自然很高興，我們開始工作的時候，他便唱了一首讚美詩。我和木匠們一起工作，其餘的分班輪流，這樣直到午前七時左右，還有許多沒有印完。我於是和韋斯特說，可以要工程師起身，再把機器試開一次，若能成功，我們便可如時完事了。

韋斯特把工程師喚醒，他立即到機器間去，啊！你看。機器一開，就馬上轉動起來。我問：「這是怎麼一回事？何以我們昨晚費盡心力也沒有效，而今天早晨忽然動了起來，像一點毛病都沒有一樣？」

韋斯特答道：「這卻難說，也許是機器運轉以後，像我們一般，也需要休息呢！」

我雖然發起了鳳凰新村的生活，然而我只能在那裡住上一個短短的時期，至今猶以爲憾。我原來的理想是打算漸漸的擺脫法律上的事務，住到鳳凰新村去，在那裡靠手工謀生，充實新村，以求得服務的愉快。但是事實卻不如此。據我的經驗，人所擬就的計畫，上帝往往要把它顚覆過來；但是我又「相信」凡是以尋求眞理爲終極的目的者，無論他的計畫是如何的失敗，結局總不會有害，其美好且常常出乎意料之外。鳳凰新村所取意外的途徑，以及意外的遭遇，當然都是無害的。

爲了要使我們每個人都靠自己工作、生活起見，於是將環繞報館的土地劃成每三英畝一塊，每人分給一處。我也得到一塊。在這些計畫之中，我們都得自己用鉛皮建造房屋。我們的希望是有一些用茅草蓋的土屋，或者普通農夫們住的小磚屋。但是這種房屋的建造，花費要大，需時要多，而來的人急於要安定下來，所以都辦不到。

我回到約翰尼斯堡以後，將經過的重要情形一一告訴波拉克。他知道了借給我的書收到這樣大的效果，非常歡喜。他問我：「我可不可以也加入這個新事業呢？」我說道：「當然可以，要是你願意加入新村的話。」他回答說：「要是你允許我，我本來就早已準備好了。」就這樣，他也加入我們的隊伍了。

他堅決的態度很使我感動。他向《評論報》的主編請一個月的假，於適當的時期來到鳳凰新村。他的和藹可親，使大家都喜歡和他往來，不久他就成爲新村中的一員了。他賦性簡約，來到新村，絲毫不覺得那種生活的稀奇與艱苦，反而像魚之得水。

第十二章　祖魯人的叛變

此後不久，報上登了一段新聞，說是納塔爾的祖魯人（Zulu）叛變了。我不恨祖魯人，他們並沒有陷害在南非的印度人，我對所謂叛變的本身，就大大的懷疑。然而那時我相信不列顛帝國是爲世界的幸福而存在的；眞正的忠誠使我不敢對於帝國懷什麼不好的心思。所以叛變之正當與否，似乎不足以影響到我的決定。納塔爾本有一隊義勇軍那時正在招募人員，報上並說這一隊也已經動員，準備去平亂。我自命爲納塔爾的一個公民，而且與納塔爾有密切的關係，於是我就寫信給總督，表示我的意思，假若有必要的話，我可以再開始組織印度救護隊。他立即回給我一個肯定的答覆。我沒有想到會這樣迅速的接受我的請求。所幸我在寫信之前，已把各種必須的東西都布置好了，一俟接受請求，便決定將約翰尼斯堡的家毀去，出發。波拉克有一座小屋，我的夫人也決定到鳳凰新村居住。我的決定，得她充分的幫助，我記得她在我的事業上從來沒有像這一回的。因此總督的答覆一到，我便到都爾班去徵求人員。人是並不需要過多，我們這一隊共有二十四人；除我以外，還有四位古加拉特人；其餘都是以前南非的契約勞工，其中只有一位是自由工人。

爲了給我一個地位以便利工作，並符合現行規制起見，由醫務長暫時授我爲大隊長，我所選的三人爲隊長。隊伍到達叛變發生的地方，我才知道沒有什麼足以證明叛變這兩個字。看不到有什麼抵抗。至於此次事件的起因，是因爲有一種新稅加到祖魯人頭上，一位祖魯頭目勸他們不要繳納新稅，結果有一位收稅員被打了，於是誇大其辭說是叛變，遂釀成這樣的大禍。無論事情怎樣，我是同情祖魯人的，到了大本營的時候，聽說我們的職務是在看護受傷的祖魯人，我眞喜歡！經理的醫官很歡迎我們的到來。他說白種人不願意去看護受傷的祖魯人，他們的傷口都潰爛了。他正束手無策的時候，看見我們前來，好像是上天爲這一群無辜的人派來的一般。他將繃帶、防腐劑之類，都爲我們預備好，引導我們到那臨時的醫院去，祖魯人看見我們，也很歡喜。我們和白種人士兵用欄杆分開。最初那些士兵從欄杆那邊窺視我們，想阻止我們照料這些負傷的人，我們當然不理。他們老羞成怒，就咒罵祖魯人。我和那些士兵漸漸的接觸較密集後，他們才不再來干涉我們。

我們照料的那些受傷者並不是因作戰而受傷的。其中一部分是因嫌疑被拘，大約判予笞刑，所以打得很厲害，致成重傷。加以沒有適當的照料，便腐爛了。其他還有一些和善的祖魯人，雖然給有徽章標幟之類，以便和敵人區別，仍然會因爲誤會致遭士兵槍傷。我除了看護祖魯傷者以外，還得替白種人士兵配製藥方。我在蒲士博士（Dr. Booth）的小醫院裡受過一年的訓練，所以對於這事覺得很容易，也因此我得和許多歐洲人接近，我們附在一個移動很遠的隊伍裡。我們接到的命令是何處有險的報告一到，便立即前去，而大部分都是騎兵。隊伍一開動，我們得抬著擔架，步行隨後。有兩、三次，我們每天甚至走上四十哩的路。但是我們無論走到哪裡，我都要感謝上帝，難得他給我好的工作。那些因不小心而受傷的善良的祖魯人，由我們用擔架抬回隊伍駐紮的地方，我們像看護一樣的去照料他們。

從這次所謂祖魯人的「叛變」中，我得到不少的新經驗和思想的資糧。我對於戰爭的恐怖，在波耳戰爭那一次所得到的，遠不如這一次「叛變」之來得深刻，這一次並不能算是戰爭，只好說是人禍，這不是我一個人的私意，我遇到許多英國人，他們也以爲是這樣。每天早晨只聽得報告說士兵向無辜的村落開來福槍射擊，聲音像爆竹一樣，在那兒住著，簡直是受罪。但是我卻悲痛的忍耐著，尤其是因爲我這一隊的工作是僅僅看護受傷的祖魯人，我知道除去我們，便沒有人肯來照料他們，我的良心反而因此得了不少安慰。

但是使人思考的事還多著呢！那裡人口稀少，丘陵、山谷間疏疏落落，點綴著那些號稱爲「未開化的」祖魯人的村落。從這些嚴肅靜寂的境界中走過，無論有沒有受傷的人，我常常墜入邃邃的沉思之中。

我於淨行及其涵義，加以考慮，於是我的信念深深的植了根基。那時我還不知道自我實現之如何離不了節慾，但是我卻很明白一個人如存心要把他的整個靈魂去爲人類服務，節慾一事是不能少的。我覺得我將來爲人類服務的機會，一定會一天天的加多，我若是致力於家庭生活的快樂以及兒童的宣傳與養育，我自己對我的工作實在是不能相配。總而言之，我不能兼過肉體和靈魂的雙重生活。例如：現在這種時候，我就不能依我妻子的希望，生育小孩。如沒有遵守過淨行，家庭服務和社會服務便不能一致；遵守過以後，則二者其實是和諧無間的。因此，發下最後的宏願一事，我幾乎不能再忍了。發願的期盼，可以帶來某種的欣悅。想像也在那裡活動，對於將來的服務，發生無盡的希冀。

我回到鳳凰新村之後，便很熱心的和察哈甘拉爾、馬甘拉爾、韋斯特，以及其他諸人談到淨行的事。他們都喜歡這種理想，並且承認發願的必要；但是此事之難，從他們那兒也可以觀察出來。其中有一些人確是很勇敢的去遵守淨行，並且我知道有一些人是成功了。我也實行終身遵守淨行的儀節。我在這裡要聲明的，就是那時我還沒有充分體會到我所做的工作是如何的重要與偉大。直到如今，還有不少困難，而發願一事，我一天天的感覺到重要性。無淨行的生活，在我看來是沉悶的、禽獸的生意。獸性的人是不知道克制自己的。人之所以爲人，就是因爲他能克制自己，我們的宗教典籍中盛讚淨行之美，我以前以爲太過，現在一天比一天明白，知道這是絕對正當，而且在日常經驗中就可以求得的。

淨行含有奇異的儲能，那不是一樁容易的事，也不僅僅是肉體方面的事。淨行的開端是肉體方面的克制，然而卻不以此爲止，其完成並且不許有一種不純潔的思想。眞正淨行的人，是連滿足肉體方面慾望的夢也不許做的，非至到了這一步境界，還有其他許多功行，仍待去做。

就我看來，即是遵守肉體方面的淨行，也已處處都是困難。到今日，我自己在肉體方面可以說是十分安全了；但是思想方面是那樣的重要，而我尚待努力去求完全控制。這並不是缺少意志或努力，但我乃是一些突如其來的思想，不知從何而來的問題。我深信這種突如其來的思想，其鎖鑰操之於人；但是人人卻求之於己身以外。聖賢哲人把他們的經驗留給我們；但是他們並沒有給我們以確實和普遍的方案，要圖圓滿或者免除錯誤，只有靠著神的恩典，所以那些追求上帝的人，遺留給我們一些用自己的莊嚴以供神，自己的貞潔以從事，如羅摩頌（Ramanama）①之類的聖經賢傳。若不是無條件的歸附於上帝的恩典之下，要想能完全控制思想，那是不可能的。無論哪一種宗教聖典的教訓都是如此，我在努力求完成淨行的每一頃刻，都體會到這種眞理。

約翰尼斯堡方面到了這種情形，使得我這一方面的淨行，竟成爲「薩特雅格拉哈」即「不合作運動」（Satyagraha）②的初步。我現在才明白所有我一生積聚在這個誓言上面的重要大事，都是祕密的爲此作準備工夫。所謂「薩特雅格拉哈」的原理，在這個名詞沒有發明以前，便已見諸實行。眞的這種事實發生之後，我也叫不出名目，在古加拉特文中，我也用英文的Passive resistance（消極抵抗）一詞來說明這個運動。不過一和歐洲人相會，便覺得「消極抵抗」這一詞的涵義是太偏狹了；這是打算用來作爲弱者的武器的；特點只是嫌惡，最後的表現只是暴力。我於這些說明一概反對，要另外將這種印度運動的眞義解釋出來。那麼由印度人自己另創新字以表明他們的奮鬥，顯然是很需要的。

但是我一生也不能找到一個新的名詞，於是在《印度公論報》上懸一個名譽獎，徵求讀者對於此點的最好意見。結果，馬甘拉爾・甘地所造的「薩達格拉哈」（Sadagraha，梵文Sad義爲眞理，Agraha義爲堅固）一字得了獎。我爲了更爲明瞭起見，又將此字改成「薩特

---

① 羅摩頌即是反覆念誦羅摩之名。

② 「薩特雅格拉哈」乃甘地用以稱消極抵抗的名詞。

雅格拉哈」（Satyagraha），自此以後，此字流行於古加拉特文中，成爲這種奮鬥的名稱。薩特雅格拉哈運動（譯者按：這一個名詞以後概譯爲不合作運動）的歷史，在實際上，就是我在南非的生活歷史，尤其是我在那一個大陸上經驗著眞理的歷史。

我的夫人一生曾經有過三次身患重病，從死裡逃生。她之所以能夠痊癒，是由於家常的治法。第一次正是不合作運動開始發生的時候。她常常有一種失血症（hemorrhage），朋友們勸她動手術，經過若干猶豫之後，她同意了。她很瘦弱，醫生動手術的時候，也不用麻藥。病雖然好了，但是她也受了很多痛苦。然而她接受治療時，卻非常勇敢。醫生和看護她的醫生夫人都十分盡心，這是在都爾班的事。醫生讓我到約翰尼斯堡去，並且告訴我說，對於病人不用擔心。

然而過了幾天，我接到一封信，說是卡斯島貝（Kasturbai，甘地夫人之名）病狀不好，弱到在床上不能起坐，有一次竟暈倒了。醫生知道他要是沒得到我的允許，不能給她喝酒和吃肉。於是他打電話到約翰尼斯堡找我，要我允許給她一點牛肉汁吃。我回他一個電話說，我不能給這種允許，要是她能對於此事表示她自己的願望，那麼可以和她自己商量，她假使喜歡，可以隨她的便。醫生說：「但是我不能將此事和病人商量。你一定得親自來一趟。要是你不同意我對於病人得以自由施用食品，尊夫人的健康恢復，我可不負責任。」

我當天就乘車到都爾班去會見醫生，他很溫和的告訴我道：「我打電話給你的時候，已經給甘地夫人吃牛肉茶了。」

我說：「醫生，我以爲這是欺騙。」

他回答道：「爲病人施藥或給一種食物，這不算是欺騙。在我們醫家，如果欺騙病人或病人的親戚，而能夠救活人命，那正是一種道德呢！」

我聽了這話，眞是痛苦，但是仍然保持鎭靜。醫生是一個好人，並且和我也是朋友。我對於他和他的夫人都很感謝，但是像這樣行醫的道德，卻是我所不能忍受的。

我於是說：「醫生，請你告訴我，你現在的計畫是怎樣？我絕對不能允許給妻子吃牛肉或羊肉，就是因此致死，我也不允許給的，除非她自己願意吃的話。」

醫生回說：「你自然高興你的哲學。但我告訴你，只要尊夫人還在這裡接受我的治療，我就可以隨我的意思給她各種東西。要是你不願意，那眞對不住，請你將她搬走。我不能眼看她死在我的屋裡。」

我問道：「你的意思是不是說要我馬上把她搬開？」

他說：「我何嘗要你把她搬走？我只要你給我完全的自由，要是你答應，我和妻子當然爲她盡力施救，而你對於她也可以一點都不用擔心。要是你不能諒解這樣簡單的事，那就是你自己迫得我不得不要求你將尊夫人移出我這裡了。」

我和隨我來的一個兒子商量，他也完全贊同我的話，以爲卡斯島貝一定不可以給牛肉茶吃。我又和妻子說，她實在太弱，不宜於討論這事，但是我想這是我痛苦的責任所應該作的，我把和醫生在過去所談的一切告訴她。她堅決的回答說：「我不吃牛肉茶，在這個世界上，得投生爲人，是很難得的事；我寧願死在你的懷抱裡，也不肯讓這種討厭的東西來褻瀆我的身體。」

我開導她，說她不必學著我的樣。我並且舉了一些印度朋友和熟人作例，他們都是因爲有病而毅然以肉或酒作藥品的，但是她是一個堅決的人，她說：「不，請馬上把我搬出去。」

我聽她這樣說，眞是歡喜，一點都不慌張，就決定把她搬出去。我把她的決心告訴醫生。醫生簡直大叫起來，他說：「你的心腸怎麼這樣硬呀！像她病到這種田地，你還和她商量這種事情，你眞應該感到羞恥。我告訴你，尊夫人實在是不適宜搬動的，她不能受一點震動。要是搬出去，死在路上也是意料中的事。但是你如果堅持要這樣辦，那也只好隨你的便。要是你不允許給她吃牛肉茶，她在我的屋裡就只住一天也是危險，我眞不敢擔保。」

於是我們決定馬上離開那裡。那時正下著濛濛細雨，而離車站又還有一些路。我們從都爾班乘車到鳳凰村，從車站到新村還有兩哩半遠的路程。我自然是冒了很大的危險，但是我信託上帝，我進行我的工作。我先派一個人到新村去，送信給韋斯特，要他帶一張吊床、一瓶熱牛奶、一瓶熱水和六個人到車站來接，將我的夫人用吊床抬起，我僱了一輛人力車，把她從這種危境之中抱上去，去趕下一班的火車。

卡斯島貝不但不需鼓勵，反而安慰我說：「我不會有什麼事的。你不要著急。」

她那時已瘦得只剩皮包骨，許多天沒有進食。火車站的月臺很長，人力車又不能拉進去，我們要上火車，非得走一節路不可。我只好用手將她抱上火車。到了凰凰村，將她放入吊床。她因爲在這兒喝了一點牛奶和水，受了這種水療法，才稍微有些力氣。

我們到了新村之後兩、三天，有一位斯瓦米（Swami）（印度長老）來到我們這裡。因爲他已經聽到我們決心不顧醫生勸告的事，他大不以爲然，所以特意跑來勸告我們。斯瓦米來的時候，我的第二、第三個兒子馬尼拉爾（Manilal）和蘭達斯（Ramdas）也都來了。他引摩奴（Manu）的話，說明食肉之無害於宗教。我不喜歡他當著我的妻子辯論這事，但是爲了禮貌的關係，也只好忍住。《摩奴法典》中那些詩句我都知道，我的信仰裡用不著那些東西。我也知道有一派學者並且說那些詩都是僞書。不過即令那些不是僞書，而我之主張蔬食，自有其宗教聖典以外的根據。雖然卡斯島貝對於聖經賢傳，盲無所知，但是從她的祖宗傳留下來的宗教，便已足夠使她的信仰不可動搖了。孩子們已發願信從父親的信條，所以對於斯瓦米的話也予以忽視。卡斯島貝於是馬上把我們的話題截斷，她說：「斯瓦米先生，無論你怎樣說，我是不要靠牛肉茶來把病治好的。請你不要爲我再擔什麼心。你若是高興的話，你可以和我的丈夫和孩子們討論這事。至於我的心是已經決定了。」

我讀過一些論蔬食的書，有的說鹽並不是人類必須食品，不但不需要，無鹽的食品反而有益於衛生。我由此推論以爲無鹽的食品對於淨行者是有益的。我又從書本和經驗知道身體衰弱的人不能吃豆類食物。我是很喜好這些食物的。卡斯島貝自經過治療稍獲休息以後，失血症至是重發，這種痼疾是不容易好的。水治療法本身就沒有奏效。卡斯島貝對於我的治法雖然不反對，但也沒有多大的信仰。她自然沒有要過外來的幫助。我把種種方法都用盡而失敗之後，便要她把鹽和豆類食物一概屏絕。她卻不願意，無論我怎樣的舉出證據向她解說都不中用，最後她反詰我說我若是被勸，也一定會不能棄卻這種食物的。我聽了這話，一面難過，一面卻又歡喜，歡喜的是我可以藉這機會把我的愛傾注給她。我對她說道：「妳錯了。我要是生病，醫生勸我禁食這些或別的東西，我一定照他的話去做。但是現在，我不要醫生的勸告，便自動的禁鹽和豆類食物一年，妳能這樣做也好，不做也好。」

她大爲震驚，極其憂慮的辯解說：「求你恕我。像我這樣知道你的人，不應該使你生氣。我現在答應你，我不吃這些東西了。但是，我的天呀！請你把你的誓願收回去，這使我太難受了。」

我說：「禁食這些東西，於妳是有好處的，我可以斷言，妳如果不吃這些東西，一定比現在要好。至於我，我不能將鄭重其事所發的誓言收回。這自然於我也有益處。凡是克制，無論如何快，在人類中都是好的。從這時起，你應該離開我去獨居。這對於我是一個試驗，而妳之實現妳的決定，也可以有一個道德的維繫。」

於是她任我這樣作，不去管我。她說：「你克制太過了。你是什麼人的話都不聽的。」說完以後，不禁哭起來。

我願意把這事視作不合作運動的一個例子，在我一生的回憶中，沒有比這更甜美的了。

從此以後，卡斯島貝漸漸能夠起床了。這是由於不用有鹽和豆的食物，還是因爲生了其他的變化；抑或是因爲我確實遵守人生其他規條看得非常重要所生的結果，我不能斷定。但是她卻很快的復元了，「失血症」也完全停止了，我因此又有走方郎中的譯名。

至於我，新的禁約似乎還要好些。那些已經丟棄的事情，我絕不去追求，年華迅速的逝去，我的感官比以前似乎還更屈伏得下來。經驗激發我的克制，我繼續著禁止不吃那些東西，一直到我回了印度以後很久，方才停止。

不吃鹽和豆類食物，我的許多南非同事也曾試過，結果也很好。在醫學上的價值，也許有兩種意見，不過就道德上而言，克己對於靈魂是有益的。克制自己的人的食品一定要和享樂的人的食品不同，正如同他們生活途徑之不同一樣。有志淨行的人，往往因爲只採取適於享樂生活的道路，以至全功盡棄的人也不少。

第十三章　精神訓練

兒童的精神訓練，比之身心的訓練要難多了。我對於精神訓練，不大依靠宗教書籍。自然我也相信每位學生對於他自己的宗教要素應該知道，對於他自己的經典應該有一點常識，所以我竭盡所能的將這種知識灌輸給他們。但是據我的想法，那只算是智育的一部分。早在我從事於托爾斯泰新村（Tolstoy Farm）①的兒童教育以前，我就已經知道精神訓練乃是獨立的一件事。發展精神，乃是樹立品格，知道上帝，進而實現自我。我視此爲青年訓練中的重要部分，要是沒有精神方面的修養，別的訓練，不僅無用，反而有害。

然則所謂精神訓練者，要如何去實施呢？我曾經把一些關於德育的書讀給他們聽，但是我覺得很不滿意。我和他們接觸得多了之後，才明白要灌輸精神的訓練，不是光靠書本就能成功的。體育是從身體運動得來，智育是從知識運動得來，所以精神訓練也只有從精神的運動裡才可得到。這就要靠教師的生活和品格了。我假若是一個虛僞的人，卻可以教兒童不說謊，這是做不到的。怯懦的教師絕不能使兒童勇敢，不懂得克己的人，絕不會使學生知道克己的價值。我因此明白我和那些男孩、女孩們住在一起，我永遠要以身作則。所以他們反而變成了我的教師，要是僅僅爲了他們的原故，我也一定得學好並且一往直前的生活下去，我可以說我在托爾斯泰新村，對於紀律和克制方面能夠日益精進，大部分是得力於我的那些守

① 參看《甘地的理想》頁二〇二至二一七。地近約翰尼斯堡，同鳳凰新村約略相似。

護者呢！

其中有一位兒童，性情很野，不守規矩，好撒謊，好同人口角。有一次他鬧得太兇了，我眞發了脾氣。我從不責罰學生，但是這一次實在是怒極了。我訓誡他，他都強硬不服，反而要壓服我。最後我抄起一根戒尺將他的手臂猛擊了一下。我打的時候，渾身都在顫抖，我敢說他也看出了。這種事情，在他們學生之中是從來沒有過的。這個頑皮的學生因此大哭起來，請我饒恕他。他之所以大哭，並不是因爲我把他打痛了；他那時也已經是十七歲的孩子，身體很結實，要是存心的話，也可以回打我的。但是他看出我傷心極了，所以向我求饒。從此以後，他就不敢再不聽話了。但是我至今還在悔恨當時的魯莽，我怕我那天所顯示給他們的，不是我的精神而是我的野蠻。

我一向反對體罰，記得只有二次我用體罰來責備我的一個兒子。一直到那天以後，我才能決定用戒尺之對與不對。這事起因都由於憤怒和想責罰人，所以大概是不應該的。要是用以表示我的痛苦，我以爲那是正當的。但是這事的動機卻非常複雜。我因此事想到一個糾正學生較好的方法。我不知道在上述那件事情發生的時候，要是就有了這方法，應該是怎樣。那些孩子們不久也就把這件事情忘了，我想他們並沒有顯出大的進步來。但是由此卻使得我更明白教師對於學生的責任。此後學生方面仍常常發生過失，然而我可絕不願再使用體罰。所以我努力地向學生們灌輸精神訓練的時候，我自己也一天天的更加明白精神的權威。

在托爾斯泰新村的時候，卡林巴哈先生提醒我注意到一個問題，那是我以前所從未遇到過的。我上面已經說過，新村裡有一些兒童頑劣不守規矩，其中還有一些游手好閒的人。我的三個兒子以及和我的兒子相似的其他兒童，終日和這些流氓廝混。這些事情使得卡林巴哈很不安，他尤其擔心的，是我的孩子不應該和那些放蕩不羈的小孩子在一起。

有一天他終於對我說了。他說：「你把你的孩子和那些壞東西混在一起的辦法，我看不大妥當。那只有一條路，就是他們和劣伴在一起之後，道德一定會一天天墮落的。」

那時候，這一個問題是不是使我迷惑，我已想不起了。但是我記得我對他說的是：「我怎麼能夠將我的孩子和流氓分出來呢？我都應該對他們負責的。這些少年是我招來的。老實告訴你吧！他們和他們的保護人都相信來到這裡，就好像責任有我負了。他們給這裡帶來許多的不便，你和我都知道得很清楚。但是我的責任是很顯然的。我一定得讓他們在這裡，我的孩子也一定得和他們在一起生活，當然你不是要我把我的孩子教得從今天起，知道他們是比其他的孩子來得優越！把優越的感覺放到他們的頭腦裡去，那會使他們迷惑的。和其他的孩子在一起，對於他們是一個很好的訓練，他們可以從自己的本意知道分別善惡。如果他們的本性中眞有所謂善，則對於他們的同伴會發生反應，這是我們可以相信的。無論怎樣，我是不能不把他們放在這裡，要是有什麼危險，那也只好聽其自然了。」

卡林巴哈只是搖頭。但是結果，我想還不能說壞。我的兒子經過試驗，並沒有變壞。實際上，我看出他們已是得到一些東西了。要是他們以前的心中有少許自以爲優越的思想，到這時也都被破除了，他們學得可以和無論什麼樣的兒童混雜在一起。他們一方面是在被試驗，一方面在受訓練。由這種和其他同樣的試驗，明白地告訴我，好孩子要是教來和頑劣兒童在一起作伴，行這種試驗的時候，有他們的父母和保證人仔細的照料和指導，那是不會喪失什麼的。

但也不能因此就說錦繡裡住慣的兒童，就可以避免所有引誘和汙穢。各種出身的男孩和女孩們要是放在一起，共同受教育，父母和教師卻反而變成在那裡受極嚴厲的試驗。他們務必要時刻留心監督啊！

我逐漸的明白，要把男孩、女孩們循著正當的道路去教育，是怎樣困難的事啊！我要是他們眞正的教師和保護人，我一定要觸著他們的心弦，我一定要和他們共喜憂，我一定要幫助他們解決當前的問題，我一定要使他們少年時代的熱烈願望循著正當的途徑。有一次，當我在約翰尼斯堡的時候，接到學園裡兩位住宿學生品行墮落的消息。不合作運動的失敗求成功的新聞不足以震撼我，而這一個新聞到來，竟使我如受電擊一般。我在當天就乘車赴凰凰新村去。卡林巴哈堅持要和我同去，他已經看出我的情形。這一個消息是他帶給我的，他不能讓我一個人走。在途中，我更認清了我自己的責任，我覺得至少在某種限度之內，學生的過失是應該由保護人和教師負責的。於是我對於此事的責任也就明顯得如同光天化日了。我的妻子曾警告過我，但是因爲這是一種信託的性質，便不去留意她的警告。我又覺得要使有罪的各方都感受到我的憂慮以及他們墮落的程度，只有我自行若干責罰，於是我自己禁食七日，並且立誓在四個半月中，每天只吃一餐。卡林巴哈打算勸阻，結果無效。他最後也承認責罰之應該，堅持一起加入。我不能拒絕他那種坦白的情懷。

我下了決心之後，心裡就覺得輕鬆如釋千斤重負。對於犯罪者的怒意也因之平服下去，而代之以純粹的憐憫了。也就在這樣如釋重負的情境中，到達鳳凰新村。我重加考察之後，格外得到所要知道的一些事實。我的責罰使大家都覺得難過，而空氣卻因此澄清了。人人都明白罪惡是怎樣可怕的一樁事，而我和男女兒童們的維繫，也一天強似一天，一天眞似一天。此後不久，又發生了一件事情，迫得我又絕食十四天，結果是更出我意料之外。

我的本意並不是說由這些事情中看出一位教師遇到學生方面有越軌的行爲，便應該要絕食，只不過以爲在有些場合，用得著這種猛烈的方式。但是事態之弄明瞭和精神之堅定乃是先決的事項。教師和學生間無眞正的愛心，學生的踰越軌道，教師本身並不深深的感受到，學生對於教師也不敬仰，那絕食不僅無效，反而有害，在這些情形之中，絕食之應該與否，是值得斟酌的，然而學生的謬誤之當由教師負責，卻絲毫不成問題。

第一次的責罰，我們誰都不覺困難。我並沒有停止日常行動的必要，猶還記得在這個時期中，我是一個嚴格的食水果者。但第二次絕食的後一部分，卻感到困難。那時我還沒有完全明白《羅摩頌》的奇效，而我吃苦的力量，也不很大。又不知道絕食的技能，尤其是無論如何作嘔或無味，都得飲大量的水一事。我因爲第一次絕食很是容易，第二次就不甚留意。第二次絕食因爲水的無味和要引起嘔吐，就只好飲很少的水。所以喉嚨非常焦枯和衰弱，到最後幾天連說話的聲音也很低了。雖然是這樣，遇到要寫的時候，我還是不顧一切，口念出來。我按一定的規矩念誦羅摩頌和其他的聖書，遇有要緊的事，我還是有充足的力量去討論指示。

我的生活情形時時變動，因此得和各種信仰、各種社會的人接近，由經驗提醒我對於親戚和陌生人、本國人和外國人、白種人和有色種人、印度教人和相信回教、拜火教、基督教以及猶太教的印度人都一律看待，沒有分別。我可以說，在我的心中，全然不能生出這種區別來。我不能說這是一種美德，但是我的本性卻是如此，並非勉強的結果；至於仁愛（Ahimsa，非武力，Non-violence）、淨行（Brahmacharya）以及別的根本德行，我知這是由於不斷的努力培植得來，而非我本來原有。

當我執行律師業務的時候，事務所裡的書記和我住在一起。他們之中，印度教徒和基督教徒都有。我視他們如家人、親友一般；我的妻若不如此待他們，我便大大的不悅。其中一位書記是基督教徒，父母出身是般瞻摩族。②

屋裡的房間是仿西式建築，沒有水溝，每一間裡面都有倒汙水桶和器具之屬。我們不用僕人，由我的妻子或我去做清潔的事務。那些書記一切都在房間裡做，盤盎之類，當然自己

---

② 般瞻摩為不可接觸階級。

洗滌，但是那位基督教的書記還是新來的，臥室的清理，自然是我們的責任。我的夫人本來清理其他客人的房間，但是要她來清理爲般瞻摩階級的人所用過的東西，對她而言，未免覺得不堪了。於是我們便停頓下來。我去清理，她固然不能忍，而她自己又不願去。至今我還記得她那時憤怒之下，兩眼通紅，淚光瑩瑩，手提著提桶從樓梯上走下來的樣子。我那時還是一位冷酷的丈夫，以她的老師自居，所以非常煩惱，以爲我不應該這樣嬌慣她。眞的，我那時對於她之僅僅將那些東西提走，很不滿意。我要她高高興興的去作，於是我高聲說道：「在我的屋裡，我看不慣這種無意識的行爲！」

這些話像箭一般刺傷了她的心。她尖聲回答說：「你儘管守住你的屋子，我走好了！」我那時忘記了我自己，也不知道有什麼情感。我用手將她抓住，把這孤立無援的婦人拖向門口，門正同外邊的樓梯相對，我便打算開門，將她推出門外。她頰上的眼淚像泉水似的流了下來，她說：「你不知道羞恥嗎？你這樣忘記了你自己嗎？我往哪裡去？我在這裡沒有親戚和朋友來收留我。我是你的妻子，你想想看，我是不是應該要挨你的拳打腳踢？請你看看老天爺的面子，把門關上。我們不要像這種樣子！」

我那時雖然裝做一臉的勇氣，但已經滿懷羞愧，把門關上。我的妻子不能離開我，我也不能離開我的妻子。我們口角的事很多，結果總是和平了事。我的妻子有著無比的容忍，所以常常是她得到最後的勝利。

這種事是在哪一個時期突然發生的，如今說來，似乎有點茫然。我已不再是一位盲目迷戀的丈夫，也不再是我妻子的老師。現在我的夫人如果願意，也能夠像以前我對她一樣，不喜歡我。不過我們已是經歷過患難的朋友，彼此不會再把對方當作慾念的對象了。我病的時候，她盡心的看護我，但並不希望有什麼報答。

上面所說的這一段事發生在一八九八年，那時我還沒有淨行的觀念。其時我的思想以爲妻子只是她丈夫洩慾的工具，要服從丈夫的話，而並不是共快樂艱苦的幫手與伴侶。

可是看了上面那神聖的回想，不要以爲我們乃是理想的配偶，或者我們之間理想完全相同。我的夫人她自己或許不知道她在我的理想之外，是否還有獨立的思想。然而直到如今，我有許多舉動，她還不表示贊同。我們從來不討論這些；我知道討論這些也沒什麼好處。她既沒有受過她父母的訓誨，我應該教導她，但也沒有教導她。但是她有一般印度教徒妻子所同具的偉大品性，那就是：無論願意或不願意，有意或是無意，她以爲隨著我走總是對的，我之從事克己的生活，她從來不阻止我。因此我們在知識上雖然彼此相差很大，但我常常覺得我們的生活是滿意、幸福，而且往前進步的。

第十四章　納塔爾的不合作運動

哥廓爾（Gokhale）走後不久，[1]納塔爾便來了一個實行不合作運動的機會。他提議於一年之內要將三鎊的人頭稅除去，在下一屆的聯邦國會裡應該議出必要的法令來。然而斯末資將軍（General Smuts）並不如此，他在議會席上說納塔爾的歐洲人反對撤除此稅，所以聯邦政府無從訂出法律來予以撤銷。納塔爾的議員本身在四個殖民地組成的議會裡既不能作什麼，那麼斯末資將軍就應該代表內閣向議會提出議案，提出以後，然後再聽其自然。但是他不這樣做，遂給我們一個可乘之機，於是這種可鄙的稅，成爲「抗爭」的動因。這有兩個原因：第一，在抗爭中，政府答應後又行反悔，範圍當然要擴大，以至於反抗了。第二，對於印度的代表，如哥廓爾者既然應允，隨又食言，那不僅是對他個人的侮辱，也是對全印度的侮辱，那是誰也不能沉默的。

我們對於侮辱到祖國的事是不能忍受的，因此我們覺得消極抵抗者的計畫應該包括取消三鎊人頭稅在內；此稅既在抗爭的範圍內，所以契約勞動的印度人也可以參加這個運動。以前這些人都是置身抗爭以外的。我們的政策既然換了新的方向，一方面我們的責任得增重，又一方面則我們「軍隊」的補充又闢了一個新天地。

---

①哥廓爾曾經遊歷南非，爲了取消一種惡稅，該種稅制，即對於凡訂約受僱的印度工人，不分男女老幼，如要恢復自由，須納人頭稅三鎊。這種用意是要工人永遠作契約勞工。哥廓爾遊歷南非，得到總督允許，於下屆會議提出取消的議案，他才抱著該稅終須取消的信念而離開南非。詳見後文。

在以前不合作運動的事，這些契約勞動者們並沒有討論到，更沒有教他們去參加。他們既不識字，也不能讀《印度公論報》和其他的報紙。然而我看出這些人對於抗爭的觀察很敏銳，懂得這個運動，其中有一些人還懊悔自己無力加入。其後聯邦政府閣員食言，於是取消三鎊人頭稅也加入我們的計畫之中，我完全不清楚他們中間哪一些人應該參加抗爭。

我將食言的事寫信告訴哥廓爾，他知道了很是難過。我勸他不要著急，並且擔保說我們一定要奮鬥到底，要從特蘭斯瓦政府不情願的手中將三鎊人頭稅撤銷。於是我回印度休息一年的理想也打消了，何時能去，毫無把握。哥廓爾不愧為一個多謀善算的人，他要我將我們的和平軍隊最大和最低限度的人數以及戰士的姓名一併開示給他。據我現在所記得的，那時我送去的最高人數是六十五到六十六人，最低數目是十六人；我又告訴哥廓爾說，這樣小的數目，不需要從印度寄來金錢以為幫助。

我們打算重新開始抗爭，還正在準備的時候，又有一種請願，就是要求讓婦女也能有參加的機會。有一些勇敢的婦女已經願意參加這運動，當消極抵抗者因無執照沿街賣貨而被捕入獄的時候，他們的妻子表示也願意隨著入獄。但是我們那時卻以為把婦女送入外國的牢獄裡是不應該的。然而冥冥中卻注定了我們勝利的因素，要將在南非的歐洲人的不公平特地顯示出來，這是任何人都意想不到的。

有許多已婚的人到南非來，又有一些印度人則在南非地方訂婚。在印度對於一般的結婚並沒有登記的規定，宗教的儀式便足已證明。住在南非的印度人當然也適用這同樣的習慣，而四十年來，印度人移居南非，所有的結婚完全依據各種宗教儀式以爲證明，一向不成問題。但是此時卻有一件案子：好望角最高法院（Cape Suprene Court）法官色爾（Mr. Justice Seale）於一九一三年三月十四日宣判，以爲南非所有的結婚除了依據基督教儀式在婚姻登記局登記者以外，其他一切都是非法的結合。

這種判決書只輕輕的一筆，便將南非所有依印度教、回教、拜火教儀式結婚的都勾銷了。南非許多結了婚的印度婦女因爲這一篇判決書，遂由丈夫的妻子地位，一淪而爲姬妾，並且不能繼承父母的遺產。這在婦女界中之不能忍受並不亞於男子，因此南非的印度人大爲激動。

我於是按照平常的步驟，寫信給政府，質問他們是否贊同色爾判決書，如其認法官的判決解釋爲正當，他們是否應該將法律予以修正，承認那些依據在印度認爲合法的宗教儀式結婚的爲有效。那時政府既沒有聽從那判決書的樣子，也看不出是否要允許我的請求。

於是不合作運動協會開一次大會，討論對於色爾的判決是否要提起上訴，討論的結果以爲像此種性質的問題，殊無上訴的可能。要是可以上訴，政府也一定贊成，否則如印度人所企望，政府將要假手檢事長以對他們深表同情。如果這些情形不能辦到，上訴的結果和不上訴一樣，仍得要忍氣吞聲，印度婚姻爲不合法。即合上訴，或者上訴被駁斥，還得要依恃不合作運動。既然是這樣的情形，所以對於這種不可名狀的侮辱，最好還是不採取上訴的辦法。

現在生死關頭到了，更不容有一日一時的遲疑。對於我們婦女界加以這樣重大的侮辱，萬萬不能容忍。我們於是決定實行倔強的消極抵抗，至於戰士數目的多寡，不去管他。到了現在不但不能阻止婦女加入抗爭，我們還要請她們和我們的戰士聯合起來。我首先請托爾斯泰新村的姊妹們，她們非常高興的來加入。我向她們說明，對於飲食、衣服以及個人行動都得加以克制。我又警告她們說如果入獄，也許要做洗衣之類的苦工，甚至於要受獄卒的侮辱。但是這些姊妹們都很勇敢，對於這些事一點也不畏縮。其中一位快要生產了，餘外六位都有在襁褓中的嬰孩。她們都熱烈的加入，我也無從阻止。這些人除去一位以外，都是塔米爾人（Tamilians）。她們的名字是：奈都．坦比夫人（Mrs. Thambi Naidoo）、比萊夫人（Mrs. N. Pillay）、比萊．穆羅加沙夫人（Mrs. K. Murugasa Pillay）、奈都．庇洛馬爾夫人（Mrs. A. Perumal Naidoo）、奈都夫人（Mrs. P. K, Naidoo）、比萊．齊那斯瓦米夫人（Mrs. K. Chinnaswami Pillay）、比萊恩斯夫人（Mrs. N. S. Pillay）、穆達林干夫人（Mrs. R. A. Mudalingam）、達雅爾夫人（Mrs. Bhavani Duyal）、比萊．米那齊女士（Miss Minachi Pillay）、比萊．穆羅加沙女士（Miss Baijum Murugasa Pillay）。

犯罪而入獄是容易的，無辜而入獄卻很困難。犯罪的想逃走，警士在後面追趕將他逮捕。但是要捕捉那些自甘入獄的無辜者，那就要萬不得已，才能如此。這些姊妹們的第一次嘗試沒有成功，她們不待允許，便從末林尼京（Vereeniging）闖入特蘭斯瓦，卻並未被捕。她們無照沿街賣貨而員警也置之不理。於是現在婦女們如何始能被捕，反而成為問題了。準備入獄的男子不多，而準備了的，又不大能如願以償。

我們於是決定將保留住的最後一步，先去實行，沒想到竟然達到我們的期望！我們已經商量定妥，在緊急的時候，將鳳凰新村的住民完全犧牲。那是我對於眞理之神的最後貢獻。鳳凰新村的居民大都是我最密切的幫手和親眷。我的意思就是除去少數人經辦《印度公論報》和十六歲以下的兒童以外，其他一概送入牢獄。在這種情形之下，這是我所能有的最大限度的犧牲。我寫信告知哥廓爾的十六位勇士，就在鳳凰新村的先鋒隊之中。我們的計策是要這十六位朋友越境入特蘭斯瓦，越境之後，因爲未得入境的許可，便會先後被捕了。

由納塔爾未得允許偷入特蘭斯瓦，是犯了罪，那麼由特蘭斯瓦未得允許進入納塔爾，當然也是一樣的犯罪了。要是姊妹們在入納塔爾境內時被捕，那當然正好。要是沒有被捕，事先的計畫乃是她們應該前進到納塔爾最大的煤礦中心，紐喀斯爾（Newcastle）地方才停住，勸告印度契約勞工一致罷工。那些姊妹們說的是塔咪耳話，此外，還能說一點痕都斯坦話（Hindustani）。大部分的工人是從麻打拉薩省（Madras Presidency）招來的，能說塔咪耳話和得魯古話（Telugu），其中也有一些是從北印度來的。要是工人因爲姊妹們的陳述而罷工，政府便不能不將她們和勞工一起捕捉入獄，那些勞工的熱情將因此而更爲激動。這是我想出來而向特蘭斯瓦的姊妹們所宣布的策略。

我又到鳳凰村去將計畫告訴那裡的住民。我知道把婦女們送入牢獄，其中有極大的危險。她們說的是古加拉特話，沒有受過特蘭斯瓦的那些姊妹們的訓練與經驗。還有她們多數和我有親戚的關係，她們願意入獄，可以說全是因爲我的影響。要是後來眞的審訊起來發生畏縮，或者在獄裡不能忍受，也許要怨艾不已，那不僅深深的震撼了我，並且對於運動的整體也有重大的危險。我決定先不告訴妻子，她對於我的計畫向來不說一個「不」字，要是她也說「是」，我不知道她的應允到底有什麼價值。我知道如果遇到這種嚴重的事情，做丈夫的人應該讓妻子自行採取任何步驟。要是她不願意採取任何步驟，也絲毫不能勉強。於是我把計畫先告訴其他姊妹們，她們立即贊成，表示她們準備入獄。她們說無論如何，都要把獄期坐滿。我的妻子偷聽到我和姊妹們說的話，詰問我說：「這事你沒有告訴我，我覺得懊喪得很。我到底有什麼缺點？怎麼就不配入獄？你請別人走的那條路，我也願意去走。」

我回答道：「妳要知道，我是能引起妳痛苦的最後一個人。說到我不相信妳，那是不會有的事。妳要是到牢獄裡去，我自然是歡喜的，但是妳完全用不著學我的樣。像這種事情，人人都應該純粹靠著自己的力量和勇氣。我如徵求妳的意見，妳爲了我的請求，也許可以去。但是妳在法庭上害怕起來，或爲牢獄中的苦楚所駭，妳自然沒有過失，但我卻要怎樣忍受呢？我以後又要怎樣救妳，更有何面目以見世人呢？因爲這種種畏懼的原故，所以我不能要求妳也去入獄。」

她說：「你可以不管我的事，在獄裡如果受不住，我可以認罪求釋，要是你能受那種苦，我的孩子們也能受那種苦，我怎麼不能呢？我是應該要加入這次抗爭的。」

我說：「那麼我也應該允許妳加入。妳知道我的情形，而且妳也知道我的脾氣。要是妳願意，妳現在還可以把這事再考慮一下，經過熟慮之後，如以爲不必加入這次的運動，妳可以自由退出。妳應該知道，就在此刻變更妳的決定，也並不是什麼可羞的事。」

她說：「我沒有什麼要想的，我已經決定了。」

我又對其他的居民提議，要每個人將他的決議都獨自考慮一遍。我再三用各種方法，要他們注意，無論抗爭時間的長短，不問鳳凰新村的興衰，也不問他或她在獄裡是否能保持健康或生病，都不能半途而廢。一切都準備好了。唯一從鳳凰村外來的，乃是廓爾哥都（Rustomji Jivanji Ghorkhodu），一切會議都少不了他；還有卡卡吉（Kakaji），很高興的叫了來，像現在這種機會，他是不肯落人後的。他已經入獄過一次，但是他堅持要再去拜訪一次。「侵襲隊」以下開諸人組織而成，甘地夫人（Mrs. Kasturbai Gandhi）、馬尼拉爾醫生夫人（Mrs. Jayakunvar Manilal Doctor）、甘地・察哈甘拉爾夫人（Mrs. Kashi Chhaganlal Gandhi）、甘地・馬甘拉爾夫人（Mrs. Santok Maganlal Gandhi）、廓爾哥都（Parsi. Rustomji Jivanji Ghorkhodu）、甘地・察哈甘拉爾（Chhaganlal Khushalchand Gandhi）、巴特爾・拉夫吉貝（Ravjibhai Manibhai Patol）、巴特爾・馬甘貝（Maganbhai Haribhai Patel）、羅也本（Solomon Royeppen）、哥文都（Raju Govindu）、甘地・蘭達斯（Ramdas Mohandas Gandhi）、巴得里（Shivpujan Badari）、哥文達拉朱魯（V. Govindurajulu）、穆達里（Kuppuswami Moonlight Modaliar）、漢斯拉哲（Gukuldas Hansraj）和蘇達（Ravashankar Rutansi Sodha），一共是十六人。

這些「侵襲者」橫過邊界，不待允許就偷入特蘭斯瓦，以圖被捕。但若上述諸人中有於事先將此種計畫洩露，警察對於他們也許便不予以逮捕。我就是如此。我曾被捕過兩、三次，此後在邊界上，警察就聽我自便了。於是這一隊人也沒有預先告以出發的時間，報上的消息更是嚴守祕密。還有這一部隊教以遇見警察，要將自己的姓名保守祕密，不到法庭，不行宣布。

警察對於這種事情，是司空見慣。印度人慣於自行求捕，並且常常不通姓名，所以警察對於鳳凰新村這一隊的行動也不覺得新奇，便將他們縲絏入獄。審訊以後，判處三月徒刑，罰作苦工，這時是一九一三年九月二十三日。

那些姊妹們在特蘭斯瓦失望之後，於是越境入納塔爾，可是並沒有因無通行證入境而被捕。她們因此又繼續往紐喀斯爾去，按照以前商定的計畫工作。她們的勢力像野火一般的蔓延開去。因三鎊人頭稅而積成的傷心的虐待故事，馬上激起了勞工，他們便進行罷工。我從電報裡知道這個消息時，又懼又喜。我要怎麼樣呢？我沒有想到他們能如此奇異的醒悟轉來。對於這當前的工作，我既無人力又無財力來與之抗爭，但是我的責任，卻看得很清楚。我一定要到紐喀斯爾去，作我所能作的事。我要馬上到那裡去。

政府不能再讓那些特蘭斯瓦的姊妹們自由行動了。她們也被判決監禁三個月，和鳳凰村的那一隊人監禁在一處。

第十五章　消極抵抗者

這些事情不僅鼓舞了南非的印度人，便是本國的印度人也深深的被振奮了。麥他爵士最初對於我們的事情頗不在意。在一九〇一年，他曾力勸我不要到南非去。他以爲在印度沒有得到她自己的自由以前，對於海外的印度僑民是無能爲力的。不合作運動在最初的時候，他還不甚覺得，但是婦女入獄的消息傳到了印度後，他在孟買市政廳（Bombay Town Hall）演說，熱血都沸騰了。

婦女的勇敢，非言語所能形容。她們收容在馬立茲堡（Maritzburg）監獄裡，忍受一些困苦。食品惡劣不堪，並且罰做洗衣的工作。一直到刑期將滿，才允許從外面送食物進來。其中有一位立有誓願，只能進食某種食品，費盡了力氣，監獄當局才允許給她這種食品，然而所給的食品卻又不適於人類的消化。被釋出獄以後，這位姊妹眞是瘦骨支離，花了很大的休養工夫才救回一條殘命。又有一位在獄裡受了致命的熱症，出獄後沒有幾天，便死去了。

還有法里馬（Valliamma）是我所永不能忘的。她是約翰尼斯堡的一位十六歲的少女，我去看她時，她已臥病不能起來。她的個子很高，那種消瘦的樣子，眞是慘不忍睹。

我問道：「法里馬，入獄的事，妳如今反悔嗎？」

她說：「反悔？我現在若是被捕，我還打算再去入獄呢！」

我接著說：「但是這樣一來，結果不死不休呢？」

她回說：「我不管，有誰不會爲祖國而死呢？」

我們這次談話之後，才幾天工夫，法里馬便與世長辭，但其行爲世人留下了不朽的聲名！各處地方都舉行追悼會，印度人並決議建立法里馬紀念廳，以紀念這位印度少女高尚的犧牲。不幸這種決議至今未能見諸實行。許多困難相繼而至。團體因爲內部意見不一而分裂；主要的工作人員也先後分散了。但是無論是否有一座石頭或泥灰建的紀念廳，法里馬的犧牲總是不可磨滅的。她用她自己的力量來建立她祈禱的寺院。只要印度一日尚在，法里馬的名字將與南非不合作運動的歷史並存不朽。

這些姊妹們的貢獻，乃是一種絕對純粹的犧牲。她們對於法律上瑣碎的分別全然不懂。她們有許多人對於國家的觀念很是薄弱，其愛國純以信仰爲基礎。有些並不識字，不能讀報。然而她們知道這是給印度的光榮以致命的打擊，她們之入獄，乃是從她們心靈深處所發出的一種祈禱和苦痛的呼聲。這種犧牲在各種犧牲中要算是最純潔的。這種發自衷心的祈禱，常常會被上帝所接受，也只有如此純潔的犧牲才能有效。上帝渴望人類的信仰，祂願意接受寡婦虔誠奉獻的一文小錢，因爲這是沒有自私的動機，祂會報她以百倍。虔誠不疑的蘇陀摩（Sudama）[①]奉獻一撮的米，但是這一小撮的奉獻，把多少年來的積欠都給免除了。有許多人被囚禁也許無效，但是單單一位純潔的靈魂犧牲，斷乎不是無益的。南非誰的犧牲爲上帝所接受而生效，固然難說，但是我們確實知道法里馬的犧牲是生了效的，所以其他姊

① 據傳說，蘇陀摩以他所有的三撮米獻給克利希娜，克利希娜於是報他以兩倍的恩惠。

妹們的犧牲也不是白費。

爲了祖國，爲了人類，從過去到現在，以及在將來，有無數的人，都爲此而消磨了。這些都是在事物恰到好處而消去，誰是純潔，沒有人能夠知道。但是消極抵抗者可以說，只要他們中間有一個人是如水晶般的純潔，他的犧牲便足以使目的達到，世界是以薩特雅（Satya）即「眞實」（Truth）爲依據的。阿薩特雅（Asatya），義爲「不眞實」（Un-truth），便含有「不存在」（non-existent）的意義；而薩特雅（眞實）則有「實在」（that which is）的意思。不眞並不有的存在，勝利自是無從談起；而眞實既是實在存在，那便永遠不能毀壞的。這就是不合作運動原理的簡義。

婦女入獄的消息就像符咒一般，掀動了紐喀斯爾附近各礦的工人，他們放下作工的器具，分批進城。我接到這個消息之後，立即由鳳凰村到紐喀斯爾去。

這些工人自己沒有房屋，礦主爲他們建造房屋，在道路上安置電燈，供給他們的自來水，結果勞工變成一種完全不能自立的人。如吐拉西達斯（Tulasidas）所說，依賴的人得不到幸福，甚至於做夢也夢想不到。

罷工的人對我訴說許多苦狀。有的說礦主停止他們的燈和水，有的說他們的財產都被拋出住處以外了。其中有一位外族人（Pathan），名叫易布拉希姆（Saiyad Ibrahim），把他的背露出來對我說：「你看他們打得我多凶。爲了你的原故，我讓那流氓走開去，因爲這些是你的指令，我是一位外族人，外族人是絕不受打，而只知道常常打人的。」

我回答說：「兄弟，你做得很好。只有這種行為，我才認為是純潔的。我們要是都像你這樣，我們一定會勝利的。」

我一方面在稱讚他，一方面自己也在思考著，若是許多人都受到外族人這樣的虐待，罷工就會不能繼續下去了。即令把鞭笞的問題放開不談，若是雇主把罷工工人所享受的電燈、自來水以及其他事項一概斷絕供給，那也就沒有訴說的餘暇了。但是所訴說的，無論糾正與否，罷工工人在這種情形下，總不能長久繼續下去的，我一定要從困難中找出一條路來；否則他們就要自己宣告失敗，回去做工，而不能無望的等待一個時期，然後再去復工。不過自認失敗，我卻不願意，我因此提議工人應該要離開他們主人的地方，走向別處去，像巡禮的人一樣。

那些工人不只幾十，而有好幾百，並且很容易的就可增加成好幾千。像這種有加無已的群眾，我哪裡有房屋和飲食去照拂他們？我不打算向印度去要求金錢的幫助。後來從祖國匯來的金錢像河流一樣的情形，那時還未開始。印度的商人非常害怕，因為他們和煤礦礦主和歐洲人都有交易，而不敢公開的幫助我。我到紐喀斯爾，總是和他們住在一起；可是這次為了避免他們為難，我於是決定另換一個地方。

我沒有房屋給他們居住；頭上的天是他們唯一的蔭蔽。幸而天氣很好，既不下雨，又不甚冷。我相信商人們一定肯接濟我們的糧食。紐喀斯爾的商人送來一些烹飪的器具和許多袋米。其他各處也送來許多米、豆（dal）②、蔬菜、烹料之類。送來的接濟出乎我的意料。所有的人並不人人都準備入獄，卻是人人都感覺到這種因由，人人都願意盡他們的能力來從事這種運動。不能拿出什麼來的，則爲義勇隊員。像這些混沌未開而沒有受過教育的人，需要有名而敏慧的義勇隊員去爲之照料。義勇隊員隨即召集了，他們幫了很大的忙，有一些人也被捕入獄。於是人人都盡其所能，來使我們的前途平坦。

這裡有一大群的人在繼續不斷的加入。他們在失業之後，若不能好好的收容他們在一處地方，好好的照料他們，那是很危險的。他們大都不懂得衛生的規則。有些人並曾因爲犯謀殺、姦盜等罪而入過獄。但是我並不以爲我配坐在法官的地位，來判明這些罷工者的道德。我要是企圖著分別誰是綿羊、誰是山羊，那是輕妄的舉動。我的事情只在領導罷工，而不能攙雜以其他改革的活動。在帳幕之內，我是應該去留意道德的規條，至於每一個罷工者的過去怎樣，我卻不去過問。

針對這個問題，我想出一個解決的辦法，我一定得把這支「隊伍」帶到特蘭斯瓦，眼看他們像鳳凰村一隊似的，安安全全的進到牢獄裡去。特蘭斯瓦的邊界離紐喀斯爾有三十六哩路遠。在納塔爾邊境上的市鎮是查理鎮，在特蘭斯瓦邊界上的是佛爾克洛斯特（Volk-

② dal是一種豆類。

rust）。最後我們決定步行前去。我和工人們商量此事，他們的妻兒都在一起，有一些人因此躊躇不決，不敢贊成我的計畫。然而我除了增強自己堅決的心理以外，並沒有變更主張的意思，並且宣稱不願去的，可以自由回到礦裡去。沒有人願意這樣作。我們決定，肢體有殘缺的應該坐火車去，身體健全的則準備步行到查理鎮。行程定期爲兩天。開動以後，人人都歡喜不已。紐喀斯爾的歐洲人爲預防疫疾起見，採取種種的方法來阻止此事。

我在都爾班看到礦主，知道他們也有一點爲罷工所震動；但是我不奢望從會議中能生出什麼大效果來。消極抵抗者的謙卑是沒有底限的。凡有解決的機會，就不讓它放過，即令有人以他爲馴懦，也不要緊。有信仰的人，力量從信仰而出，即或有人看不起他，也不在意下。他完全依恃內在的力量，因此他對於所有人都有禮貌，這樣的培植和促成世界的輿論以維護他自己的主張，因此我歡迎礦主們的邀請。當我會見他們的時候，看見當時會場的空氣充滿了熱烈的情感。他們不聽我說明原因，他們的代表便先來考驗我，我也以適當的話語回應他們。

我說：「要罷工停止，那權柄完全操在你們的手裡。」

他們回答說：「我們不是官吏。」

我說：「你們雖然不是官吏，但是你們能做很多事。你們可以贊助工人們的戰爭。要是你們能夠請求政府取消三鎊的人頭稅，我想政府是不會拒絕取消的。你們尚且還可以促成歐洲人對於此事的輿論。」

「但是三鎊人頭稅和罷工有什麼關係呢？要是工人們對於煤礦礦主有所要求，你應該糾正他們，用正當的方式提出來。」

「我看工人們除去罷工以外，沒有其他的武器。三鎊人頭稅之設立，爲的是礦主們的利益，礦主們要工人替他們作工，而不願意那些人是自由的人。因此工人們罷工以求取消三鎊人頭稅，我看對於礦主並沒有什麼不公平或失禮的地方。」

那次談話的全文，我已不復記憶，以上是所記得的大意。我看他們已然明瞭他們的弱點，他們已把事情呈報給政府知道。

在我到都爾班去和回來的期間，我看出罷工工人的罷工與和平行動，對於鐵路上的車守以及其他諸色人等，已然生出一種極好的影響。我仍照平常一樣坐三等車，然而車守和其他職員仍然圍住我，很詳知的問訊，願我成功。這些職員對於那樣貧苦無知而不識字的工人，居然能好好的支持下去，很是詫異驚奇。工人們堅定勇敢的氣質，深深地印到他們的心中，就是敵對的人也感受到了。

然後我回到紐喀斯爾。工人還是從各方面源源不絕的前來，我將整個狀況向「軍隊」明白的宣布，要是他們願意的話，此時仍可自由回去工作。我將煤礦礦主所打算要執行的恐嚇告訴他們，並且把將來的危險、牢獄中的艱苦，一一都描繪敘述給他們聽；可是他們仍然不退縮。他們毅然不畏的回答我說，他們久慣艱苦，我可以不用替他們擔心。

現在我們所待做的，就是前進了，在某天晚上，工人們得到通知於明晨（一九一三年十月二十八日）一早開始前進，並且將前進時要遵守的規則也宣讀給他們知道。全隊有五、六千人，要去管轄，眞不是兒戲的事。每個「兵士」出發時只能發一磅半麵包和一英兩的糖，作爲路上的需要。要是辦得到，我打算在路上從印度商人那裡得到一點接濟，如果不能，那就只好靠這一點麵包和白糖了。我從波耳戰爭和祖魯人叛變兩役中所得的經驗，對於此次很爲有用。有的「侵襲者」只攜帶必要的衣服，在路上對於各人的財產，誰也沒有談及。若遇官吏或非官吏的歐洲人對他們加以謾罵，甚至於打他們，也得要忍氣吞聲的忍受住。被捕時，任其被捕。所有各點，事先都向他們說明，並且爲預防我首先被捕起見，我特爲指定若干人以備我被捕後，代替我去繼續指揮「軍隊」。那些人都了解發出來的命令，我們的隊伍安然到達查理鎭，在這裡，商人給我們很大的幫助。他們把房屋借給我們用，允許我們在回教禮拜寺的廣場中作飯。我們在隊伍到達之前，路上所發給的口糧便有罄盡之勢，所以我們很需要烹飪的器皿，幸得商人們很高興的借給我們。我們有很多的米，商人們也送了不少。

查理鎭是一座不到一萬人的小市鎭。凡是婦女、小孩都宿在屋內，其餘的男子則一律過露天帳幕的生活。當我們停在查理鎭時，有不少甘苦兼備的回憶。愉快的回憶是與衛生部和鎭衛生部的布里斯科博士（Dr. Briscoe）有關的，他對於突然增加了這麼多的人口爲之大驚，然而並不取壓制的手段，會見我時提出許多建議，並且要幫助我。對於自來水的清潔以及道路和衛生設備之保護，歐洲人甚爲留意，我們則頗爲疏忽。布里斯科博士要我留意不要將水潑在路上，也不能把地方弄髒，或者隨意棄擲廢物。要我們留意這些規則是很難的，幸而有巡禮者和幫手們，減輕了我許多的負擔。據我的經驗，只要僕人能眞正服務，而不徒是向人背誦規則，一定大有可爲。僕人要是親身勞動，其餘人便會仿效地做。我的幫手和我毅然地去作灑掃等類的工作，結果其他的人也熱心從事於此。卡林巴哈已先到查理鎭，斯克勒新女士也在那裡，她的勤奮和誠實，不是普通稱讚之辭所可形容的。印度人中，故奈都君（P. K. Naidoo）和克勒斯多夫（Albert Christopher）都和我們在一起，此外還有一些，他們工作都很艱苦，給了我們很有價值的幫助。

當我想到這些人的忍耐工夫時，我又不禁爲上帝的偉大所震撼了。烹飪時我是領袖，有時候「豆子」中間的水太多了，有時候火候又還未到，蔬菜，甚至於飯，往往煮得很差勁。我沒有看見過世界上有這麼多人能歡天喜地將這些食品吃下去的。而在另一方面，我在南非的牢獄裡又看見一些受過很好教育的人，因爲飲品分量不夠，或者作得太壞，甚至於因送來稍遲，而大發脾氣的也有。

都爾班的麥他布・法弟馬（Bai Fatma Mehtab）當塔米爾的姊妹們在紐喀斯爾被宣布徒刑以後，不能再忍耐了。她因此和她的母親哈尼法貝（Hanifabai）以及她七歲的兒子一同到弗爾克洛斯特去投獄。母女倆都被捕了，而孩童卻置之不理。法弟馬於是被命令在管理處蓋指印時毅然拒絕。事實上，她和她的母親都被送入牢獄，關三個月。

這時候工人罷工，聲勢正盛。男人、女人都從礦區向查理鎭方面移動，其中有兩位婦人都帶著小孩一起走，一位小孩在路上因爲受不住曝曬死了，又一位因母親渡水時失足以致溺死了。但是這位勇敢的母親不願退出，仍然繼續前進。其中一位說道：「我們一定不要爲死者難過，即或我們大家爲他難過，他也是不會回來的。我們應該爲生者工作。」我從這些可憐的人中，常常得到這種勇敢、堅信和一點點的知識的例子。

在查理鎮的男男女女，都以這種克己的精神來應付困難的責任，因爲要把我們送到邊界的鎮上去，就不是一樁和平的使命。誰要和平，他得往內心去尋找。外表則「此處無和平」的標語各處都貼起來了。而在這樣的狂風暴雨中，卻有一個像米拉貝（Mirabai）③一般的信士，將一杯毒藥聲色不動的欣然舉向唇邊；而蘇格拉底（Socrates）在他黑暗孤寂的小室裡也從容就義，以神祕的原理啓示給他的朋友和我們，以爲人要尋找和平，一定得往他自己的內心去尋找。不合作運動者之生活於他們的帳幕，就是涵育於這種不可言語的和平之中，至於明日如何，更不去管。

我寫信給政府，說我們之打算進入特蘭斯瓦，並非是想找住處，乃是反對總理大臣的食言，而作一有效的抵抗，這是憂慮我們尊嚴喪失的一種明白的表示。政府若能恰於我們此刻所在的查理鎮地方，把我們逮捕，那正是我們大家所期望的。我們的運動無所用其祕密，我們也不喜歡我們中間有祕密偷入特蘭斯瓦的人。但是我們聚幾千不相識的人，無他術可以駕

③ 米拉貝是一位虔誠而有聖德的王后，她的獻神之曲在印度甚是流行。

駁，只靠著愛來維繫一切，所以對於每個人的行動，我們不能概爲負責。最後我向政府擔保，要是三鎊的人頭稅能夠撤銷，罷工便可停止，契約勞動工人便可回去工作，我們並不要他們爲了我們參加而其他不平事項也都來奮鬥。

那時的情況很沒把握，不知道政府要在什麼時候來捕捉我們。但是在這樣危急之時，我們不能坐候幾天以待政府的答覆。我們因此決定若是政府不將我們逮捕，便立即離開查理鎮，進入特蘭斯瓦去。若是我們在中途沒有被捕，則「和平軍隊」將以每日行二十四英哩的速度，於八天時間走到托爾斯泰新村，停在那裡以待抗爭過去，在此期間，爲農場作工以維持他們的生活。所有必要的布置，卡林巴哈已一一籌備就緒，打算藉這些巡禮者的力量來建造泥屋。當時唯一的困難便是快要下雨了，下雨時，每人都得有一遮蔽的東西才行。但是卡林巴哈毅然相信，認爲總有方法可以解決這事。

弗爾克洛斯特鎮大約有兩個查理鎮那樣大。那裡有一家歐洲人辦的大麵包廠，願意訂約供給我們食用的麵包。他們不想從我們身上牟利，所以麵包的價格比市場爲低，麵包的質料也用上等的麵粉，按時由火車運送。鐵路人員雖然也是歐洲人，但對於此事，不僅好好的送給我們，並且在運送的時候還很留心，給予特別的便利。他們知道我們心中並沒懷有何種的仇恨，打算傷害任何主人，只是以自苦來求正當的待遇。我們周圍之氣因此而得澄清，並且繼續的如此純淨。人類潛在的愛，現在雖然沉酣不醒，而在當時確是激勵著我們每一個人都覺得我們無論是基督教徒，是猶太教徒，是印度教徒，是回教徒，或是其他的教徒，其實都是兄弟。

入夜萬籟俱寂，我正打算休息的時候，忽然聽到腳步聲。我看見一位歐洲人，提著一盞燈向我走來。我就明白這是作什麼，但是我不作什麼準備。

這位警察說道：「我奉命來逮捕你。我現在要捉你。」

「你要把我帶到哪裡去呢？」

「現在帶你到附近的車站，然後用火車送你到弗爾克洛斯特鎮。」

「我可以不通知任何人，便和你前去。但是有一位共事的人，我要向他指示幾點。」

第十六章　入獄與勝利

奈都正睡在我的旁邊，於是我把他喚醒，把被捕的事告訴他，並且請他不到天亮不要驚醒其他人。天明以後，日出以前，他們仍然要繼續前進。在他們領取糧食之時，然後宣布我被捕的消息。要是人們被捕，而有人問及我時，可以告訴他，否則仍按計畫繼續前進。奈都聽我說一點也不畏懼。我又告訴他，以後他被捕時應該採取的步驟。那時卡林巴哈在弗爾克洛斯特，我遂隨警察前去，乘車赴弗爾克洛斯特。但是檢察官因爲還沒有調齊證據，要求延期至十四日。於是案情暫時擱下，我取五十鎊的保釋金放出。卡林巴哈預僱一部汽車等候我，一上車後便又立即加入「侵襲者」的隊伍裡。《特蘭斯瓦領導報》（*Transvaal Leader*）的記者特別要求搭我們的車一同前去。人們很熱烈的歡迎我們，知道我回來，都爲之大喜不已。記者將我的案件、乘車同行，以及和巡禮者會見的情形，用某種生動的筆調，作爲通信，刊布出來。我們繼續前進，但是政府對於我的自由不能放心，因此我於八日，在斯丹得屯再度被捕。在斯丹得屯有人送許多罐果子醬，分配比平常又多花了一些時間。

我吩咐這些巡禮者，要他們繼續前進，然後我和親自來逮捕我的警官一同離去。一到法庭，才知道和我共事的人如奈都、比哈立拉爾・摩訶羅闍（Biharilal Maharaja）、辛哈（Ramnarayan Sinha）、拿拉蘇（Rahu Narusu）和拉興汗（Rahim Khan）諸人，也一樣被捕。政府不欲人們這樣的吸引入獄，卻也不願獄中的人於釋放時會把我的資訊傳出去，他們因此決定將卡林巴哈、波拉克和我三個人隔離開，將我們送出弗爾克洛斯特以外，特別將我送到一處印度人不能來探視我的地方。

我於是被送入布隆封丹（Bloemfontein）的監獄裡。印度人在布隆封丹者不到五十，都以做旅館侍者為生。獄裡只有我一個人是印度人，其餘的都是歐洲人和黑人。我不只不以孤寂為意，反以為幸。現在我可以無須把眼睛和耳朵打開，眼前有一種新奇的經驗在候著我。還有幾年來，我已無暇讀書，尤其是自一八九三年以後，現在能夠沒有擾動和干涉去讀一年書，所以我滿懷喜悅。在布隆封丹的監獄裡，我要多麼寂靜，就有多麼寂靜。那裡雖也有許多不快活的事，卻都可以忍受。監獄裡的醫官成為我的朋友。典獄官是只顧到他自己的權力，而醫官則熱心維護獄囚的利益。在這些日子中，我完全吃果實過日。所吃的是香蕉、蕃茄、花生、白檸檬和橄欖油之類。這些東西若是有一點不好，我便寧願受餓而不吃。醫生因此檢查得很仔細，並且另外添了杏仁、胡桃和巴西棗作我的食品。凡是我個人的食品，他都仔細檢查過。我住的牢房內空氣不大流通，醫生極力主張把窗戶打開，也沒效力。典獄官堅持著要是打開窗戶，他便辭職。他並不是一個壞人，他只知道守著舊軌，不敢變通。

卡林巴哈送入普勒托利亞的監獄裡，波拉克送入格密斯屯監獄，但是政府對於這些困難仍然束手無策。他們也正像巴定敦夫人（Mrs. Partington）一樣，想拿著工具，把大海中滾滾的怒潮掃回去。納塔爾的印度工人已大大的覺悟了，世上沒有力量能夠阻擋他們。珠寶商人用試金石試驗金子的眞僞，還覺得不滿意，再放在火中一煆一鎚，於是即令有一些渣滓，也一併除去，所餘的只有純金了。南非的印度人也經過同樣的試驗。他們經過鎚鍊，受過火煅，一層一層的過去，都沒有失敗。這些巡禮者坐上了特備的車子，然而不是去野宴，而是從猛火中去受洗禮。在途中，政府並不去注意他們，甚至飲食也不去管，到了納塔爾之後，他們便被控而被送入牢獄。這是我們所希冀，而且情願的。不過這樣一來，政府得憑空增添一大筆用費，將幾千名印度人送入獄中，結果政府不免爲所玩弄，而在此期間，煤礦也得停歇。如此繼續下去，政府便要迫得將三鎊的人頭稅取消了。他們感覺到這一點，因此另外採取一種新的策略。政府將工人們用網一圍，宣布以煤礦爲董得（Dundee）和紐喀斯爾兩獄的外舍，以礦主方面的歐洲人爲典獄官，強壓工人下到礦洞，於是礦山便立刻開工了。然而僕役與奴隸有這樣的分別，要是僕役離開職務，只有用民事訴訟的方法來處置他們；而奴隸離開主人，則可以用武力追回去作工。因此工人們到了現在，已是降到純粹而簡單的奴隸地位了。

但是這已經夠了，工人們都很勇敢，在礦場裡毅然拒絕作工，結果是挨了很凶狠的鞭子。那些工頭們暫時狐假虎威，拳打腳踢，口出惡言，以從來不見著錄的過失，硬加到他們的頭上。這些可憐的工人們含羞忍辱，不和他們計較。

這種暴行，都用海電報告給印度的哥廓爾知道。哥廓爾有一天不接到詳細消息，就有電報來詢問。那時哥廓爾正身染重病，不能起床，但仍然力疾將消息傳播出去，並且不顧一切，堅持要帶病到南非來參與此事，不分晝夜，從事籌劃。實際上，全印度都深深的感動了，南非問題成爲當日熱烈討論的話題。

正在此時，哈定革貴族（Lord Hardinge）在麻打拉薩（Madras）發表他有名的演說，南非以及英國都爲所鼓舞。照例總督不能批評帝國的其他官員，而哈定革貴族不僅對於南非聯邦政府作激烈的批評，並且一心一意爲消極抵抗者辯護，贊同他們反抗不公平起惡感的法律行動。哈定革貴族的舉動，在英國發生不利的評論，然而他毫不後悔，反斷然以爲他所取的，實是正當的步驟。哈定革貴族這種堅決的態度，在各方面都發生了好的形象。

現在暫時將困居礦山中的那些勇敢愁苦的工人們按下不談，對於納塔爾其他部分的形勢且來研究一下。礦山位於納塔爾西北，但是大多數的印度工人卻在非洲北岸和南岸作工，我和北岸的工人很熟，有許多曾和我在波爾戰役時一同服務過。南岸的工人和我沒有那樣的親近，我只有幾個共事的人在那裡。但是罷工和被捕的消息有如迅雷閃電一般，立即傳遍各處，在南岸也和北岸一樣，有意想不到的幾千位工人自動的挺身出來。有一些人感覺到這是預期會長期抗爭的事，不能靠別人來接濟，於是毅然把他們的傢俱出售。我入獄的時候，曾告誡我的幫手，不許再有工人繼續加入罷工。我希望從礦工方面的幫助，即可成功，獲得勝利。工人一共有六萬左右，如果一起出動，那眞難於維持他們的生活。我們沒有工具來裝運這許多人前進；我們既沒有許多人來管轄他們，也沒有許多錢來養他們。還有，既然有這樣一大群人，便不能防止破壞和平的舉動。但是閘門打開，滔天的洪流也就無法阻塞了。各地的工人相繼自行罷工，各地的義勇隊也相繼的出來，照料他們。

政府此刻決採鐵血政策，純用武力來防止工人罷工，以騎馬的武裝員警追逐罷工者，逮捕他們回去復工。工人方面稍微有點激動，馬上就開槍。有一隊罷工工人拒絕回去作工，有些甚至拋擲石塊；因此員警開槍，傷了許多，死去若干。工人仍然不爲所屈。未魯蘭（Verulam）附近的義勇隊制止罷工，很是爲難。所有的工人都不回去復工，有一些人因爲懼怕，於是躲藏起來，不敢回去。

其時有一樁事，應該爲之大書特書一筆。有許多工人從未魯蘭出來，當局用盡種種方法，都不肯回去。於是羅京將軍（General Lukim）率領軍隊前來，正打算下令叫部下開槍。故羅斯托姆的兒子，勇敢的蘇拉布（Sorabji）①，那時還不到十八歲的年紀，正從都爾班來到此處。他趕緊勒住將軍的馬韁，高叫道：「你一定不可下令開槍。我去勸導我的同胞和平復工。」羅京將軍很賞識這少年人的勇氣，立下期限，命他去試辨一下。蘇拉布向工人們詳細開導一番，他們因此圍攏來，決定復工。於是因一少年的精神貫徹、毅力和愛，而得免去一場屠殺。

那時在鳳凰村居住，也似乎危險，然而在那裡的人，就連兒童也很勇敢的完成那危險的工作。適於此時，韋斯特被捕，雖然在事實上，他無被捕的理由。我們的約定是韋斯特和甘地．察甘拉爾兩人，不僅不應該主動去求被捕，反而在可能的限度之內，極力避免被捕的機

① 此後不久，蘇拉布即不幸早逝，因此南非的不合作運動受一不可補救的損失。

會。因此韋斯特並無可以給政府逮捕的理由，但是要政府來遷就消極抵抗者的便利，那是希望渺茫的，而任何人的自由又都在政府的鐵腕之下，如要逮捕他，也無須乎等待某種機會。當局之亟於想採取這種步驟，便是很充足的理由了。

韋斯特被捕的電報一到哥廓爾那裡，他便即決定，從印度派遣有才幹的人到南非去。先是在拉賀爾（Lahore）召開援助南非消極抵抗者的大會時，安德魯斯（C. F. Andrews）曾把他所有的資財捐出來幫助他們，從此以後，哥廓爾便很注意他。他聽到韋斯特被捕的消息時，正在用電話徵求安德魯斯的意見，問他是否能馬上到南非去。安德魯斯隨即答覆許可。他的好朋友皮爾遜（Pearson）也準備和他立刻前去，於是這兩位朋友便乘最早開的輪船，從印度向南非出發。

但是抗爭到現在已快要結束了。聯邦政府無權將成千無辜的人關在牢裡。總督既不能忍，而世界也在那裡看斯末資將軍到底要怎樣做。聯邦政府現在所作的也和其他地位相同的政府所作的一樣。實際上無審問之必要。誰都知道是政府錯了，人人都以爲必須釋放。斯末資也明白這是不公平，亟應挽救；但是他此時騎虎不能下背。他已經使南非的歐洲人知道，他絕不取消三鎊的人頭稅，也不採取其他的改革。現在他迫不得已的廢止此稅，而頒布其他挽救的方案。爲應付大眾的輿論，挽救一己惡劣的地位起見，遂指派一個委員會，以備名義上的諮詢，至於所貢獻者乃是預定的結論。按照通例，這種委員會所貢獻的意見，聯邦政府應予以接受，爲實行起見，於是政府又允許以前所拒絕過的公平。斯末資將軍指派三名委員的委員會，而印度人則鄭重聲明以爲要是他們的要求，政府不予許可，便一切無效。其中一項要求是被囚的消極抵抗者應予釋放，又一項便是委員會中，最少應該有一名印度代表。第一項要求，在某種範圍之內，委員會本身便予以接受，他們向政府陳述以爲「爲使考查得以澈底起見」，卡林巴哈、波拉克和我，應該無條件的予以開釋，政府接受這種提議，於是我們三人於被囚將近六星期之後，一齊釋放出來。韋斯特被捕，因爲政府對他毫無所謂，便也予以開釋。

安德魯斯和皮爾遜到達之前，這些事情都已完結了。他們從都爾班上岸，我去迎接他們。他們在途中，一點消息都不知道，上岸時，看見我不禁又驚又喜。這是我第一次和這些可敬的英國人會見。

我們三人被釋放的時候，都很失望。我們不知道外面的情形，得到組織委員會的消息，就吃一驚，我們以爲無論在哪種形式之下，都不能與之合作，而且覺得印度人當然在委員會中最少要有一名代表。我們三人到都爾班之後，因而在一九一三年十二月二十一日爲此事致書斯末資將軍，其中有這樣的一段：

「派出委員會，我們是歡迎的，但是其中的委員有埃斯林（Mr. Esselen）和威烈（Mr. Wylie）兩位，我們卻堅決反對。我們並不是反對他們個人。他們是有聲譽而能幹的公民；但是兩位對於印度人都曾表示過憎惡的意思，他們也就會於不知不覺中做出不公平的事來。人們的性格是不能立刻全然變更的。說這幾位先生會突然變成和以前不同的人，那是有悖於自然的法則。我們不是要他們退出委員會，只是建議以爲應於委員會中另外加入幾位不偏不倚的公正人士，說到這裡，我們願意提出印斯爵士（Sir James Rose Innes）和斯克勒涅先生（Hon. Mr. W. P. Schreiner），這兩位都是以公正見知於世的。第二，我們要求所有被囚的消極抵抗者都應該予以釋放。要是此事沒有辦到，我們獨自消遙獄外，很是爲難。把那些消極抵抗者仍然放在獄裡，實在沒有理由。第三，爲使我們得向委員會提出證據起見，應許我們可以到那有契約工人工作的礦山和工廠裡去。若是這些要求不蒙容納，我們便要另尋途徑，再度入獄。」

哥廓爾聽得我們又要圖謀再舉，隨即發來一通長電，電報內容說我們要是採取這一種步驟，將使哈定革貴族和他的地位都十分爲難，力勸我們放棄主張，幫助委員會，蒐集證據給他們。

我們現在是徘徊在十字路上了。印度人主張人選如不能擴大至滿足他們的意思時，便要對委員會予以抵制。這樣一來，哈定革貴族會不喜歡，哥廓爾會要難過，然而我們說出的話，如何能夠收回呢？安德魯斯要我們注意到哥廓爾的健康，以及我們的決議傳去以後，對他是如何的震動。實際上這種種方面的討論，我們並沒有忘記。各領袖開一次會議，最後決定如委員會不允許增添委員，便要不惜任何代價去予以抵制。我們因此發一通長電給哥廓爾。安德魯斯也發一通電報，贊同我們的主張，我們的電文約略是這樣：

「我們明白你是如何的痛苦，也願意不顧重大的犧牲，遵從你的勸告。哈定革貴族曾給我們以最寶貴的幫助，我們也願意接受到底。但是我們渴望你能夠了解我們所處的地位。這是成千的人發出了誓約而不容有例外的問題。我們全部的抗爭是建築在誓約的基礎上。對於我們的誓約如不能見諸實行，我們有許多人會於今日再度入獄。要是成千的人一旦證明了他們的誓約無效，所有道德的約束便會立即解去。誓約是經過充分而成熟的考慮的，其中沒有不道德的事情。團體當然有權去自行立誓，從事抵制。我們希望你也能勸告，無論情形如何，這種誓約，是不應該破壞，而當人人遵守的。並請把這通電報給哈定革貴族一看，我們希望你不因此而感到爲難。我們已經開始這一次的抗爭了，我們只以上帝爲我們的保證，以祂的幫助，爲我們僅有的後援。」

哥廓爾收到這通電報，他的病因此轉劇，但是他不加辯駁，仍然幫助我們，並且更其熱烈。他打一個電報給哈定革貴族，告知此事。不僅他不願意將我們拋棄不管，反而替我們的立場辯護；就是哈定革貴族也繼續幫助我們，不變初衷。

我和安德魯斯到普勒托利亞去。正在這時候，聯邦鐵路的歐洲雇員大舉罷工，使得政府地位很是狼狽。於是有人請我趁著良機，領導印度人起而發動，一方面幫助鐵路罷工人員，一方面我們自己也可藉此得到勝利。但是我的答覆卻是印度人不願意去擾害政府，他們抗爭的目的全然不同，看法也不同，所以不能幫助鐵路罷工人員。我們即或要進行，也得等待鐵路罷工終了以後，再行開始。我們的決議，產生了很大的迴響，隨即由路透社傳到英國，安布特喜爾貴族（Lord Ampthill）來電讚許。南非的英國朋友也感念我們的決議。斯末資將軍的一位祕書帶著玩笑的口吻說道：「我不喜歡你們的民族，也不想去幫助他們。但是我要作什麼呢？在我們危急的時候，你們幫助我們。我們對於你們怎好下手呢？我常常希望你們能像歐洲籍的罷工者一樣，採取激烈的手段，那麼我們便立刻知道怎樣去制裁你們了。然而你們對於敵人尚且不肯加以危害，你們僅用自苦的方法來求勝利，而從不踰越自己所定禮貌與俠義的限度。就是因爲如此，反而弄得我們也毫無辦法了。」斯末資將軍也表示同樣的想法。

消極抵抗者所表示的俠義精神，不止這一端。北岸印度工人罷工的時候，正值甘蔗收穫，尚未運入榨房榨糖；罷工一來，埃格康山（Mount Edgecombe）的種植商人會因此而大受損失。有一千六百名印度工人於是復工，把這些事情處理好，才又重新加入同國人的運動之中。還有都爾班市政府的印度雇工罷工，而那些服務於區衛生局以及在醫院中照料病人的，都一起遣回，他們也情願回去供職。辦衛生事務的人要是使衛生事務混亂，醫院方面無人去照料病人，城市裡會突然發生疾病，病人也會沒有醫生幫助，其結果將不堪設想；這些是消極抵抗者所不願做的。這一類的雇工因此不令參與罷工。消極抵抗者的每一步驟，都要顧慮到對方的地位。這種俠義的行爲，發現不少，雖然過後看不見了，卻各處都有了潛在的印象，增加了印度人的聲勢，而造成了解決的氛圍。

四圍的氛圍逐漸有利於問題的解決。哈定革貴族特派羅伯特遜爵士（Sir Benjamin Robertson）乘專輪前來，在我和安德魯斯到普勒托利亞的時候到埠。我們因斯末資將軍約定日期相會，所以到普勒托利亞以後，不等羅伯特遜爵士，就出發了。其實也沒有什麼理由要去等他，最後的結果，只有靠我們自己的努力。

安德魯斯和我同到普勒托利亞，而我卻獨自去見斯末資將軍。那時鐵路罷工情形嚴重，聯邦政府已宣布戎嚴，斯末資將軍正爲此不安。歐洲工人不僅要求增加工資，並且打算要把政權抓到他們的手裡。我第一次去見斯末資將軍，晤談的時間很短，但已看出他不像在我們運動剛開始時，那樣的趾高氣昂了。在那時候，他就是和我談話都有所不願。那時不合作運動之聲勢，正不下於現在。然而他不和我們磋商，現在他卻準備和我商量了。

我們於是成立一個臨時協定，不合作運動最後也宣告停止。許多英國朋友聽到這消息都很高興，答應在最後的解決方面爲我們幫忙。只是要印度人贊同此協定，卻比較困難。有一些人拿一九〇八年的失敗來警告我，說道：「斯末資將軍已經騙了我們一次，受了這一次教訓，你還要信任他，豈不是太可憐了？這個人會第二次來欺騙你，而你會要再次進行不合作運動。但是到那時候，誰還來聽你的話呢？像這種人說出的話，又自行食言，要人人隨時去入獄，在這種人的面前自取失敗，是否能辦得到？」

我事先就知道會有這些詰責，所以他們說這些話，我並不驚訝，消極抵抗者即令是常常被欺騙，也不要緊，他是始終相信對方的，一直到更無可疑之地而後已。在消極抵抗者，痛苦就是快樂。所以他不能僅僅爲了吃苦，便誤入毫無根據的不信任的歧途。而在另一方面，他仍然要照常依靠自己的力量，即爲對方所欺，也毫不在意。即或屢次受欺，也得繼續信任，並且深信只有如此，才可以加強眞理的力量，使勝利得以一天近似一天。因此在各處召集大會，我苦口婆心的力勸，最後印度人始贊同協定的條款。印度人到現在對於不合作運動的精神才算較爲了解。安德魯斯是此次協定的仲裁人和證人。我若拒絕這次協定，便不啻對於印度人公然加以控訴，那麼六個月以後的成功，也許因爲種種障礙而受妨害了。梵文作者有一句格言說：「諒恕是勇敢的裝飾。」消極抵抗者仗著他豐富的經驗，沒有授任何人以些微的口實。不信任是儒怯的表示，消極抵抗者要袪除一切的怯儒，所以不信任也在袪除之列，要是對方未被毀滅而爲所戰勝，自然無所用其不信任了。

抗爭最後完結的時候，哥廓爾正在英國。他通知我，要我到那裡去和他相會。一九一四年七月，卡林巴哈、卡斯島貝和我三人，於是由海道往英國的南安普敦。

我們在馬狄拉（Madeira）的時候，便聽得歐洲大戰有隨時爆發的可能。我們的船進入英倫海峽（English Channel），接到正式開戰的消息，我們停留若干時候，那時海峽中有水雷到處密布，船隻要從其中通過，不是容易的事，一共費了兩天才到南安普敦。

八月四日，歐洲大戰正式開始，我們於六日抵倫敦。

一到英國，得悉哥廓爾爲了身體的健康起見，已經到巴黎去了，其時巴黎、倫敦間的交通斷絕，什麼時候可以回來，不得而知。我在沒會見他之前，不想回國，但是他何時可以來，誰也不能斷言。

然則，在那時候，我要作些什麼呢？說到歐洲大戰，我的義務又是什麼？亞達加尼亞（Sorabji Adajania）是我在獄時的同伴，也是一個不合作運動者，那時正在倫敦學法律。他是不合作運動中最優秀的分子，因此送到英國留學，以備將來回到南非執行律師職務，以代替我的地位。我因爲他的介紹和陪伴，得以會見當時在倫敦留學的麥他・吉夫拉吉博士（Dr. Jivraj Mehta）和其他的人。和他們商議之後，決定將留居大不列顛（Great Britain）和愛爾蘭（Ireland）的印度人召集開一次大會。在他們面前，說明我的意見。

我覺得住在英國的印度人應該參加歐洲大戰。英國學生已然自動投軍服務，印度人不當後人。對於這一點，辯駁很多，都以爲印度人和英國人的地位不同；我們是奴隸，他們是主人。在主人危急的時候，奴隸如何能與之合作呢？難道當主人危急之時，奴隸不應該乘機而起，求自由嗎？這種辯論，那時我不以爲然。我知道一個印度人和一個英國人地位的不同，但是我不相信我們便已淪入奴隸的地位。我那時覺得那只是不列顛官吏個人的過失，而不當歸罪於不列顛的制度，而這種過失是可以用愛來感化的。要是我們想從幫助以及和不列顛合作上面改良我們的地位，我們便應該在他們危急的時候，幫助他們，然後可望得他們的幫助。在那時候，制度之壞正如今日一般，但在我看來，並非不可忍耐。至於今日，我對於制度已全然失去信仰，所以我拒絕與不列顛政府合作，當時那些朋友不僅對於制度失去信仰，連官吏也一起不信任，要他們合作，又怎麼可能呢？

反對的朋友覺得這是大膽宣布印度人的要求和要求改進印度人地位的良機到臨。在我則以爲不可把英國的危難當做我們的良機，在大戰期間，不要強調我們的要求，這是比較適宜而且目光遠大的舉動。我因此極力勸導，並且請求他們去報名加入義勇隊。反響很好，義勇隊中，差不多印度各省各教的人都有包括在內。

我將這些事情寫信告訴克羅衛貴族（Lord Crewe），表示我們立即準備受衛生隊的訓練，若是需用以此爲接受我們貢獻的先決條件的話。克羅衛貴族經過若干遲疑之後，方始接受我們的貢獻，對於我們當帝國危急之時，願意挺身而出，表示謝意。

在這時候，倫敦的情形眞是可觀。並沒有恐怖到來，而所有的人都盡其所能的去幫助國家。年富力強者開始受戰鬥員的訓練，至於老弱殘廢以及婦女們呢？只要他們願意，可做的工作很多，所以他們都從事於爲傷兵裁製衣裳之類的事情。

（編者C. F. A.：甘地因爲患嚴重的胸膜炎症，需要到溫暖的地方去療養，因於一九一四年十二月，離開英國，回到印度。）

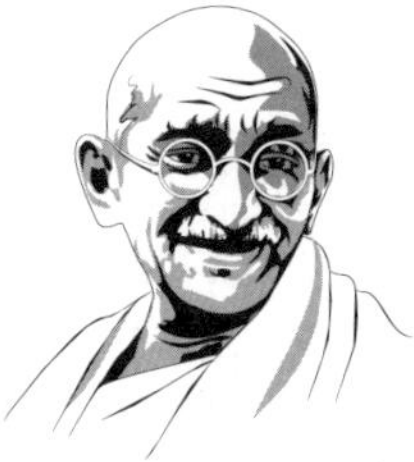

第十七章　回到故鄉

在我沒有回到印度以前，從鳳凰新村啓程歸國的那一隊人已經先到了。我們原來的計畫是由我先行趕回，但是我在英國因爲歐洲大戰的事被纏住，因而我們的打算全然被推翻。我看出我在英國停留的時間無法確定，於是替鳳凰新村這一隊人找一安身之所，便成了問題了。如若可能的話，我要他們全體住在印度，仍過往日的生活。我不知道是否有這樣的一所學園（Ashram）能夠安置得下，因此打電報給他們，要他們去見安德魯斯，聽他的指示。

於是他們最初安置在甘格里（Kangri）的拘盧庫爾（Gurukul）學園，①在那裡，孟十蘭園長（Mahatma Munshiram）待他們像自己的子女一般。此後又遷到山體尼克丹學園（Shantiniketan Ashram），在這裡，詩人泰戈爾（Rabindranath Tagore）和他的門人對於他們也是同樣的愛護。在這兩處所得到的經驗，都很有益於他們以及我自己。

詩人、孟十蘭和魯得拉（Sushil Rudra）三人，我常對安德魯斯笑說成爲他的三位一體。在南非時，他總是不倦的述說他們；安德魯斯的談論，有許多都足以引起甜蜜的回憶，而這樣的大三位一體，要算是其中最甜蜜而生動的一樁了。安德魯斯因此把凰凰村的一隊人託付給魯得拉。魯得拉並無學園，只有一個家庭，他把他所有的全給鳳凰村人使用。他們到後一日，就一切事情都辦妥了，如同在家裡一般，一點都沒有耽誤。我到孟買上岸

---

① 拘盧庫爾是屬於雅理安會（Arys Samaj）的一種學校，孟十蘭是此校的校長。孟以後爲僧人，稱爲斯瓦米斯拉達南得（Swanni Shraddhanand）。

以後，才知道鳳凰村一隊人已到山體尼克丹學園。我會過哥廓爾之後，便急於想去看望他們。

我到孟買的時候，哥廓爾通知我，說省長（Governor）希望見見我，最好是在離開普那（Poana）以前回答他。我於是去見省長。普通寒暄之後，他說道：「我要求你一件事，你無論何時，如果打算對於政府採取某一種動作，我願意你先來看我一次。」

我回答說：「此事很容易。我們消極抵抗者打算和對方有所周旋時，照例得先明白他們的觀點，在可能的範圍內，極力與之協調。我在南非，緊守此例，在此地也是如此。」

威林頓貴族（Lord Willingdon）道過謝以後，說道：「無論何時，只要你願意，便可來看我，你將來可以知道我主持的政府是不會刻意做什麼壞事的。」

關於此事，我回答說：「我相信你的話。」

此後我便去到普那。在這一時期經過的一切，我無法一一贅述。哥廓爾和印度服役會（Servants of Indian Society）的會員盛意殷勤，頗為可感。他把會員召集了來歡迎我，我就種種問題對他們作很坦白的談話。哥廓爾渴望我加入會員，我也如此。但是其他會員們覺得我的理想以及工作的方法和他們大大的不同，以為我不應該加入會員。哥廓爾則相信我雖堅持我的主張，但我卻一樣的能夠接受他們的主張。

他說：「他們還不明白你之能夠妥協，所以堅持他們自己的主張。我希望他們將來能夠接受你；萬一他們不接受，你切不要以為他們對你不敬不愛。他們因怕對於你的敬仰有損，所以躊躇不決，不敢冒險。但是無論你是否正式准許成爲會員，我對待你仍舊是一樣的。」

我把我的意思告訴哥廓爾。無論是否允許我成爲會員，我總得有一個學園，能將鳳凰村的眷屬安頓下來，地點以古加拉特爲宜，因爲我認爲要爲國家服務，最好是先從服務古加拉特作起。哥廓爾也贊成我的想法，他說：「你當然應該這樣作。你所說的話，不管結果怎麼樣，學園所有費用由我負擔，和我自己的事一樣。」

聽了哥廓爾的話，我心中充滿了喜悅。免去籌款的責任，並且覺得我不應該獨行其是，無論何時遇有困難，我都可以和一個可靠的指導者商量，這實在是一件可喜的事。

於是要得孚博士（Dr. Dev）來，在服役會的帳簿上特爲我開上一筆，爲了學園和公共費用，無論有何開支，都可以支款。

此後我便到山體尼克丹去。那裡的師生對我的熱愛，使我非常感動。他們的歡迎是單純、藝術，以及愛的美麗的結合。

鳳凰村族人分居山體尼克丹各區，以甘地·馬甘拉爾爲首領，他對鳳凰村的紀律，本來就很留意。據我的觀察，因爲他的摯愛、知識和忍耐，他的佳譽已經傳遍了全山體尼克丹了。

安德魯斯在那裡，皮爾遜也在那裡。在那些孟加拉的教師中和我們接觸很密切的是羅·賈格達南達（Jagadananda Roy）、羅·羌得拉（Nepal Chandra Roy）、穆生塔（Santosh

Mozumdar）、沈・克西弟摩漢（Kshitimohan Sen）、甘古來・納根（Nagen Ganguly）、羅・薩拉特（Sarat Roy），和果斯・卡里摩漢（Kalimohan Ghose）諸位。我到那裡，不久便和那些教師、學生廝混在一起，討論自助的問題。我向教師建議，認爲他們以及學生如果解除包伙食的辦法，而自行烹煮食物，爲了兒童的健康和道德起見，應該由教師負管理廚房之責，這樣一來，可以給學生一個自助的實例。其中有一、兩人聽了我的話，搖頭不信，而另一些人則極力贊成我的提議。兒童們也是歡迎，這或許是由於他們的本能所致。於是我們便著手實行。當我邀請詩人來發表他的意見時，他說只要教師贊成，他不反對。他對兒童說道：「這個實驗含有自治（Swaraja）的鎖鑰在內呢！」

皮爾遜打算以身作則的去使實驗成功。他很熱心的從事於此，派定一組人拔菜，一組人淘米，其他的人則從事於照料廚房和附近各處的清潔。那些人拿著刀鏟，忙碌地工作著，我看著眞是高興。但是要兒童隨著教師從事這種身體的勞作，像魚之於水一般，那卻不能。因此每日都有討論。

有一些人早就表示倦意，而皮爾遜則不是這樣的人。他總是笑容滿面，在廚房內外，作這樣、作那樣，忙個不休。他自己擔任洗滌大件器皿的責任。有一隊學生在這負責洗滌的一組人前撫奏琵琶，以爲他們驅除疲倦。大家工作都很起勁，山體尼克丹一時成爲忙碌的蜂窩了。

我本來打算在山體尼克丹小住一段時間，然而命運總別有用意。我在此地還不到一個星期，便接得從普那拍來的電報，報告哥廓爾的死耗。悲傷瀰漫了山體尼克丹，他們全體向我表示弔唁，並在學園的禮堂中特別召集大會，以追悼這民族的損失。這是一次莊嚴的聚會。同日，我的妻子以及馬甘拉爾就到普那去，其餘的人仍住在山體尼克丹不動。

安德魯斯伴我到補得汪（Burdwan）。他問我道：「你有沒有想到印度某個時候會再發生不合作運動？如若有，你的意思以為當在什麼時候？」

我說：「這卻難說。一年以來，我一樁事也沒有作。哥廓爾和我約定，要我在印度各處旅行，增長經驗。考察完了之後，對於大眾問題始可表示意見。即使一年考察結束，我也不想急於談論或宣布意見。因此我的料想以為五年左右，這裡是不會有什麼不合作運動發生的。」

我們到了普那，行過葬禮以後，便討論到服役會的將來，和我之應否加入的問題。會員問題，在我這一方面證明是一件很微妙的事情。哥廓爾在那裡的時候，我並不需要得到允許成為會員。我僅僅只服從他的願望，這是我所願意的。我在印度民眾生活的大海中飄蕩，需要一個可靠的舵手。哥廓爾就是這樣的一個作用，在他的護衛之下，覺得很安全。現在他已溘然長逝，我是要靠著自己的力量，我覺得取得允許，乃是我的義務。

其時服役會大多數的會員都在普那。我於是向他們申說，企圖排除他們對我的恐怖觀感。但是我看出他們對於此事不同的意見，一部分人贊成我加入，一部分人則堅決反對。我知道這兩派人對我的愛護並無二致，但是也許他們忠於服役會的心思要大一點，無論如何，也不會比對我的愛爲小。所有我們的討論都不過分，一切總以與原則有關的事項爲限。反對我的那一派人以爲他們和我，在許多很重要的事項方面的主張，有如南北極之不同，他們覺得我如加入爲會員，會有危及服役會創立的宗旨之虞，這種情形，自然不是他們所能擔當的。經過長時間的討論之後，我們散會，最後的決定則待諸異日。

我在回家的途中，心中大爲激動。由大多數的通過入會，在我是否應該呢？這和我之忠於哥廓爾是否一致呢？我明明白白的看出會中因爲允許我加入的原故，會員間呈現極明顯的分裂，在我這一方面，最好的路徑是撤銷請求入會。我想這就是我對於服役會、對於哥廓爾，所能盡的忠誠了。我在一瞬間決定之後，即寫信給沙斯特里（Mr. Shastri），對於開聯席大會的事，請求不要再提。那些反對我請求入會的人，對於我的決定完全了解。這樣一來，使他們不至於陷入險惡的地位，而我們友誼的維繫也因而更爲密切，而我之撤銷請求，在實際上卻無異使我成爲一個會員。經驗現在告訴我，還是不正式作會員爲好，由那些反對我的人的反對可以得到證明。經驗又告訴我，以爲我們對於原則事項的主張，彼此懸殊。但是這種差別的認識，並不使我們疏遠或者痛苦。我們仍然像兄弟一般，服役會在普那的會址，常是我一所巡禮的地方。

實際上，我沒有正式成爲服役會的會員，但是我在精神上卻永遠是一個會員。精神上的關係遠比物質方面來得珍貴。物質的關係而脫離了精神，便有如有身體而無靈魂。

一九一五年這一年，正是堪巴大會（Kumbha fair）②的一年。此會每十二年於哈得瓦（Hardwar）舉行一次。我並不是渴想赴會，只是想藉此會晤在拘盧庫爾的孟十蘭。哥廓爾的服役會派了一大隊義勇隊員到堪巴會（Kumbha Mela）去服務，由孔茲魯（Pandit Hridayanath Kunzru）領隊，得孚博士任醫師。我被請派鳳凰村族人前去幫忙，所以馬甘拉爾已先我前往。

到哈得瓦去的旅行特別困苦，有時車廂中連燈都沒有。從薩哈朗普（Saharanpur）起，我們擠入裝載重貨和牛的廠車裡，又沒有車頂，上面受著正午日光的蒸曬，下面鐵板又是火一般的熱，我們只差沒有被煮熟。路上口渴難當，然而又不能勸正宗派的印度教徒飲水，因爲怕吃到回回教人的水，他們一直等到有印度教人的水才喝。然而這些印度教徒有病的時候，如果醫生給他們一些葡萄酒、牛肉茶，以及回回教徒或者基督教徒把水給他們，他們卻毫不躊躇或詢問呢！

得孚博士掘了一些小坑，以爲便所之用。他須靠著清道夫來照料這些，這就有了鳳凰村人所可做的工作了。得孚博士也欣然接受這種提供。這項工作當然由我提供建議，而執行者卻是馬甘拉爾。我的職務大部分是坐在帳幕內和來看我的無數巡禮者討論宗教問題，此事竟

② 堪巴大會每十二年舉行一次，在會期中，所有的印度教人都來巡禮，聚浴於恆河。

使我沒有一刻空閒的時候。我在哈得瓦才知道南非的奮鬥，在全印度所發生的印象，是如何的深刻。

但是這並不是一種可以欣慕的地位。我覺得那時是徬徨於魔鬼和深淵之間。在那沒有人認識我的地方，我須受本地千百萬人命中註定的苦痛，例如：坐三等車旅行之類。可是在爲那些知道我的人包圍的所在，我又成爲瞻仰「有聖賢相者」（darshan）的犧牲品了（按俗人以瞻仰聖賢或貴人丰采爲榮）。這兩種情形中，哪一種是比較更爲可憐，我常常迷惘而不知所決。

堪巴大會的日期到了。我並不是懷著巡禮者的情愫到哈得瓦去的，我從來不曾想到巡禮的地方去求神佑。但是在那裡的兩百萬人不全是僞君子和看熱鬧的，其中自有無數的人到那裡去是爲得到功德和滌淨自己。而要知道這種信仰提拔靈魂到底能到什麼地步，雖不是不可能，卻也不容易。於是我全夜都沉浸在深思之中。在這些僞善之中，卻有聖潔的靈魂圍繞著他們，在他們的創造者之前，他們應該是無罪的。假使到哈得瓦去的本身便是罪惡，我一定公然反對，在堪巴大會的那一天離開哈得瓦。要是到哈得瓦去巡禮，參加堪巴大會並不是罪惡，那我一定要實施一些自制的舉動，以贖在那裡所顯現的罪惡，而滌淨我自己。

這在我是很自然的。我的生活是以有規律的決議爲根據。我到印度以後，引起盛大浪費的招待，在我想來，都是不必要的。因此我決定節約我的食品，並在日落以前就用晚餐。我明白我自己若不如此禁約，在將來的主人方面，會有大大的不便，使得他們爲我服務而非我爲他們服務了。所以我決定在印度的時候，每二十四小時內，所食不能超過五樣，天黑以後絕對不進食。我把全部的思考都放到將來所能遇到的困難上去，不令有一絲一毫的遺漏。在有疾病的時候，如若將藥品也歸入五樣食品之中，那所發生的結果，我也曾想到過，於特別食品並無所謂例外的喜好，我最後決定無論什麼，都不應有例外。發願以來至今凡十五年，對我眞是一個嚴重的試驗，而我居然能受得住試驗，並以之爲我的盾牌，使我的生命增加若干年歲，免除許多疾病。

到達拘盧庫爾，會著那軀幹壯碩的孟十蘭，實在覺得快慰。我到此以後，立即感受到拘盧庫爾的和平，和哈得瓦的煩囂喧鬧，正成爲大大的對比。孟十蘭的和藹很感動我，淨行之士也一起來臨。在這裡，我才第一次被介紹和羅摩提婆阿闍梨（Acharya Ramadevji）③見面，我立刻看出來他是怎樣一位有力量與權威的人。我們在某些事件方面的見解彼此不同，但是我們認識以後，不久就成爲很好的朋友。我和羅摩提婆阿闍梨以及其他大師討論到將工業訓練加入拘盧庫爾的必要。後來我離開此地到立十開士（Hrishikesk），然而臨別依依，極是難捨。

我到的時候，有許多印度教的僧人（Sannyasis）來看我。其中有一個人尤其注意我。

---

③ 阿闍梨是寺院的長老，爲一尊稱。

鳳凰村人也在那裡，爲了他們的到臨，引起這位僧人許多問題。我們討論到宗教，他察覺出我對於宗教的事項有很深的興味。我那時正從恆河沐浴回來，光頭而不穿上衣，他看見我光頭，不戴包頭，上身又不著一絲，很爲痛心，他說：「我看了你以後，眞是難過。一個信印度教的人，出去而不著衣、不戴包頭。這是印度教外表的兩個象徵，每一個印度教徒都應穿戴的。」

關於此事還有一段歷史。當我只有十歲的時候，我看見那些婆羅門的兒童，在他們的聖線上繫著一大串鑰匙，就很羨慕，自己也想這樣的打扮。那時喀地瓦的吠舍族中還沒通行佩戴聖線這一件事，而前三階級別正在強制實行。結果甘地族中有一些人也採用聖線了。有一位婆羅門也將聖線送給我們，我那時雖然沒有機會弄一串鑰匙，卻也得了一枚，就把它掛在聖線上。後來聖線不見了，是否失去，我現在記不清楚。但是我卻記得那時並未去要一份新的。我長大之後，在印度和南非有好幾次沒有意義的企圖，打算再送聖線給我，然而都沒有成功。我自己自問：如果首陀羅階級不能戴聖線，其他階級又有什麼權利來戴呢？

我到英國去的前一晚，因爲戴了包頭，如果除去會被人恥笑，那時心中以爲這種形狀，英國人會譏我爲野蠻，遂把包頭除去不用。我的堂兄弟察哈甘拉爾因爲宗教的原故，戴上包頭，我在南非的時候，秉著這種卑怯的心理，怕此事於他從事大眾工作的前途有礙，使他難受，因而要他除去。我把所有情形和盤托出之後，對斯瓦米說道：「我之不帶聖線，是因爲我看此事並無必要，無數的印度教人出去並不帶這個，然而仍不失其爲印度教人。還有，聖線應該是一種精神復興的象徵，表示帶此者極力企圖達到一更高尚、更純潔的生活，但是我懷疑的，就是在現在這樣的印度教和印度，像具有這種意義的象徵，是否能有權力去證實。這種權力，只有在印度教自己能將不潔性一起湔滌，貴賤之別一概剷除，把舊日繁殖的許多罪惡和虛偽一概脫去以後，才有可能。因此我的意思是反對佩戴這種聖線的觀念。但是我可以保證你對於包頭的建議，是值得考量的。」

這位斯瓦米並不能了解我對於聖線所持的觀點。我所指出不能佩戴聖線的理由，在他正以爲是相反。一直到今日，我的認知還是和在立十開士時一樣。既有各種不同的宗教，各教的人便需要一種外表顯明的象徵。但是當一個象徵變成迷信，和自己的宗教比別人高明的工具以後，那就只有拋棄不能再用了。

至於包頭，取前因爲膽怯而棄擲不用，和朋友商議以後，仍聽其使用。

我經過阿默達巴得（Ahmedabad）的時候，有許多朋友極力挽留，要我就在那裡住下，他們自動的替我的學園募集費用，並爲尋找房屋以供居住。我本來愛好阿默達巴得。我常以爲我既是古加拉特人，便應該藉著古加拉特語言爲祖國作最大的服務。阿默達巴得爲古代手織業的中心，似乎是恢復鄉村紡織工業一個最適宜的地方，一方面又有這種希望以爲這裡既爲古加拉特的都會，不乏富有之士，經濟的援助自會比之別處來得容易。我和阿默達巴得的朋友討論種種問題，「不可接觸」問題，自然也是其中的一個。我對他們解釋，以爲如有所謂屬於不可接觸階級的人要求加入我們的學園，只要他是值得加入的話，我便要首許他加入。

學園的開始是這樣的，大家在一個廚房裡作飯，努力過一個家庭的生活。我們這樣過了幾個月光景，便遇到我以前所沒有料想到的試驗。我接到特卡爾（Amrital Thakkar）的一封信，信中說道：「有一個卑賤而誠實的不可接觸階級的家族，希望加入你們的學園。你能否接受他們？」

我接到這封信之後，眞有點慌了。我絕沒有料想到會有一個不可接觸階級的家族這樣早的便來請求加入。因此立即將來信交與同伴傳閱，他們都一致表示歡迎。我就回信給特卡爾，表示我們願意接受這一家加入的意思，只是所有的人員都要遵守學園的規則。這一家人是達都貝（Dadubhai）、他的妻子丹尼伯恩（Dhanibehn），和他們才在學步的女兒拉克十米（Lakshm）。達都貝曾在孟買當過教師，他們都願意遵守規則，於是便被允許加入了。但是允許之後，曾經幫助過我們的朋友聽到這消息，大爲震動。因此發生的第一個困難便是使用水井。水井一部分是歸房主所管，司汲水的人禁止我們水桶中的水滴入井中，以爲褻瀆了他。於是他向我們咒罵，並且吵擾達都貝。我告訴大家要忍耐，不與計較，只管繼續去取水。他看見我們不回罵，自覺有愧，不再吵擾我們。然而所有經濟上的幫助卻停止了，經濟幫助斷絕以後，隨即謠傳有一種社會抵制的計議。我們準備這一切的到臨。我已告訴我們的同伴，如果我們爲人所抵制，連平常的便利也爲所否認，我們切不可離開阿默達巴得。我們寧可移到不可接觸階級所居的區域去住，靠自己工作來支援生活。

其後事情竟到了這一步，一天，甘地・馬甘拉爾來警告我說：「我們沒有了基金，到下個月就什麼也沒有了。」

我靜靜的回答他：「那麼我們遷到不可接觸階級的住區去好了。」

我遇到這種試驗已不是一次，每逢這樣的境遇，到最後一刻，上帝便會賜予幫助。在馬甘拉爾警告經濟枯窘之後不久，一個小孩跑來對我說，有一位先生的座車在外面候著，要見我一面。我出去看他，他說道：「我想給學園一點幫助，你是否能夠接受？」我說：「一定可以，我現在正是山窮水盡的時候。」

他說道：「我定於明日此時再來，你是不是在這裡？」

我說：「遵命。」說過之後，他便走了。第二天在約定的時間，車子開到我們住的地方，喇叭嗚嗚地響著。小孩子進來告訴我，那位先生不進來，我於是出去看他。他將值一萬三千盧比的通用鈔幣放在我的手裡，就自己驅車走了。我絕對想不到有這種幫助，而交付的方法又是如此的奇特；這一位先生以前從沒有到學園來過。不訪不問，而僅僅給了幫助，便又走開；這在我實在是一個稀奇的經驗。有了這個幫助，我們可以不到不可接觸階級住的區域裡去。我們又安安靜靜的過了一年。

那時外面正是狂風暴雨，而學園內部也是波濤澎湃。在南非的時候，雖也有不可接觸階級的朋友來看我、寄居，和我們共餐，而我的妻子和其他婦女，對於允許他們進入學園，多少有點不願意，我在耳目之間，便很容易窺出他們對於丹尼伯恩雖不是不喜歡，卻有點看不起的意思。金錢的困難並不足以使我焦慮，只有這種內部的風波使我難以忍受。丹尼伯恩是一位平常的婦女。達都貝爲人沒有受過什麼教育，然而理解力甚好，我喜歡他的忍耐力。有時他也發火，然就大體而論，他的容忍力所給我的印象甚佳。我常勸他要忍小辱，他不僅首肯，並且還指示他的妻子也如此做。

這一家之被允許加入，給了學園一個有價值的經驗。最初我們向世界宣告不贊成所謂不可接觸階極的區別，幫助學園的人都是因此而慨予保護，在這一方面的工作也異常單純。就事實而論，幫助學園日增不已的經常費用的人，大多數是眞正的正宗派印度教人，這就可以明白看出所謂不可接觸階級性的基礎已是動搖了。自然其間還有其他的證據，而我們毅然和不可接觸階級的人共餐，善良的印度教徒仍毫不躊躇的來幫助，這也要算是一個很大的證明。

正在這時，我以前在南非所曾想及的問題，至是又兜上心頭。按所謂契約勞工，乃是從印度僱去的勞工，訂約規定爲五年。依一九一四年《斯末資甘地協定》，移至納塔爾的契約勞工所受的三鎊人頭稅已經廢去，但是從印度一般的移民問題，還有待處理。

一九一六年三月，馬拉維亞（Pandit Maden Mohan Malaviyaji）在印度下議院（Imperial Logislative Council）動議廢除契約制度。哈定革貴族於接受這個動議時宣言：「他已經從帝國政府得到允許，用相當的手續，廢除此制。」我以爲像這樣含糊的保證，不能使印度人滿足，應該要鼓動大眾，作立刻廢除的運動。印度以前之所以忍受，是因爲漫不經心，如今鼓動大眾反抗此種壓迫的時機到了。我會見過許多領袖人物，並且在報章上發表言論，看出輿論對於立即廢除這種制度都表示堅決的贊成。然則，這是不是給不合作運動一個適當的題目呢？這自然毫無疑問。在同時，總督對於「實際廢除」（the eventual abolition）這一名詞的意義，也不隱瞞，據他說，所謂實際廢除者，乃是「在能容許換用一種別的方法的合理的時間以內」之謂。

於是在一九一七年二月，馬拉維亞提出要求，便頒布命令，將此制馬上廢除。克爾穆斯福爵士（Lord Chelmsford）拒絕不許。現在是我遊走全國，鼓動全印度反抗的時間到了。

我在沒有開始之前，以爲應該去拜見總督，所以就去拜訪一次。他立即許可接見。馬飛先生（Mr. Maff，今爲馬飛爵士，Sir John Maffey）當時是他的私人祕書，我和他交談之後，於是和克爾穆斯福貴族作一次滿意的談話。克爾穆斯福允許幫忙，但也並沒確定。我於是從孟買起程，開始我的旅行。柏蒂先生（Mr. Jehangir Petit）用帝國公民協會（Imperial Citizenship Association）的名義，召開了一次大會，討論關於向政府要求於一定時期內廢除這種制度的問題。討論所得，一共有三種提議：㈠於五月三十一日廢除；㈡迅即廢除；㈢立即廢除。我是贊成規定期限的，因爲這樣一來，政府於定期之內不能踐行我們的要求，我們便可以決定應該如何應付。薩馬爾達斯爵士（Sir Lalbhai Samaldas）贊成立即廢除。他說立即廢除是表示比五月三十一日還短的一個期限。我的解釋是民眾不懂「立即」一詞的意義。我們要是希望他們作一些事，一定得用一個較爲肯定的字眼。每一個人對於「立即」一詞，都有他自己的解釋，政府是一種說法，人民又是一種說法。「至於五月三十一日」則毫無誤解的問題發生，到這一天沒有舉動，我們便可更進一步。我們以五月三十一日爲最後的期限，到期便應宣布廢除。大會隨即通過這樣的決議，印度其他各地的大會也都照樣的議決了。

查吉．柏蒂夫人（Mrs. Jaiji Petit）努力從事於組織婦女代表團進謁總督。代表團中從孟買來的，我記得有達達夫人（Lady Tata）和已故的白幹姆（Dilshad Begam）二人。代表團進謁的結果，發生很大的影響，總督給了他們一個興奮的答覆。

此後我更遊歷喀拉齊（Karach）、加爾各答諸地。每到一處，總有盛大的集會，和無涯涘的熱忱。這是我開始作運動時所不及料的。

在這些時日，我只是旅行，因此得到一些奇異的經驗。刑事偵探部（C. I. D., or Criminal Iuvestigation Department）的偵探常是跟著我跑。我因爲不隱瞞，他們也就不來麻煩我，我也不使他們有什麼麻煩。幸而那時我還沒有得到大靈（Mahatma，大首領之義）的綽號，雖然在知道我的人中間，這個名字已叫得很普遍了。有一次偵探在好幾處車站上阻止我，檢查我的車票，將號碼記下。自然他們所有的問題，我都照實回答。和我同車的人以爲我是一個苦行僧人（Sadhu, or fakir），看見我每站都遭受麻煩，非常不平，於是和偵探們爭吵，抗議道：「你們無緣無故爲何只是吵擾這位苦行僧人？」他們又對我說：「不要把你的車票給那些無賴看。」我和婉的對他們說：「把我的車票給他們看並不要緊，他們是在盡他們的職務。」同車的旅客還是不滿意；他們愈益表示同情，他們激烈反對這樣苛待無辜的人。

但是偵探倒不麻煩，眞正的困苦還是三等車的旅行。最苦的是從拉賀爾到德里這一段。我是從喀拉齊經拉賀爾到加爾各答去的。在拉賀爾換車，車裡找不著一個空位，全都擠滿了，要進去，只有用力擠，車門關緊之後，往往有從車窗中爬進去。我得在開會的那一天到加爾各答，要是誤了這一班車，便不能按時趕到。我那時幾乎是沒有進去的希望了，沒有一個人願意接受我。那時有一個腳夫看見我惶惶失所的情形，對我說：「給我十二個安那（anna），我可以替你找一個座位。」我說：「好，我可以給你十二個安那，要是你能給我找一個座位。」這位年輕人於是從這輛車跑到那輛，向客人們懇求，結果沒有一個人理他。車快要開的時候，旅客們說：「這裡是沒有空位了，但是你願意的話，可以把他推進來。他可以站在這裡。」那位少年腳夫問我好不好，我馬上答應，他就把我的身體從窗戶中塞了進去。我就這樣上了車，腳夫也就這樣得了他的十二個安那。

那天晚上又是一個嘗試。其他的旅客都是坐著，我攀住上面床鋪的吊環，站了兩個鐘頭。其時有一些旅客卻不斷的來麻煩我，問我：「你爲什麼不坐下來？」我只好對他們解釋，說是沒有空位；他們雖是挺直的睡在上面床鋪裡，還是不能容我。他們老是不倦的來絮聒我，我也總是溫婉的回答，一點也不覺得疲倦。最後他們也就平靜下來了。其中有些人詢問我的姓名，我告訴他們之後，他們覺得很慚愧並向我道歉，而且還讓出地方來給我。忍耐的結果是得到報酬了。我那時已是疲倦得要死，頭昏腦脹，正在最需要的時候，上帝的幫助也送到了。

我就是這樣子到了德里，由德里到加爾各答。加爾各答大會會長，卡新巴扎爾（Cassimbazaar）的摩訶羅闍（Maharaja）為我的居停主人。這裡不同於喀拉齊，蘊蓄著無限的熱情。大會開會，並且還有幾位英國人參與。

在五月三十一日以前，政府宣布停止從印度去的契約移民。

我之第一次請願，反對這種制度是在一八九四年。我希望像這種如亨特（Sir W. W. Hunter）所稱為半奴隸制的制度，將來有廢止的一日。現在這種工作是大功告成了。從一八九四年起，是為這一種運動的開始，其中有許多人幫了不少的忙，而其能如此迅速的成就，我不能不歸功於潛藏的不合作運動的力量呢！

第十八章　在占巴朗

占巴朗（Champaran）為闍那迦王（King Janaka）故地，①多芒果林。一九一七年以後，藍靛種植業大盛。占巴朗的農民按照法律規定，應該提出每二十分之三的地方來替地主種植藍靛，是名為三分制（Tin Kathia System）②，我要聲明的就是我以前連占巴朗的名稱都不知道，至於地位尤其茫然，關於藍靛的種植也極為陌生。我看見過一箱一箱的藍靛，但是沒有想到這是成千的農人在占巴朗所辛苦製成的。蘇克拉（Rajkumar Shukla）就是其中的一人，曾受過這種磨難，他滿懷熱忱，想把這些像他一樣受過苦難的成千上萬的人所受藍靛的玷污一起滌除。一九一六年，我至勞克瑙（Lucknow）赴國民大會（Congress），他到這裡來會我。他說：「我們的巴布辯護士（Vakil Babu）自會告訴你。」他勸我到占巴朗去。巴布辯護士③即是浦拉沙得（Vrajakishore Prasad），他後來成為我在占巴朗的一位好同事，是現在比哈爾（Bihar）公共事業的靈魂。蘇克拉帶他到我的帳幕來。他穿一件黑色的毛織長衣（Alpaca），這就使我先有一個印象。我以為他一定是什麼辯護士，想藉著農民（Raiyat）④取利的。從他那裡聽得關於占巴朗的一些情形之後，照著我平常的習慣回答

---

① 這是北印度傳說上的一個國王，品德兼國王與聖賢而有之。占巴朗則在喜馬拉雅山麓，比哈爾的北部。

② Tin意為「三」也。

③ Vakil意為辯護士。Babu為一尊稱。本章中以後諸處於此均不贅述。

④ Raiyat意為農人。

他說：「我沒有親自考察過以前，不能表示意見。你得向大會提起動議，目前請暫時給我自由。」蘇克拉自然要從大會中得到若干幫助。浦拉沙得動議對占巴朗的居民表示同情，結果一致通過。他要我個人去占巴朗一次，目睹當地農民所受的痛苦。我告訴他說，我要把占巴朗包括在我的行程之內，在那裡耽擱一、兩天。他說：「有一天就夠了。你可以親自看見各種情形。」於是我自勞克瑙到康坡爾（Cawnpore），蘇克拉也跟著我到那裡，對我說道：「占巴朗離這裡甚近。請你抽一天的時間去看看如何。」我回答說：「此刻請你原諒我。但是我答應以後會再來。」我於是回到沙巴馬提（Sabarmati）的學園，而無處不在的蘇克拉又已在那裡，他說：「現在請你定一個日期如何？」我說：「好，我將於某日某日到加爾各答，你到那裡來看我，由那裡再領我前去。」我那時是不知道要到那裡去，要作些什麼，會有什麼可以看見。當我未到加爾各答之前，蘇克拉卻已先到那裡。於是這位不識不知、毫不猶豫而有決斷的農人把我抓住了。一九一七年歲首，我們便離開加爾各答向占巴朗出發，看來正像鄉下人一般，我甚至連火車也找不到。他引我一同上車，於早晨抵普地那（Patna）。

我是第一次到普地那，人地生疏，沒有朋友可以相助。我原本以為蘇克拉在此一定有點力量，在車上，我對他稍微熟識一點，到了普地那，便將以前的幻想一概放棄了。他是完全不知道什麼事情，他所交接的辯護士其實也不是那種人，蘇克拉幾乎成了他們的奴僕一般。這些事主和辯護士之間鴻溝顯然，其相距直不下於洪水泛溢時的恆河河口。蘇克拉把我引到浦拉沙得的地方⑤，而他已到普里（Puri）等地去了。那裡有一位僕人也不理我們。我已經吃過一些東西，但是我也要棗子，我的同伴便替我從市場裡買了一些回來。在比哈爾不可接觸制度分別最是嚴密。奴僕所用的井，不能讓我們去汲水，恐怕我桶裡滴出的水，會把他們的水弄髒了。僕人並不知道我是屬於哪一階級的。這些事情不足驚異，我是已經習慣了。因此對於蘇克拉知道得更爲清楚，便也更爲痛苦；我知道他不足以指導我，我得把韁繩抓在我自己的手中才行。

我以前在倫敦巧遇哈克（Manlana Mazharul Hag），那時他在那裡學習法律。一九一五年國民大會在孟買開會，我又見著他，那時他是回教聯盟（Muslim League）的會長。我們重溫舊情之後，他邀請我無論何時有經過普地那時，到他那裡小住。我自己記起這事，所以遣人送了一封信去，述明我來訪的意思。他立即坐汽車前來，極力邀我到他那裡去住。我致謝之後，請教他我第一次以先到何處爲好。他以爲我應該先到穆查法普爾（Muzaffarpur）。當夜有車開到那裡，由他送我上車。

那時克利巴拉尼校長（Principal Kripalani）也在穆查法普爾。我自從到海得拉巴（Hyderabad），便知道他，卻塞蘭博士（Dr. Choithram）告訴過我，他偉大的犧牲、簡單的生活，以及卻塞蘭博士在那裡經營而由克利巴拉尼教授籌備款項的學院。他本是穆查法

⑤浦拉沙得後成爲甘地最忠實的一位信徒，至今不渝。

普爾國立大學的教授，我到那裡的時候，他剛好去職。我先發一通電報去告訴我的行程，車到那裡已是半夜，他還是帶了一些學生到車站來接我，他自己沒有家，和馬爾卡尼教授（Porf-Malkani）同住，所以馬爾卡尼教授在實際上成了我的東道主人。一位國立大學的教授而留住像我這樣的人，在那些時候要算是特別的事了。

克利巴拉尼教授將比哈爾，特別是提爾胡特（Tirhut）縣的絕望情形說給我聽，指出我的工作是如何的艱難。他和比哈爾人甚爲接近，已將我到比哈爾來的使命告訴他們。

其時佛拉賈克・學爾（Vrajaki shore）從達爾班加（Darbhanga）來到此地，浦拉沙得也從普里來此。佛拉賈克・學爾的謙遜、簡約、和藹以及比哈爾人所特具的異常信仰，很使我感動，我心裡充滿了喜悅。相交不久，便感受到他的可愛，他後來成爲我終身不渝的好友。他不久也知道我的一切情形，於是憑他自己的法律經驗，將農人所受的困苦，一一告訴我。

他敘述完了之後，我對他說道：「那裡的農人既是如此的被摧殘卻又憂懼，法庭是沒有用的。眞正要救援他們，先得使他們不要畏懼。這是很明白的，如果我們不能去除比哈爾的三分制，我們是不能休息的。以前我以爲在此地應該留住兩天，現在我知道這種工作也許要花上兩年的工夫，如有必要，我便打算在此花上兩年。」佛拉賈克・學爾爲人頭腦異常冷靜，聽了我的話，淡淡的回答說：「我們只要做得到，無不盡力幫忙，不過請你告訴我們，你所需要的是哪一種幫助。」於是我們坐下談論，一直談到半夜。我對他們說：「我不大需要你們的法律知識，但是要勞動你們作書記和通譯的事務。也許要去坐牢，不過此事還得要你們自行考量，是否能去。不過就是請你們於沒有明定的期間之內，拋卻自己的職務去作書記，已經是很大的事了。我覺得當地的印度方言不容易明白，我要請你爲我翻譯，任何工作，我們都不能有所報酬；這完全要出之以仁愛和服務的精神呢！」

佛拉賈克．學爾馬上明白我所說的一切，他把我和他的同伴一一考量一遍。他將我所說的內容如要他們服務多少時候，需要多少人，他們是否可以輪流服務諸項，一一的詢問明白。然後他轉問那些辯護士能夠犧牲到什麼程度。

最後他們給我一個確實的回答說是：「我們有若干人可以聽你的命令作任何事情。另有若干人可以盡你的需要，跟隨你多少時候。把我們自己放到牢獄裡去的觀念，在我們看來很是奇特，但是我們不難習熟的。」

我的目的是想訪問占巴朗農人的狀況，知道他們對於反對藍靛種植者的意願，所以我得會晤成千上萬的農人。而我卻又以爲在未訪問農人之先，應該知道種植者這一方面的情形，並且一謁當地的縣知事（Comissioner of the Division）。種植協會祕書坦然告訴我，說我是一位局外人，無所用其干預種植者和農民的事，要是有要代表的事，可用書面陳述。我很客氣的回答他，說我並不以爲自己是一位局外人，假使農人願意的話，我自然有權利去考察他們的狀況。

我去拜訪縣知事時，他恐嚇我，要我馬上離開提爾胡特。我將這種情形告訴共事的人，並說政府也在那裡同樣的阻止我進行，也許我的入獄要比意料爲早；果眞如此，能在摩提哈利（Motihari）地方被捕，自然是好，要是可能的話，或許在白地亞（Bettiah）被捕。因此還是於最近可能的期間到那裡去好。占巴朗爲提爾胡特縣的一區，而摩提哈利則爲縣城所在。蘇克拉即住在白地亞附近，毗鄰的農人要算縣中最可憐的了。蘇克拉要我去考察一下，我也急於想去。

於是我和同事們便於當日出發赴摩提哈利。我們聽說離此約五哩左右，有一個農人曾受過虐待，因此決定第二天早晨乘象去看他。在占巴朗乘象也和在古加拉特坐牛車是一樣的平常。我們走得還不到一半，警察局長派人來追上我，說是局長有事奉請。我明白了他的來意，便即移坐到他所僱的車上。他說了之後，將命令我離開占巴朗的示諭給我看，要驅逐我出境。他要我遵命出境，我用書面回答，說我在考察事項未完結以前，不打算聽命，也不想離開占巴朗地方。因此我被以違抗政府命令的罪名，定於次日審訊。我於是整夜不睡，草寫書函，給浦拉沙得以必要的指示。傳捕和定罪的消息像野火一般馬上遠近皆知，到了那一天，摩提哈利竟呈現空前未有的大觀。巴布的家和法庭裡都充滿了人，所幸我的工作在夜間都已作完了，至此才能和群眾掙扎。我的同伴們幫了很大的忙，那時我到哪裡，群眾也跟隨到哪裡，幸得同伴們極力維持秩序，不致紊亂，因此官員對我不期而然的生出一種友好的情感。我可以依法拒絕這種傳票。然而，我不這樣做，我竟全部接受了。我這樣應付官吏的行動是不錯的，他們因此看出我對於他們個人並無反抗的意思，我所要的乃是對於他們的命令作公開的反抗。這樣一來，他們辦理便容易得多了。於是我們採取合作的維持大眾秩序，他們不僅不阻撓我們，反而表示欣喜的意思。然而此事對於他們，卻隱然顯示他們的權威是動搖了。人民此時失去一切對於責罰的畏懼，而服服貼貼的聽從他們的新朋友所發動的愛的威力。

不過要記得的，就是我之在占巴朗，並沒有人知道。所有的農民都懵然無知。占巴朗地方遠在恆河上游的北部，當喜馬拉雅山麓的右端，靠近尼泊爾（Nepal）國，和印度其餘的地方隔絕不通。國民大會，在這些地方，實際上是不知道的。

我和同事們商議之後，決定不用國民大會的名稱去進行任何事項。我們所要的是工作，不是名義，是實質，不是虛影。大會之名，政府和他們的主管都不喜歡。在他們看來，大會不過是律師口角時的一種笑柄而已。大會以前也沒有遣過人員來此，以爲我們的到臨預留地步。蘇克拉又不能深入成千上萬的農民中間去。所以他們中間還沒有實施過任何政治工作，他們也不知道占巴朗以外的世界。可是群眾們之歡迎我，竟像我們是多年的老友一般。在這農人的歡迎會上，說我是親自面著了上帝、仁愛和眞理，也不爲過譽。體會到這一點，再把我的稱號一查驗，所見的只是我對於人民的愛。而這種對於人民的愛，換句話說，也就是對於愛的一種不可動搖的信仰之一種表現而已。

在占巴朗的那些日子，在我的生命史上，眞是永不能忘的一件大事，也是農人和我的一個紀念的日子。照法律說，我是被鞫，而實在說來，卻是政府被鞫了。政府律師、知事和其他官員都掛到鉤子上去了，他們手忙腳亂，不知所措。政府律師極力壓迫知事，將案件停止下來。而我力持反對，要求知事不得停止，我要對於加在我身上的以不服從離開占巴朗命令的罪名，予以陳辯。我於是宣讀一篇簡單的申辯書，其文如次：

今得庭上的允許，我願意將我之所以敢冒似乎是犯了刑法（Cr. P. C.）一四四節不服從命令的大不韙，而採取這個嚴重步驟的原因，陳說一番。據我的卑見，這是地方當局和我個人意見參差的問題。我之到此地來，動機，是想作一種人道的和民族的服務。我之所以如此，是受人勤懇的邀請，說是此地的農人爲藍靛種植者所虐待，要我來給他們一些幫助。我沒有將問題研究過，我是不能幫助什麼的。因此我到這裡來研究一切，如其可能的話，並且望能得到行政當局和種植者的協助。我沒有別的用意，說我之來足以擾亂公安以至於損害生命的話，那是毫無根據的。我對於這些事，敢說有很多經驗，行政當局卻不以爲然。我十分諒解他們的困難，我也承認他們只憑著他們所接到的報告來處理。就守法的公民而言，我自應首先服從下給我的命令，但是我如這樣，那就非得有悖於我爲了那些人而來的義務觀念不可。我覺得我只有在他們身邊，才能爲他們服務。因此我不能自動的進去。在這種義務的衝突之中，所有逼迫我離開他們的責任，不能不由行政當局負擔。我是十分

> 明白像我這樣在印度大眾生活中有地位的人，應該特別審慎的去展示一個範例。然而我的確不可移的信仰乃是我們生活在這樣複雜的法制下面，凡是自重的人如果遇到我這樣的環境，唯一安全可靠的途徑，便是做我所決定做的事，這就是說，即遭抗命的處罪，也順受無違。
>
> 我之發表這篇聲明，並不是因爲我受了處罰，所以如此，乃是表示我之蔑視下給我的命令，不是我對於司法當局不敬，只是服從我們的天則，我們良知的命令而已。

現在已沒有機會去教聽眾不聽，但是我的申辯，讓知事和政府律師吃了一驚，於是知事停止裁判。其時我已經將所有詳情用電報告知總督、普地那的朋友，以及馬拉維雅（Pandit Madan Mohan Malaviya）⑥和其他諸人。

在我出庭聽受判決之先，知事送一書面通知給我，說是省長有命令來，將對我的控訴撤銷，徵收員（Collector）用書面通知我，說我可以自由照原定計畫去訪問，並且我如需要何種幫助，可以請求就近的官吏協助。像這樣急速的喜訊，我們沒有一個人能夠預料得到的。

---

⑥馬拉維雅爲印度教正宗派有名的婆羅門領袖。

於是我去訪問「徵收員」海柯克（Mr. Heycock）。他似乎是一個好人，熱心公平。他告訴我，認為我可以請求查閱任何檔案。此外，我如高興的話，無論何時，都可以隨意的去看他。在這一個地方，和平反抗（Civil Disobedience）可說是由此開一直接實際的例子。此事在當地和新聞上都公開無忌的大加討論，我的考察因此增一意想不到的公開宣傳。

在我的考察期中，政府方面最要緊的還是保守中立，也用不著新聞訪員以及在新聞紙上用專篇來幫助。眞的，占巴朗的情形是太複難而困難了，太費力的批評和色彩過濃的報告，都很容易危及我所要搜求主張的原因。所以我寫信給各大報館的主筆，請求他們不要派訪員來麻煩我，如有必須要發表的消息，我自會草就送登各報。政府對於我來到這裡的態度，已予占巴朗的種植者以不悅，我也知道即是官吏們，他們雖不能公開談論，也難得喜歡此事。如再有不正確或足以引起誤會的報告，更會再度的把他們都煽動起來；而他們的怒氣會不向著我，而向著那些可憐畏縮的農人，足以阻礙我探求此事的眞相。我雖然是如此的謹愼，那些種植人仍然煽起一種惡毒的運動反對我。報紙上把各種罪惡過失，一概加到我和我的同事身上。但是因為我極度的愼重，以及雖在極微細的事態方面也緊守眞理，所以他們無顏再攻擊我，只好轉過劍鋒，向著佛拉賈克．學爾方面施行攻擊。可是他們對於他所擲的石頭愈猛，而民眾之景仰佛拉賈克．學爾也愈甚。

那時的情形既是如此的複雜，我以為不應該向別處邀請領袖前來。馬拉維雅先生確實告訴我，以為我無論何事需要他，只要一封信送去，他馬上就前來，但是我不願意麻煩他。因此將這種爭鬥的政治意味避除去了。不過我偶然還是將報告送給領袖和重要的報紙，目的不在公開而在使他們知道。我又看出此事的目的也許是政治的，而原因卻是非政治的；與以政治的形象足以使其受害，而若能保持於非政治的範圍之內，則爲有利。占巴朗的抗爭足以證明人民在任何範圍之內，不帶私心的服務，適可在政治上積極的幫助國家。

在占巴朗考察的經過，若要詳細敘說，就等於敘說村民自己的生活，那不是現在所能提及的。總之這一次的考察，是對於愛和眞理的一大試驗，可見這二者糾正人類錯誤，使之歸於正途的力量。巴布的家中，若不在實際上請求他遷出，要借他那裡考察是不行的。至於摩提哈利的人還是畏懼，不敢將房屋租給我們。幸賴佛拉賈克・學爾用計弄得一所空置的平房，空地甚多，我們於是遷到那裡。

這種工作，如果經濟方面沒有來源，是不大能進行的。其時爲此事尚未向人民募款，佛拉買克・學爾和他的朋友大都是辯護士，因此或者由他們自己捐款，或者趁機向朋友們募款。而我則決心不接受占巴朗農人的任何東西。又因爲向國內各處呼籲款項，從事考察，不免帶有政治色彩，所以我也決定不做。朋友們從孟買送來一萬五千盧比（約值一千金鎊），我只感謝他們的盛意，款仍退還，我決定盡其所能的從住在占巴朗以外的比哈利富人募一些款，仍有不足則向仰光的麥他博士設法。麥他博士馬上答應，凡我所有任何需要，他都可以送來。這樣一來，我們在這一方面的焦慮可以釋然了。占巴朗地方貧苦，我們也用最經濟的方法去辦理，所以不願要大量的款項。到了後來，眞的也不需用許多的錢。據我所記得的，那時所費一共不到三千盧比，所募得的款項除去用數，還剩餘幾百盧比。

最初我那些同伴生活的方式頗爲稀奇，耗費甚大。每一個辯護士都有一名僕人和一個廚師，因此廚房彼此分開，時常到半夜才吃晚飯。雖然這種開銷都歸各人自行負擔，但是他們的起居無節，很使我爲難。不過我們既已成爲親密的朋友，彼此之間更無誤會的可能，所以我曾好好的勸告他們。最後大家同意把僕役免去，廚房也混合起來，遵守一定的時間。大家既不是蔬食者，兩個廚房未免太費事，因此決定只設一個公共的蔬食廚房，並且也覺得飲食一切有從簡的必要。

這樣一來，耗費因而大減，而時間和精力也爲之節省不少。農人們成群結隊的來陳述他們的苦況，我們的一隊同伴則隨著他們布置了院子和花園各處，以防擁擠。我的同伴們努力保護我，以免爲求有聖賢相者（darshan seckers）⑦所窘，結果很有效。關於農人的陳述，最少也得有五、六個志願書記去筆錄，可是仍有一些人於晚上來說，以至不能記下的。所有這些陳述都不太重要，有許多只是重複的敘述，但是不如此，不足以使他們滿意，我於此點也很能諒解他們的來意。記錄的人對於記述也有幾條標準，每一個農人都要反覆考詢一遍，不合的便行除去。此事雖花了不少時間，而大多數的記事卻因此而確實可靠。每當記錄

---

⑦ Darshan 此處含有得見聖賢之意。這種名稱加諸甘地時，他最不喜歡，但是在那些簡單不文的人民卻不易免除。

的時候，總有一位刑事偵察部的偵探在旁監視著。這一位偵探，我們本可以不許他來，不過我們一開始便決定不在意偵察部的偵探，並且還好好的招待他，說明給他聽。這種處置對我們不僅無害，反而使農人們看我們當著偵探的面記述下來，他們因此更爲膽大。一方面，農人的畏懼之心因此驅除殆盡；一方面，他們的陳述也可以因此有一種約束，不敢誇張，刑事偵探是隨時可以捕人的，所以農人不得不格外謹愼。

我不打算惹怒那些種植者，我只想用溫和的態度來戰勝他們，於是寫信給他們約期相會，函中述明事態的嚴重。我又去訪種植者協會，提出農人的要求，我自己則聽取他們的意見。這些種植者中，有一些很嫉視我，有一些對於我甚爲漠視，只有少數的人待我還算客氣。佛拉賈克・學爾和浦拉沙得二人眞是天生的一對，他們的態度非常誠懇，我沒有他們的幫助，寸步也不能行的。他們的信徒以及同伴常跟著我們，他們都是比哈爾人，他們主要的工作，在記錄農人們的陳述。

克利巴拉尼教授也只好和我們混在一起。他雖是信度人（Sindhi），但是他之愛比哈爾，甚於比哈爾的土著。我生平所見從事工作的人，能像他這樣盡力於其寓居的地方，卻不多有。無論是誰，幾乎都不能相信他是另一省的人。他是我的總門房，其時他以保護我不爲求聖者所擾，爲他生平的鵠的與目標。他老是用不倦的詼諧與和平的恫嚇來抵禦那些人。一到夜間，他又恢復他教師的面目，以他的歷史研究和觀察所得饗他的同伴，來謁的人有怯懦的，則鼓起他們的勇氣。

哈克簽名於常川贊助我的人名單上，我只要有必要，這些人都可以馬上幫助我，他於每一個月中來看我一、兩次，他那時生活之豪華和今日的簡單，完全兩樣。他的衣服極為時髦，陌生人見了一定別有所感，而他和我們來往，使得我們感覺到他也是我們的一個志同道合者。⑧

---

⑧ 哈克卒於一九三九年，在他未死以前，他完全與塵世隔絕，過他苦行的宗教生活。

第十九章　在凱拉

我在比哈爾所得的經驗增加之後，感覺到永久性的工作如沒有相當的鄉村教育是不會成功的。農人的愚昧無知，實可痛心。他們可以讓他們的孩子從早至晚在藍靛園裡來來往往，勞碌一整天而所得不過兩枚銅元。在這時候，男工工資不能超過十比士（Pice，合兩便士又半個便尼，two pence half penny）；女工工資不過六個比士，兒童只有三個比士。每日能夠得到四個安那（合四便士），那就算交了好運了。我和同伴商議的結果，決定在六個鄉村裡開辦初等小學校。我們同村人訂的條件是由他們為教師準備住宿之處，其餘的費用則歸我們負擔。村人的手頭是難得有現金的，但是貨物之類卻很容易可以拿得出來。他們也表示可以立即供給米穀和其他的原料，其中只有教師成為一大問題。到這裡來的教師僅僅只有一點點津貼，或者連報酬也沒有，所以我不想在當地訪求；我的意思也絕不願意把兒童託付給一般的教師。我們所需要的教師，德性方面的修養比文字方面的知識，還重要得多。

於是我發出一個通告，徵求願盡義務的教師。應徵的回答很快，得史潘得先生（Sjt. Gangadharras Deshpande）送來蘇曼（Babasaheb Soman）和本達利克（Pundarik）兩位。孟買的哥廓爾夫人（Mrs. Avantikabai Gokhale）和普那的勿珊巴楊夫人（Mrs. Anandibai Vaishampayan）都應徵前來。我也把察賀達拉爾（Chhotalal）、蘇倫得拉拿士（Surendranath）和我的兒子得夫達斯（Devdas）送到學園去。摩訶提婆・得賽（Mahader Desai）①、那拉哈

---

① 他在這些年中，成為甘地最忠實的祕書和朋友。這本自傳從古加拉特文之譯成英文，大部分得力於他。

利．巴利克（Narahari Parikh）和他們的妻子前來和我住在一起，大約也在此時。我的妻子也從沙巴馬提（Sabarmati）應徵來到此地。這是很強烈的一個刺激。哥廓爾夫人和勿珊巴楊夫人都受過相當的教育，而得賽夫人和巴利克夫人則除古加拉特文外，別無所知，卡斯島貝則連古加拉特文也不知道。怎樣能使這些太太們用北印度文去教那些孩子呢？我向她們解釋，說我希望她們教導孩子，於文法之外，並同時要注重養成清潔和良好的舉止。即就文字而論，古加拉特文、北印度文和摩羅吒文（Marathi）三者的不同也不如她們所想之大；總而言之，在初級班中，教授粗淺的字母和數目字並不是難事。結果這些太太們所教各班的成績都很好。因爲這種經驗，更激起她們對工作的信仰和興趣。哥廓爾夫人那一班竟成爲學校的模範。她把全副的心力和靈魂都放在工作上，發揮她所有特殊的天才。由於這些婦女的居間，我們的力量才可以遠及鄉村的婦女。

但是我並不以設置初等教育爲滿足。鄉村方面不講究衛生，巷內滿是屎尿，井的四面都是泥濘惡臭，院落之髒也令人不耐，因此鄉村的人都有皮膚病。於是我們決定盡力從事衛生的工作，深入他們生活的各部分去。這種工作便需要醫生。我和印度服役會商量，請得孚博士來幫忙。我們是很好的朋友，所以他立刻前來，幫了我們六個月。教師們都在他領導之下工作，並且預先聲明，凡有反對種植者的請求以及政治方面的事情，一概都不過問：人民如有要陳訴的，可來找我。各人不得踰越自己的範圍以外，而各位朋友也很小心，沒有一個人違犯這種戒約。我們總在可能的情形之下，把每一所學校交與一位男教師和一位女教師共同管理。醫藥救治和衛生方面也由志願的教師們照料；婦女們則由女子去辦理。

醫藥的救治甚爲簡單，志願者所備的藥品只不過蓖蔴油、金雞納霜和黃油膏之類。病人患的是舌苔以及便祕，則用蓖蔴油；發寒熱則先用蓖蔴油，後用金雞納霜；燙傷瘤疥，則將患處洗淨，敷以黃油膏。病人不許將藥帶回家去。病狀稍形複雜，然後和得孚博士商議。因此得孚博士每星期都於一定的時間到每一中心地點去視察一次。

這種簡單的設備，治好的人實在不少。這並不是奇事，藥品既少，治療的方法又簡單，所以並不需要專家的幫助。而在一般人，這種設備已經是很有效果了。

說到衛生倒是一樁難事。無論何時，農人都不喜歡自己去做，甚至於田裡的工作，都不願意自己動手。但是得孚博士卻是一個百折不回的人，他和這些義勇隊員聚精會神的去將一個鄉村弄成理想的清淨樣。他們去掃除道路庭院，清潔水井，將附近的泥沼塡滿，很和藹的去勸導村人自動的選出義勇隊員。在有些鄉村裡，他們的工作會使村人自感羞愧。在有些地方，村人們卻很熱心，甚至修整道路，使我們的車子能夠到處通行。這自然是好的經驗，而其中遭鄉人冷淡者也自不少。我記得有好幾村的人竟明白宣言他們不喜歡這種工作。

我有幾次在會上曾敘述過一次經驗，應該在此處補述一下。有一小村名比提哈瓦（Bhitiharva），我們的一所小學設在此處。我有次去訪問附近的一座小村，看見那裡的婦女衣服都很汙穢。於是我請夫人去問她們，爲何不把衣服洗濯乾淨。夫人便去問她們。其中一位女人將夫人請到她的茅屋裡，對她說道：「請看吧！這裡沒有箱子，又沒有衣櫃去放衣服。我所穿的衣服（婦女的衣服稱爲Sari）就是我唯一的一件。我如何能夠洗濯？請告訴大靈先生（Mahatmaji），只要能另外給我一件衣服，我便答應每天洗浴，換乾淨衣服。」

這家茅舍不是例外，只可說是印度所有許多鄉村中的一個樣版。有無數的印度人所住的茅屋中，一點傢俱都沒有，也沒有任何更換的衣服，只有一片破布以遮羞恥而已。

還有一個經驗也得說一說。占巴朗所產的竹子和草不少，比提哈瓦的學校校舍即是用這些材料造成的。有一晚，忽然被一些人放火燒了，這些人中，說不定有許多就是鄰近的種植者所僱的人。房屋既被焚燒，再用竹和草另建，自然不行。這一所學校是由蘇曼先生和我的夫人共同管理的，蘇曼先生遂決定另建一座永久的房屋。幸得他孜孜不倦的努力，加以許多人的幫忙，不久便建好一座磚房。現在是不怕燒掉了，於是鄉村的人對於義勇隊、學校、衛生事業，以及醫藥救濟之類，都有了信仰和敬重，產生了很好的影響。但是我所引以爲憾的，乃是將這種建設的工作奠一永久基礎的希望，這希望後來竟沒有實現。義勇隊員前來，只能暫時盡力一時期，我不能從外面再請一些人來，而比哈爾永久的名譽工作又弄不到。我在占巴朗的工作一完畢，其他各處還有待我去作的事，我因此只好離開此地。然而幾個月來的努力，在占巴朗已植了很深的根基，所有的影響至今還可以看得出來。

我所說的這種社會服務的工作既已實行，農人要求的記載也與日俱增。成千上萬的這種記載記述下來，便不能不生效果。農人們到我這裡陳述的既然永是增加，而種植者的憤怒也因而愈烈，他們便不惜用排山倒海的力量來反對我的考察。

有一天，我接得比哈爾政府寄來的一封信，信內說我的考察過期已久。信內措辭雖然很客氣，但是用意明顯，一望而知。

我回信說考察的期限還得延長，如若人民的喘息未蘇，我是不打算離開比哈爾的。我又指出政府如能接受農人的要求，認爲正當，想法補救，或者承認農人的事情，而特派正式人員去考察。我的考察自然可以中止。

那時省長蓋特爵士（Sir Edward Gait）邀請我去，表示他願意設一個考察委員會，並請我爲委員會中的一個委員。我將委員會中其他委員的姓名詢悉，再和我的幫手商議之後，答應爲這委員會服務，不過有一個條件，就是我應該可以和我的幫手自由商量，政府應該承認我仍然是農人的顧問，考察的結果如不能使我滿意，我可以自由勸導農人採取必要的行動。

蓋特爵士接受了我的條件，委員會正式宣布，以斯賴爵士（Sir Frank Sly）爲委員會主席。委員會考察的結果，袒護農人之餘，以爲種植家所有一部分不合法的苛稅，應予退還，三分制亦應明令廢止。

委員會報告之能夠一致，農業法之能按照委員會的勸告通過，以蓋特爵士之力爲多。他如不採堅決的態度，他如不於此事竭盡機智去疏通，報告便不會一致，而農業法也不會通過。種植者一方面也使出九牛二虎之力，不顧報告如何，極力反對農業法，但是蓋特爵士下最後的決心，而委員會的建議遂能完全見諸實行。

存在近一百年的三分制就這樣的廢掉了，而種植王（Planters Raj）在占巴朗也就壽終正寢。農人一向都是被壓迫的，至此始能還其自由，而藍靛的染痕永遠不能洗去的迷信，如今也沒有了。那時我的希望是想把建設的工作再繼續幾年，增設若干學校，更有效的深入鄉村之中。基礎已經打好了，但就和從前一樣，不能使上帝歡喜，以至我的計畫不能全部實現。

在占巴朗抗爭之後，因爲五穀歉收，凱拉縣各處遂呈現饑荒的情形。農人無法可想，只得要求免去本年的田賦。特卡爾（Sjt. Amritlal Thakkar）已將這種情形報告上去，並且他還於我向農人作確定的勸告之前，和委員會討論過這個問題。潘地雅（Sjt. Mohanlal Padya）和巴里喀（Sjt. Shankartal Parekh）也投身這次的戰鬥之中，由巴特爾（Sjt. Vitalnhai Patel）和故巴里喀爵士（Sir Gokuldas Kahandas Parekh）兩位先生的介紹，在孟買的議院裡激起了一次擾動，爲此事派了好幾個代表去見總督。其時我是古加拉特協會（Gujarat Sabha）的會長，會中向政府提出請願書並去電報，甚至對於委員的侮辱與威嚇也忍氣吞聲不與計較。那時官吏對於此事的舉動，其可笑與輕佻，幾乎是現在所萬萬不能相信的。

種田地人的要求，明確有如陽光，本是很有理的事情而又出之以溫婉的態度，以期能被接受。按田租法，收成如只值四個安那或者還不到此數，便可請求免去當年全部的田賦。這一年據官方的估計，收成是在四安那②以上，而據種田人的意思，則不及四安那。政府對於種田人的話充耳不聞。所有的請願與祈求都失敗之後，我和同伴們仔細討論，決定勸農人們實行不合作運動。

在這一波抗爭之中，我所有的同伴除去義勇隊員之外，尚有巴特爾（Sjt. Vallabhbhai Patel）、班克爾（Shanklal Banker）、安那蘇雅賓（Shrimati Anasuyaben）、雅吉尼克（Sjt. Indulal Yajnik）、得賽以及其他諸人。巴特爾是放棄了他生意甚好的律師事業來投身於此，其後因爲種種原故，律師事業始終沒有恢復。我們因爲找不著可容我們這許多人的寬敞地方，只好以拿地亞得亞那特學園（Nadiad Anathashram）爲我們的總部。從事不合作運動的人並發表了下列的聲明：

我們各村收成還不到四安那，這是大家都知道的。我們請求政府免去今年田賦，不幸不爲政府採納。不得已我輩簽名諸人鄭重宣告，我們是要將我們今年的田租，全部或是一部分，不繳給政府。我們隨政府的高興，採取任何法律的手續，我們願意受因不付租稅而生的任何處置。我們寧願沒收我們的土

---

② 一盧比等於十六安那。所謂四安那的收成，即全收成的百分之二十五。

地而不願意自動的完納租稅；說我們的行爲不對都可以，可不能損害我們的自尊。可是只要政府同意將縣中二次租稅停止徵收，我們中間應該付款的，自可將全部或他所應付的部分付清。至於可以付清而不付的理由是假如他們付款，貧苦的農人會淪入更慘苦的地位，賣去產業，舉借款項以付租稅，因而自致痛苦。在這種情形之下，我們覺得爲了窮人的原故，即是能夠繳得起租稅的人，也應暫時停繳。

這一次奮鬥的結果出乎意料。人民之山窮水盡是很顯然的了。我對於把這些不屈不撓的人驅入不可收拾的地位，甚爲躊躇。於是我不能不企圖找出一些良法而爲不合作運動所願接受的，以了結這一次的抗爭。這種辦法之出現，全然出乎意料。據我所得的消息，只要富農肯繳納租稅，貧者許其免交。我於是去問可以爲全縣擔保的徵收員，馬穆拉特達爾（Mamlatdar）的擔保在全縣是否可靠。他回答說，根據馬穆拉特達爾的函件，宣布停付的命令已經頒布了。我還不知道，但若是事實，人民的保證便已足夠。保證和目的可說是相同的一件事，因此我們自己對於命令也表示滿意。

但是這一次奮鬥的結果，並未能得到如每一回不合作運動奮鬥所能完成的美好，所以心中很不舒服。徵收員仍然率意逕行，好似沒有協定一樣。貧人在先本是許爲免稅，而其實卻絲毫沒有得到實惠。誰貧誰富，決定權應該屬諸人民，而人民並不能行使他們的權限，我是說他們並沒有力量去行使那種權利。停止徵稅，在不合作運動者雖然宣布勝利，卻是缺少完全勝利的要素，我對於此事因而不能開心。不合作運動的結果要能使不合作運動者，比開始更強烈、更興奮，才可說是有價値的。

占巴朗僻處印度一隅，又沒有報紙，所以並不能引起外來遊人的注意。凱拉的抗爭則不然。古加拉特人對於抗爭是一種新的經驗，已深深的感到興趣。他們已經準備盡所有的財力，以求成功。不合作運動不僅只靠金錢，需要金錢的地方也最少，此事在他們是不容易明白的。我雖然給他們指示，孟買的商人仍然將超過我們所需要的金錢運送過來，所以奮鬥終了，我們還剩下不少。

同時，不合作運動義勇隊也學到儉樸的新教訓。我不敢說他們是完全浸潤其中，但是他們生活的方式已是大大的變更了。

在農人方面，這種抗爭也是一件嶄新的東西。我們因此不能不周遊各村，解說不合作運動的原則。最要緊的乃是要農人們去除對於官吏的畏懼，使他們知道官吏的薪俸是從納稅者得來，不是人民的主子，而是人民的僕人。此外，要他們明白將禮貌與大無畏合而爲一的責任，也似乎是不可能的事。他們既不畏懼官吏，要不報復以前所受的侮辱，又如何做得到呢？但是他們如果沒有禮貌，便會和一滴砒霜滴到牛乳中一般，把不合作運動的精神都毀去了。我後來知道他們對於禮貌的教誨，其所知道實比我預期者爲少。從我的經驗看來，不合作運動中，要以禮貌爲最困難的部分。這裡所說的禮貌不僅是語言溫文等外表的行動，乃是一種內心的溫文爾雅，要與敵人爲善的精神。這種美德在不合作運動者的每一行動裡，都應該自行表露出來。

在最初的時候，人民雖然顯示很大的勇氣，政府方面似乎還沒有強烈的舉動。後來人民的堅毅似乎確不可拔，政府便開始壓迫。差役強賣人民的牛，和其他可以動手的東西。頒發刑事傳票，有時連常備的穀子也查封了。這樣一來，農人爲之驚惶失措，有一些人也就繳納了，有一些人只好把動產交給差吏抵當租稅。可是在另一方面，有一些人卻準備奮鬥到底。

當這些事情繼續進行的時候，巴里喀先生的一位佃戶將他的田地租稅繳納進來，此事引起了一陣討論。巴里喀先生爲補救佃戶的錯誤起見，立即將這一塊折價的地方施作善舉。他因此保住了他自己的名譽，同時也樹立很好的榜樣。

我爲堅固受恐嚇的人心起見，遂由潘得雅領導，勸人民將一處田中所種的蔥拔去，這一塊田地依我的意思，是查封得不合法的。我以爲查封尚未收穫的作物，雖然於法律上容或有所依據，但在道德上卻是錯誤，其實等於劫掠。所以人民理應不顧查封的命令將蔥拔去。這是給人民學習受罰和入獄教訓的一個好機會。此事在潘得雅心中正中下懷。他於奮鬥的結果，沒有一人合著不合作運動的原則，受有痛苦，甚爲不悅。所以他自告奮勇去拔田裡的蔥，此外還有七、八位朋友幫著他作。

政府至是不能坐視不理，遂把潘得雅和他的同伴一齊逮捕，而人民方面的熱忱則因而大熾。牢獄的畏懼既然消去，便對人民的心靈施行壓迫了。審判的那一天，他們成群結隊的麕集法庭旁聽。潘得雅和他的同伴受訊之後，判以短期監禁。我的意思，所判不對，因爲拔蔥一事，不能以刑律上所云「竊賊」一詞定罪。但是他們極力避去法庭，所以無從上訴。

這些罪人被判入獄，有一長列的人潮送他們到監，並且自那日起，潘得雅從人民得到偷蔥賊（dungli chor）的尊號，至今他還以此號爲榮稱。

第二十章　歐戰會議

其時歐洲的空前大戰正在進行著。事機緊急的時候，於是印度總督召集各界領袖，在德里開一歐戰會議，我也是被邀請者之一。這時我自己和總督哲爾穆斯福爵士（Lord Chelmsford）的交情還算客氣，所以我也就應召到德里去。然而我卻反對參加歐戰會議，主要的原因就是領袖人物如阿里（Ali）兄弟都不邀請。那時阿里兄弟正在獄中。我對於他們兄弟的事雖聽了不少，可是只會見過一、兩次。說者都以爲他們的服務和勇毅高貴可欽。當時我和阿吉馬爾汗（Hakim Ajmal Khan Sahib）往來甚密，而魯得拉校長和安德魯斯屢次說及他，都稱讚不已。我在加爾各答的回教聯盟（Muslim League）中會見克勒什（Mr. Shuaib Qureshi）和喀瓦賈（Mr. Khwaja）兩位，又接觸過安沙里（Dr. Ansari）和拉赫曼（Dr. AbdurRahman）兩博士。我是找良善的回教信徒締交，從他們最純潔、最愛護本教的代表中渴望了解回回教人的精神，所以他們引我去和他們接近，無論何處，我都欣然前去，毫無勉強之意。

我在南非的時候，早就知道印度教徒和回回教人之間並無眞正的友誼，所以每逢有機會可以除去他們聯合的障礙，我總不肯錯過。我的性情不喜用阿諛逢迎的話，或者犧牲自己的尊嚴，以爲他人和解，但是我在南非的經驗卻明白的告訴我，就印回兩教聯合的問題而言，我的愛的原則將要受到最嚴重的試驗了。這種信念至此依然不變。我的生命的每一瞬間，我都看出上帝是在試驗我。我從南非回國的時候，對於當前的問題懷有強烈的信念，回國後幸得和阿里兄弟接近，往還得尚未十分密切之際，他們便已琅璫入獄。阿里．磨拉那

（Maulana Mohumed Ali）在比都爾（Betul）和齊興得瓦拉（Chhindwara）等處得到獄官的允許，屢次寫信給我。我也乘便去看望他們兄弟，可是並無用意。此後遂蒙回回教朋友的好意邀我出席加爾各答的回教聯盟。他們要我發表談話，於是我向他們演說，力勸回回教人設法將阿里兄弟救出來。

我也隨即寫信給政府，請求釋放阿里兄弟。我那時才知道他們兄弟對於基拉法特（Khilafat）事件的意見和活動。我會同回教朋友討論過，認爲我如果可以成爲回教的眞正朋友，我一定要竭力設法救援阿里兄弟，對於基拉法特問題也要謀一公平的解決。這件事情的絕對是非，我不想去干預，他們的要求自然並無不道德的成分在內。而就宗教上說，信仰各異，各人的信仰在自己方面都是至高無上的。要是對於宗教事項，所有的人信仰全然一致，那麼世界上就只有一個宗教了。我以爲回回教人對於基拉法特的要求不僅不違反倫理的原則，不列顚的國務總理也承認過回回教人要求的公平。因此我要盡我的所能以使國務總理的諾言能夠實現。

我對於基拉法特問題的態度，朋友們和其他批評家都不以爲然。但是他們雖然如此批評，而我和回回教人合作，總覺沒有變更或悔恨的理由。只要有同樣的機會，我還是要採取同樣的態度。因此我到德里去的時候，我一想把回回教事件向總督陳明。當時基拉法特問題尚未形成後來的形勢。

但是在我去德里的途中，爲了我去參加歐戰會議，又發生了新的困難。安德魯斯對於我在特殊關頭參與歐戰會議，提出了道德的問題。他將最近英國報紙上關於英國和義大利訂有密約的論辯告訴我。安德魯斯問我說，如果英國和歐洲另一列強訂有搶劫性質的密約，我如何可以去參加會議？這些條約，我都不知道，但有安德魯斯所告訴的話已是足夠了。我於是寫信給哲爾穆斯福爵士，表示因爲密約的原故，我對於參加會議，甚爲懷疑的意思。他請我去討論這個問題。我如約前去，和他、他的私人祕書馬飛（Mr. Maffey）討論得很久。結果我應允去參加會議。

總督的答辯，在事實上是如此的回說：「不列顛內閣所做的一切事情，你自然不相信總督都能知道。我也不敢說不列顛政府全然是對的。但是就大體而言，你假若也承認帝國是一個向善的國家，你若是相信印度和不列顛聯合大體總是有益的，你能不承認帝國危急的時候，每一個印度公民都應義不容辭，起而相助嗎？英國報紙上面所說關於密約的文字，我也讀過。我可以向你保證，我所知道的也就止於報紙上所說的一點，而報上之慣於造謠生事，也是你所知道的。你能夠僅恃報紙上的報告，而不肯在如此危急的關頭幫助帝國嗎？戰事完了以後，你愛發任何道德上的宣言，以及隨你的高興反對我們，都可以隨你的便，只是不要在此刻開始。」

這種辯論並不算新奇，但是因爲提出的態度和時間，使我覺得煥然一新，因此我答應到會。至於回教的要求我另用書面告知總督，於是我便赴會。總督熱烈的企望我擁護募兵的決議。我要求用北印度語發言，總督接受我的請求，不過又指示我應用英語再說一遍。於是我便不發言。我只說這樣的一句話：「爲了我全部的責任觀念起見，我贊成此議案。」有許多人以我用北印度語發言，向我道賀。他們說在這樣的一種會談中，用北印度語發言，就現時任何人的記憶力所及，要以此爲第一次。這種道賀和發現，我是第一次用印度語在總督會議中發言的人，大大的傷了我民族的自尊之心。我驟然覺得似乎是退縮了。在本國舉行與本國有關的會議，而禁止用本國的語言，像我這樣一個無關輕重的人用北印度語發言，居然受人稱讚，這是多麼可悲的一幕悲劇！我們地位之卑微，藉這種機會才醒悟過來。

我在會議中所發的那一句話，在我這一方面是非常重要。我所贊助的會議和決議，我是不能忘記的。我還在德里的時候，尚有一事必須辦到。我寫一封信給總督。這在我眞不是容易的事。我覺得我的責任一方面固然要顧到政府的利益，一方面也得顧到人民的利益，表明我是怎樣以及爲什麼參加會議的，很明白的陳述人民對於政府的希望。在這封信裡，對於各界領袖如提拉克（Lokama ya Tilak）以及阿里兄弟之未曾邀請與會，表示遺憾，並陳明人民在政治方面最低限度的要求，回回教人對於因大戰而造成的地位的要求，也予以陳述。我要求允許將此信刊布，總督後來也欣然答應了。

會議開幕，總督便自赴西謨拉（Simla），所以此書也得送到那裡。這封信在我是非常重要，付郵或不免有所遲延。我一方面要不耽誤時間，一方面又不能隨便託人帶去。我要有一個心行純潔的人帶去，親自手交總督行轅收下。安德魯斯和魯得拉因此向我舉薦劍橋教會（Cambridge Mission）的愛爾蘭君（Mr. Ireland）。他答應帶信，不過他要先行讀過，看看信中所說是否他所視以爲善的事情。這封信既不是私信，我也不反對他的提議。他讀了之後，甚爲高興，表示願負這種使命。我於是給他以二等車票的費用，他拒絕不要，他平常都是乘坐三等。雖只一夜可到，而他的儉樸、爽直坦白的態度，很使我感動。這封信既然賦予一位純潔的人親手帶去，自然可以得到意想的結果，輕快了我的心事，清除了我的道路。

其他部分，我應試去做的是募兵。除去凱拉以外，還有什麼地方能夠開始招募呢？最先應募的除去我的同伴以外，還有誰呢？我到拿地亞得之後，便馬上和巴特爾和其他的朋友召開一次會議。其中有一些人很不容易接受提議。贊成這種提議的人，對於此事的成功又有所誤解。政府和我所要請求的人們中間並沒有交惡。他們對於政府官吏的苦痛經驗依然沒有忘記，但是他們仍然贊成開始工作。可是我一開始工作，便恍然大悟，我的樂觀遭逢挫折了，當進行反抗租稅的抗爭時期，人民爭先恐後的自動供給車輛，需要一名義勇隊員而往往有兩名應徵；但現在很難得到一輛車，出錢僱也不易得。至於義勇隊員更談不到了。但是我們仍不灰心。我們決定不用車輛，步行勸募，每天大約可以步行二十哩左右。車輛尚且找不到，要人民招待我們飲食，尤其是靠不住，問人要東西吃又太不應該，於是決定每一義勇隊員都應自行將食物帶在雜糧袋內。其時正逢夏季，所以床鋪、被褥之類可以不用。

我們每到一處便召集大會。人民到會的不少，但是自行應募的難得有一、兩個。「你是主張仁愛的，怎好要我們去拿上武器呢？」「政府對於印度有什麼好處，現在要我們去合作？」像這一類的問題常常可以遇到。然而我們不倦的努力工作，終也得到回響。有一些人報名應募，我們希望將第一批應募者送去以後，還能夠有源源不絕的人應募。至於應募者領取給養的地點，我已經開始和各縣縣長商量過了。

每縣縣長也仿照德里的形式召集會議，古加拉特也曾召集一次。我和同事俱被邀請與會，但是我覺得我在會議之中，地位比之在德里更爲微不足道。在這種極度服從的氛圍裡，我很容易起不快之感。我發言甚多，但是我找不出什麼可以取悅長官的言語，並且還有一、兩句話甚爲強硬。

我常發布傳單，請求人民報名應募。我所持的理由中，有一條爲長官所不喜的，便是這樣的：「在不列顚管轄印度所有各種不對的行爲之中，就歷史上看來，要以解除一整個民族武裝的法令爲最黑暗了。要是我們要取消武器法，要是我們要學習武器的用法，這裡有一個黃金的機會。要是中等階級的人們能於緊急的時期，自動的幫助政府，不信之心自然可以消除，攜帶武器的禁令也就可以撤銷了。」

在這募兵的期間，我幾乎把自己的體質都弄壞了。在這些時期之中，我的食品大部分是花生油和檸檬。我知道油一吃得過多，有害身體，而我竟因吃得過度，至患輕微的痢疾。我不大注意此事，那天晚上仍照往常規矩回到學園。當時我也不用什麼藥品，只要我一餐飯不吃，便可稍好，第二天早餐不食，就覺得已是大好了。然而我卻知道如要全好，非得延長禁食的時間不可，即或要吃東西，也只有果汁可食。那天是一個節氣，我已告訴妻子，中午不要吃什麼，她卻來引誘我，我也被惑了。我發願不飲牛乳，不吃牛乳製的食品，她於是特別為我煮了麥片粥並格外加油。此外又是一碗飯（Mung）。這些東西都是我平素所喜歡吃的，我即刻去吃，最初只希望稍微吃一點，饜我的饞吻，使我的妻子高興，便算了事。但是那可惡的魔鬼卻在旁邊等候機會；我不僅稍微吃一點，竟至儘量的吃完了。這便足以引致死神而有餘。食後只一點鐘光景，痢疾俄然大起。當晚我回到拿地亞得，走到沙巴馬提車站，不過一哩又四分之一，我已覺困難。巴特爾當時和我在阿默達巴得，看出我是有病，可是我不讓他知道我的痛苦是如何的難受。

我們大約十點鐘左右到拿地亞得。我們本部所在地的印度教的亞那特學園離車站只一哩光景，而在我竟似有十哩之遠。我雖是努力前進，而肚腹絞痛也愈來愈甚。所有的朋友都圍著我，極力關懷；他們充滿了愛和小心，但是不能去除我的痛苦。我的固執更其使得他們束手無策。我拒絕一切醫藥上的幫助，不願吃藥，自願忍受自己愚昧所招來的處罰。所以他們擔心地看著我，卻一籌莫展。在二十四小時內，我大約腹瀉過三、四十次。最初我不吃東西，連果汁也不沾唇，食慾全消。我以前自忖以為自己是一副銅筋鐵骨，到現在才發覺我的身體已經變成一堆爛泥，全然失去所有抵抗的力量。卡努迦博士（Dr. Kanuga）來勸我服藥，我拒絕不應，他要為我注射，我也不肯。那時候我之不肯注射，說來也甚好笑，我相信注射乃是一種動物的血液，所以不肯。後來我知道醫生用以注射的是一種植物質，但是這發現已經太遲了。腹瀉仍不停，我已全然精疲力盡。精疲力盡之餘，又起了極猛烈的寒熱。我的朋友更其害怕，請了許多醫生來診病。但是病人並不聽他們的話，來了又能作些什麼呢？

當時安巴拉爾（Sheth Ambalal）①和他的賢妻來到拿地亞得，和我的同伴商議之後，很小心的將我移到他在阿默達巴得的平房裡。我在這一次病中，所得他人的愛護與克己的侍奉，是他人所不能有的。但是一種低度的寒熱繼續不癒，我的身體也一天天的衰弱。我覺得病象還有延長之勢，也許還要變壞。住在安巴拉爾的家裡，愛護照料無所不至，我很是不安，因此力請他把我移回學園去。他被我絮聒不過，只好允許了。

正是我在學園中纏綿病榻的時候，巴特爾帶來的消息，說是德意志已經一敗塗地，長官託他轉告以爲可以不必募兵了。接到這個消息，說我可以不必再爲募兵操心，是一大安慰。那時我在施用水療法，病狀略佳，但要讓身體完全復原，還是很難。許多醫藥顧問紛紛勸我，但是我不能勸我自己服用任何東西。有兩、三位以爲我既誓不食牛乳，可用肉湯代替，並且引經據典，從《醫藥吠陀》書中找出證據，助成其說。還有一位堅決主張吃蛋。我對於這些人，只有回答一個「不」字。在我這一方面，食物問題並不是依據經典（Shastras）的權威可以決定的，這是和我的生命過程交錯互織，受原則所指示，而不以外在的權威爲轉移。我不願犧牲這些原則以求生存。當我對妻子、兒女、朋友，引用原則毫不推

① 安巴拉爾是阿默達巴得的一位紗廠主人和慈善家。他和他的家庭都是甘地的忠實朋友。

託，我又怎能爲了自己，而把原則拋棄呢？這一回，我生命中第一次的久病給我一個無上的機會來考察我的原則，予以試驗。有一晚我頹然失望，以爲已是到了死神的門前了。於是我寫信告知安那蘇雅賓②，她即刻跑到學園裡來，巴特爾和卡努迦博士也隨著來了。卡努迦博士按了我的脈相後說道：「你的脈息很好。我看是絕對沒有危險。這是因爲身體太弱，神經受了影響所致。」但是我仍然不敢相信，一夜都不能成眠。到第二天清晨，死神還是不來。末日要到的感覺總是不能除去。那時學園的親友在爲我誦讀《薄伽梵歌》，我於是把醒著的時間完全放在靜聽聖歌上面。我那時不能讀書，說話也很吃力，略爲說一些話，神經便受了震動。所有生活的興趣在我是完全停頓了。爲生存而生存，我是從沒有想到的，如今絲毫不能作主，什麼都不能做，受朋友和同伴的照料，看著身體慢慢的衰壞下去，這眞是一樁痛苦的事。

我睡在那裡，總是希望快一點死。有一天，華爾克博士（Dr. Tadwalker）從摩訶拉吒（Maharashtra）和一位陌生人來看我。這一位陌生的人並不知名，我看見他的時候就覺得他的瘦削也不下於我。他是來爲我試行他的診治的。他在孟買的格蘭特醫校（Grant Medical College）修業快要終了，而不要學位。後來我才知道他是婆羅門會（Brahmo Samaj）

---

② 安那蘇雅賓爲安巴拉爾之妹，係甘地的忠實信徒，爲阿默達巴得勞工運動的會長。

的一位會員。他的名字是克爾卡（Sjt. Kelkai），性情孤僻執拗。他慣用冰治法，要我試試。我們給他一個綽號叫冰醫生。他深信自己發現幾樁東西，爲其他醫生所不知者。可是在他和我兩方面都覺著可憐的，是他不能在他的系統之內令我對他的信仰感動。我對他的系統只相信某一點，但是我怕他急於得到他的結論。但是無論他的發現是怎樣，我允許他在我的身體上試驗一下。他那種外部治療，我並不放在意下。方法是將冰遍布全身。他所說的那種效驗，我雖然沒有得到，但是卻已引起我一種新的希望，心中對於身體自然而然的產生了一種反應。於是我逐漸思食，並可以作五分鐘到十分鐘的輕微散步。他又主張我的飲品應該更換。他說道：「你要是吃生蛋，我敢擔保你可以更爲有力量。蛋和牛乳一樣是沒有害處的，這些當然還不能算是肉類。你知道所有的蛋都是沒有孵過的，市面上都還有消過毒的蛋呢！」可是在我，即使消過毒的蛋，也不準備去吃。但是病狀有起色，已足以引起我對公益活動的興趣了。

我的身體逐漸復原的時候，翻讀報紙偶然看到那時正在宣布的《羅拉特委員會報告書》（*Rowlatt Committee's Report*），[③]書中的建議，使我大吃一驚。巴特爾在我病中每日都

---

③孟加拉革命運動，恐怖黨人的行動不免有威脅之處，因召集羅拉特委員會研究應付之策，以看是否需用緊急法令。委員會的報告建議採取很殘酷的辦法，如不經公開審訊即行入獄之類，是其一端。

來看我，我於是將感想告訴他，說道：「一定要有所行動才好。」他回說：「在這種情形之下，我們能作什麼呢？」我回答說：「只要能找到幾個人共同簽一反對的誓約，要是報告書中的建議竟然通過成爲法律，那就是對誓約的挑戰，我們應該立即實行不合作運動。我要不是像現在這樣臥床不起，我便要用個人的力量向它宣戰，而希望其他的人只隨著我走。但是我現在絲毫不能動作，我覺得我自己已是完全不能從事於此了。」

這一次談論的結果，決定召集和我接近的人開一次小小的會議。羅拉特委員會的建議由所發表的報告看來，顯然是不合法的，我的意思以爲像這種建議，不是有自尊心的人民所能忍受的。

計畫中的會議最後在學園開會了。邀請與會的還不到四十人。不合作運動的誓約是這一次會中提出，據我所記得的，到會的人全體都簽了名。班克爾對於這次運動甚爲熱心，我是第一次知道他耐於工作和組織的奇才。要現有各機關都採用一種新奇的武器如不合作運動者，在我看來是沒有希望的，於是我以身作則，另外成立了一個不合作運動協會（Satya-graha Sabha）。會址設於孟買，重要的會員也都來自此地。發起誓約諸人開始大規模的邀請他人簽名加入；發行刊物，各處召集公開大會，一切都與凱拉抗爭的情形相彷彿。但是我在最初就看出消極抵抗會的壽命不會長久，那時已有一些會員對於我太注重眞理和仁愛表示不甚贊成。但是在最初的一時期，我們的新工作仍是全力進行，運動之吸引人也很快。

工作一面前進，而我求生的慾望也萌長起來，心中焦急的渴望立刻就好。醫生勸告我如想速癒，非遷到馬柴蘭（Matheran）去療養不可，於是我便遷到那裡。但是馬柴蘭飲水苦澀，住在那裡甚是難受，過了一個星期，我又搬走了。當時班克爾親自爲我照料，力勸我請達拉爾醫生（Dr. Dlal）一診。醫生於是被請前來，他那當機立斷的決斷很使我感動。他要即刻施行治療，我也立即答應了。他看在我房內施術也無不可，遂於次日施術，完全成功。他還不以爲滿足，說道：「我不能使你的身體復原，除非你飲用牛乳。如再能益以鐵和砒的注射，我可以完全擔保你的機能煥然一新。」

我回答說：「請你施行注射好了。牛乳是另外一問題，我曾立誓不吃的。」這位醫生又查問道：「你所宣的誓，確實的性質是怎樣的呢？」

我於是把自己宣誓的全部歷史和理由都告訴他。當時妻子也立在臥榻旁邊，聽我們說話。

她插話道：「但是眞的你並沒有反對飲羊乳呢！」

醫生也以爲然，勸我說：「只要你肯喝羊乳，也就很夠了。」

於是我服從了。我極想參加不合作運動抗爭的濃厚熱忱，創生我的希望生存的強烈的慾望。

我也就以我的誓言字面爲滿足，而將精神犧牲了。我發願的時候，雖只有水牛和黃牛的乳在心中，但是所包含的當然有各種獸類的乳在內。我既然主張牛乳不是人類的自然食品，我用牛乳也不應該。我雖然知道這些，我仍同意喝羊乳。要生存的意志證明比愛眞理爲強，而因爲渴欲參加不合作運動抗爭的愛忱，對於眞理的誓言，那種神聖的理想也就立刻妥協了。直到現在，我每一想起這種行爲，便爲之心痛而不勝其悔恨，常想怎樣不用羊乳才好。但是這種誘惑，我想不能擺脫，服務的慾望至今猶盤據在我的胸中。這些食品的試驗，是我對仁愛研究的一部分，我看得甚爲寶貴，因此得以休息與快樂。我今日之用羊乳，甚是難過，可是我之難過，並不是有違仁愛，乃是從眞理的立場而言，因爲我是食言了。在我看來，我對於眞理的理想比之對於仁愛更爲明白；而據我的經驗，我要是放棄眞理，我也絕對不能解決仁愛之謎。眞理的理想是踐履誓言，精神和字面必須並重，方算圓滿。現在我是把誓願的靈魂，所謂精神者殺了，只注意到誓願的外表，我之煩惱，其故在此。我雖然很是明白，我卻不能遵著我前面的大路一直向前；換句話說，就是我沒有勇往直前的膽量。但是歸結說來，都是一樣；所謂疑惑不定，即是信仰薄弱的結果。因此「上天，賜給我信仰吧！」一語，遂成爲早晚禱告之詞了。

第二十一章　羅拉特法令

於是一方面反對《羅拉特委員會報告書》的運動日益濃厚，另一方面則政府將《報告書》中的建議見諸實行的心思也日益堅定。《羅拉特議案》（Rowlatt Bill）也公布了。我一生只參加過一次印度立法院的大會，這就是對於《羅拉特議案》辯論的那一次。辯論時，沙斯特里（Sastriji）①發表一篇激昂慷慨的演說，對於政府鄭重加以警告。總督凝神靜聽，眼睛盯住沙斯特里，看著他傾吐熱烈美妙的言辭。在那一瞬間，我看總督似乎爲沙斯特里眞誠而充滿情感的言辭所深深的感動了。但是你只能喚醒一個眞正睡著了的人，假若他是裝醒，你的努力便不會發生影響；這正是政府當時所處的地位。《議案》是早已決定好了，只不過再經一番法律形式的滑稽戲而已。所以沙斯特里鄭重的警告也無所用。在這種情形下，我的聲音只能算是荒原中的一個呼聲而已。我很熱心的向總督陳說，並用私人和公開的信明白告訴他說政府的行動逼得我無路可走，只有採取不合作運動一法。但是這一切都絲毫無效。

那時《議案》還沒有公布作爲法令。我的身體甚爲衰弱，但是我接到麻打拉薩的邀請書，便決定冒長途旅行的危險，應邀前去。同時我在大會中，還不能高聲說話。站立說話時間稍長，便會全身顫抖，心跳不止。所幸我在南非的工作，覺得對於塔米爾人和得魯古人有一種特別的權利，而南部良善的人民對我的信仰也依然如舊。通帖由故易殷加（Sjt.

① 沙斯特里（Rt. Hon. V. Srinivasa Sastri）當時爲下議院的議員。

Kasturi Ranga Iyengar）具名，我到麻打拉薩的途中，才知道內幕是拉賈哥巴拉察里（Rajagopalachari）在那裡主持。這一面也可說是我第一次和他相識；無論如何，我們個人之彼此相知，總要以此爲第一次了。他是因爲朋友們如故易殷加之流苦苦相邀，才於最近從薩棱（Salem）遷居到麻打拉薩來執行律師職務的。我們到麻打拉薩，就和他住在一起。

我們每天聚會討論關於未來的抗爭計畫，但是那時我除去召開公民大會以外，竟想不出別的方案。要是《羅拉特議案》竟然通過，成爲法律，我不知道要怎樣才能激起民衆的反抗。只有政府給予機會，才能起而反抗。這一面如果失敗，我們能不能公然反抗其他的法律呢？如其可以，要到哪裡爲止呢？我們所討論的題目都是關於這一類的問題。這一種想法還在那裡醞釀的時候，消息傳來說是《羅拉特議案》已經公布成爲法令了。那一天晚上，我思考這個問題竟至沉沉睡去。大約在午前一、兩點鐘左右，我便醒了，醒得比平常爲早。其時我尚在將醒未醒精神恍惚之間，忽然觸起了一個想法，有如作夢一般。一到天明，我便原原本本的告訴拉賈哥巴拉察里。

我說道：「我昨夜彷佛是在夢中一般，觸起了一個想法，認爲我們應該喚起全國，實行一個『總罷市』（hartal）以表哀忱。不合作運動是滌清自己的一種方法，而我們的乃是一種神聖的抗爭，據我看來，爲了事物的合適起見，應以滌清自我的行動爲開始。使全印度的人民於那一日，把他們的事務都停止，以那一日爲禁食和祈禱的日子。回回教人禁食不能超過一日，所以禁食只以二十四小時爲限。所有各省是否能在那天一起罷市，是很難說，但是孟買、麻打拉薩、比哈爾和信地，我覺得很有把握。我想只要這些地方能夠按時罷市，我們便已滿意了。」

拉賈哥巴拉察里立即爲我的建議所動。後來通知其他朋友，他們也很贊成。於是我起草一篇簡略的請求書，罷市的日期最初定於三月三十日，後來改期四月六日。至於人民關於此事，只收到一張短短的通告。此事突然發生，沒有時間去發一篇長文宣言。但是事情有出乎意料者：全印度地方自東至西，自鄉村以至於城市，在那一天都完全罷市了。這眞是一個奇蹟。

我在南印度作短期旅行之後，便到了孟買。到孟買大約是四月四日，我因爲接到得班克爾的一封電報，要我於四月六日到那裡去，我便去了。

當時德里已於三月三十日開始罷市。在那裡，斯拉達南得②和阿吉馬爾汗的話便是法律。四月六日到達，然而罷市的電報到那裡已是太遲了。德里以前從沒有像這樣的罷市過。印度教人和回回教人此次聯合起來，好像一個人似的。斯拉達南得被請至德里的覺馬斯吉得回教大清眞寺（Jumma Masjid）去演說，他應邀前去③。所有這些情形，都不是當局所能忍耐的。罷市遊行的群眾走向火車站時，警察不許前進，並開槍阻止，死傷多人，於是

② 斯拉達南得（Swami Shraddhanand）爲印度教修正派雅利安會（Arya samaj）的領袖。

③ 這是德里的一所大清眞寺。印度教徒被請至清眞寺演說，以此爲第一次。

在德里實行鎮壓。斯拉達南得催我火急趕到德里。我回電說我於四月六日以後會到德里。

德里的事變發生以後，拉賀爾和阿木里柴（Amritsar）也相繼而起，情形大同小異。沙特雅巴爾（Dr. Satyapal）和開乞魯（Dr. Kitehlu）兩博士來急函請我到那裡去。當時我和他們都不相識，我回他的信說我到德里後，即當轉道赴阿木里柴。

四月六日的清晨，孟買市民成千上萬的聚在周巴堤（Chowpati）海灘上行海水浴，浴後整隊赴塔庫得瓦（Takardwar）。隊伍中雜有不少的婦孺，回回教人加入的也不在少數。在塔庫得瓦，我們中間有一些由回回教的朋友帶領到附近的一座清眞寺去，在那裡，奈都夫人（Mrs. Naidu）和我各作一次演說。④吉拉賈尼（Sjt. Vithatdas Jerajani）提議我在當時應該呼籲人民宣誓用本國貨（Swadeshi）和印度教、回回教聯合的事宜；我拒絕這個提議，理由是宣誓不應出自匆遽，我們應該以民眾所已做的爲滿足。既然宣誓，以後便不得食言；所以宣誓用國貨須得先行明白了解，而印回聯合的責任，凡是有關係的人也得預爲充分認識。末後，我又建議說如願宣誓的應於明晨重行集合。

孟買的罷市不用說是完全成功了。對於開始和平反抗的運動已有充足的準備。與此有關的兩、三件事也已經討論過。於是決定和平反抗以法律本身易於使群眾引起反抗者爲度。按鹽稅一項極爲不通，以前爲了取消此稅，曾有過很有力的運動。我就建議人民應該不顧

---

④ 甘地先生和奈都夫人（Mrs. Sarojini Naidu）都是印度教徒。所以這是很難得的機會，代表印回兩教的結合。

鹽法，在自己的屋內用海水自行熬鹽。我的另一個建議是關於售賣禁書的。我的《印度自治論》（*Hind Swaraj*）和翻譯拉斯金的《等到這最後》（*Unto This Last*，譯名爲*Sarvodaya*）兩書俱已被禁發行，現在拿來應用。將這兩部公開的印賣，要算和平反抗最輕而易舉的一法了。於是將二書翻印，決定於禁食期滿後那一夜所召開的大會會後開始售賣。

四月六日的夜裡，一隊義勇隊員出發在群眾裡售賣禁書。我和奈都夫人則乘車出發。翻印的兩部書霎時間一掃而光。售書所得款項全移作和平反抗政府抗爭的費用。兩部書的定價都是四個安那。但是據我所記得的，僅照定價付款的便是很少。有許多人都傾囊相助，用五盧比到十盧比的鈔票來買一部書，並且還有用五十個盧比來買一部的！也曾告訴過人民，如果購買禁書，便有被捕與入獄的危險，但是那一瞬間，他們畏懼入獄的心思完全拋棄不管了。

後來聽說政府對於此事的意見是以爲禁止的書，原版本在那一天並未出售，出售的只是翻版。政府視爲禁書改訂以後的新版，售賣並不違法。這一個消息使得我們都失望了。

第二天的早晨又開了一次會，監視宣誓誓用國貨和印回兩教聯合。到會的人寥寥可數，我還很清楚的記得那時到會的有一些婦女；男人到會的也不多。我已經把誓約草擬好隨身帶來，在未有監視宣誓以前，我把誓約意義澈底的解釋給他們聽。至於到會的人數之少，並不使我傷心和驚訝。一般人的態度偏好刺激的工作而不喜作建設的努力，這一種在意見方面特殊的不同，我早已知道；這種態度至今還是如此呢！

四月七日的夜裡，我從德里動身到阿木里柴去。四月八日到穆特拉（Muttra），我才聽到自己大約要被捕的消息。車還沒到巴爾瓦爾（Palwal S.）車站，我便接到一封書面通知，不許我入旁遮普境，以爲我入境，便會擾亂和平。警察當即要我下車，但是我拒絕說道：「我是因爲接到急切邀請，應約到旁遮普去的；我前去並不是要釀成不安，而是想法去緩和的。所以我很抱歉，恕我不能從命。」

最後車到了巴爾瓦爾站，得賽伴我同來。我請他先到德里去，將這消息告訴給斯拉達南得，要人民冷靜，不可妄動。他則負責解釋我何以決定不服從對我所下的命令，願受違法的處分，何以我雖受處分，只要我們能夠維持完全的和平，勝利仍然專屬我們這一面。

在巴爾瓦爾車站，我被迫下車，下車後即由警察看管。不久，就有從德里開來的一列車，我於是由警察押著登上三等車裡。抵穆特拉後，押入警署，但是警察們都無法告訴我，他們要對我怎樣，也不知道我還要送到什麼地方。第二天早晨四點鐘左右，我便被喚醒，登搭上一輛好的車廂，開赴孟買。中午，我又在沙瓦依馬都普爾（awai Madhupur）下車了。警察總監波林（Mr. Bowring Inspector of Police），由拉賀爾乘郵車至此，由他押著我上車，和他坐了一等車；於是我從普通的囚犯一躍而爲紳士的囚犯了。這位官吏開始便恭維了倭德威爵士（Sir Michael O'Duver）一番。倭德威並不反對我個人，不過他以爲我如進入旁遮普，便會擾亂和平云云。在末了，他要我自行回到孟買，答應不入旁遮普邊境。我回答說我不能夠遵命，我也不打算自行回去。至此，這位官吏看見無法可施，便告訴我想要用法律來制裁我。我於是質問他道：「但是你要我作什麼呢？」他回答說他現在不知道，尚得等待其他命令，他說：「至於現在，我是送你到孟買去。」

我們到了蘇拉特。在這裡又將我交與另一警察看守。當我們到孟買時，這位警察告訴我說：「現在你自由了。」他又說道：「你最好是能在沿海鐵路（Marine Lines）附近下車，我可以要車子停下來。在科拉巴（Colaba）那裡好像也有一大隊的群眾呢！」我告訴他說我可以聽從他的意思，他非常高興，感謝我一番；於是我就在沿海鐵路下車。有一位友人的馬車正從那裡經過，因此可帶我到札勿里（Revashankar Jhaveri）。那位朋友告訴我，我被捕的消息激起了人民的公憤，他們幾乎發狂了。他又說道：「庇都尼（Pydhuni）⑤附近每一分鐘都可以爆發出來，知事和警察都已到那裡去了。

我還沒有到目的地，蘇巴尼（Umar Sobani）和安那蘇雅賓到了，要我馬上坐汽車到庇都尼去。他們說：「民眾不能再忍耐，萬分的激動，我們不能使他們平靜下來。只有你去可以做得到。」

我坐上汽車，行近庇都尼，看見有一大群眾聚在那裡。民眾一看見我，歡喜若狂，立刻排成隊伍，「祖國萬歲」（Bande Mataram, "Hail, Motherland"）、「上帝偉大」（Allaho

⑤ 庇都尼（Pydhuni）是孟買群眾集會的處所。

Akbar "God is Great"）的呼聲，震動天地。隊伍出阿布都拉曼街（Abdur Rahman Street）將要向克拉福市場（Crawford Market）行進的時候，忽然有一隊騎著馬的警察在前面阻住隊伍，不許向砲臺方面前進。群眾隊伍擁擠不堪，幾乎將警察的陣線都衝破了。在那樣大的集團中，我的聲音竟無從使大眾聽見。正在那時，帶領警察的長官下令衝散群眾，馬警立即揮動長矛，向群眾衝去。有一瞬間，我以爲會被傷的，過後才知無礙；騎警隊只把長矛在車上輕輕的一點，便急遽的衝過去了。群眾隊伍立刻被衝破，秩序大亂，人聲鼎沸。有的被踐倒在地下，有的撞傷得很厲害。在那人如潮湧的當中，馬很不易通過，此外也無別路可使民眾散開。於是騎警隊便從人叢中亂衝過去。他們將會作出一些什麼事來，我想他們自己也不知道。那時全場情形甚爲悽慘：騎警隊和民眾都發了狂似的在那裡糾纏得難解難分。

最後是群眾散開，隊伍前進也就中止了。我們的汽車得了允許前進，停在警察局長官舍之前，我下車去見局長，訴說警察行爲的不對。從門口至局長辦公室爲止的臺階上滿滿都是兵，荷槍實彈，如臨大敵一般的在那裡戒備。走廊上全都騷動起來了。我得許可進入辦公室，看見波林和格雷非士（Mr. Gruffith）一起坐在室內。我於是將親眼所見關於警察的行爲敘述給局長聽。他簡單的回答說：「我不許隊伍走向砲臺地方，一到那裡就免不了擾亂。我知道民眾不會聽從勸告的，不得已，只有命令騎警隊將群眾衝散。」

我說：「但是你要知道，這樣一來會有什麼結果出來。民眾受了馬的踐踏。我想用馬隊去，實在是不必要的。」

格雷非士回說：「你不能管那些事，我們警察對於你的訓誨在民眾方面所產生的影響，比你要知道得清楚。我們如不採取激烈的方法，一轉眼間，情勢便會不可收拾。民眾的行動，一定非你所能約束，即刻會有違法的事情發生；維持和平的義務，在他們是不明白的。你的用意，我沒有什麼懷疑的，但是民眾不能諒解，他們會要隨著他們自然的本能而行。」

我回答說：「民眾的本性並不是橫暴的，而是和平的。」

我們這樣辯論了很久。最後格雷非士說道：「但是假如你已明白你的訓誨，民眾已不遵守了，你要怎樣呢？」

「要是這樣，我應該停止和平反抗運動。」

「你這是什麼意思呢？你不是告訴波林先生說你一釋放，便立刻到旁遮普去嗎？」

「是的，我打算乘下一次車去。但是今天是不成問題的。」

「你若是能忍耐的話，在你這一方當然會要相信的。你知道阿默達巴得發生了什麼事嗎？阿木里柴又發生了什麼事嗎？各處的民眾幾乎要發狂了。這些事情的眞相，因爲有幾處地方電線被割斷了，所以我還沒有接到報告。這些騷動，論起責任來，都應該由你負責。」

「我向你擔保，只要我找出眞相，我立即擔負這種責任。要是阿默達巴得起騷動，我應該會深深的感到痛苦和驚訝。阿木里柴地方我不能答覆，我從來沒有到過那裡，那裡也沒有人知道我。但是即以旁遮普而論，我知道很眞確，如若旁遮普政府不阻止我入旁遮普境，對於當地的和平，我可以有很大的幫助。但是卻阻止了我，所以使民眾發生了不必要的刺激。」

我們於是反覆辯論，總不能得到一致的意見。我告訴他說，我打算在周巴堤海灘上向群眾演說，要民眾維持和平，然後向他告別。大會在周巴堤沙灘上舉行，我於非武力運動的義務、消極抵抗的限度演說很久，我說：「不合作運動的要點是一種眞實的武器。一個消極抵抗者要誓行非武力，除非民眾在思想、言辭以及行為上都能留意，我不能視以為眞。」

安那蘇雅賓也接到阿默達巴得騷動的消息，有人並散布謠言，說她也已被捕了。紗廠工人聽得她被捕的消息，憤極欲狂，於是罷工暴動，因而死了一個守衛。我到阿默達巴得去的路上，聽說拿地亞得車站附近鐵路軌道曾被掘去一段，一位政府官員在維朗甘（Viramgam）被殺，阿默達巴得已實行戒嚴。人民為恐怖所籠罩，他們會從事暴動，所以現在即從這些暴動者身上加倍的取償。

一位警察在車站候著護送我到警察局長浦拉特（Mr. Pratt）那裡。我看他怒氣沖沖地，因此很溫婉的和他談話，對於騷動表示遺憾。我指出戒嚴為不必要，並且宣布我立即努力合作，以圖恢復和平。我請求允許我於沙巴馬提學園召集一次公開的大會。我將議案告訴他，而大會則於四月十四日的星期日召集。戒嚴令大約也在那一天或第二日撤銷。我在大會上演說，希望引起民眾對於自己過失的覺悟，我自己宣布為懺悔自責起見，絕食三日，請民眾也禁食一日，並且提議參加暴動者要自行懺悔他們的罪過。

我的責任，我自己看得清清楚楚，有如白日一般。這些工人們，我在他們身邊曾花了好些時候，我曾爲他們服務過，我曾信任過他們，居然也參加暴動，這是我所最難堪的；我覺得他們的罪過，我也應該擔負一分。我提議要民眾懺悔他們自己的罪過，同時我又提議要政府對此加以寬恕。可是兩方都不接受我的提議。故拉曼貝爵士（Sir Ramanbhai）和阿默達巴得的其他公民來向我請求停止不合作運動。這種請求是不必要的，我已決心將不合作運動停止，到民眾知道了和平的訓示那一天爲止。這些朋友因此很滿意的離去，而另有些朋友對於我的決定卻很不以爲然。他們以爲我要是希望各地和平，並以和平爲實行不合作運動的先決條件，那麼群眾的不合作運動便會不可能了。我對於這種意見不能同意。要是我在其中工作的那些人，我希望能養成非武力和自苦的人，如不能持非武力的態度，不合作運動當然是不可能的。我堅決主張領導民眾從事不合作運動的人，應該要保持民眾不可越出所希冀的非武力的範圍以外；我的主張到如今還是不變。

大約即在阿默達巴得大會之後，我去到拿地亞得。在這裡，我第一次使用「喜馬拉雅山大的誤算」（Himalayan miscalculation）一詞，來說明我對於所能看見的即將來臨的失敗。在阿默達巴得的時候，我便已稍微感覺到我的錯誤了。等到了拿地亞得，看見那裡的實際情形，聽到從凱拉縣來的許多人被捕的消息，我才恍然大悟，我於時機尚未成熟便召集凱拉縣和他處的民眾爲反抗法律運動，實在是犯下了極嚴重的錯誤。所以又召集民眾大會，發表演說。我的「喜馬拉雅山大的誤算」招致了不少嘲笑，但是我毫不悔恨。我常以爲一個人能用透視鏡看出他自己的錯誤，而在其他事情上改正，便可以得到兩者的公平估量。我又相信一個人要作不合作運動者，必須謹愼而有意的注意這條規則。

我們現在且看一看「喜馬拉雅山大的誤算」是怎樣。一個人在適於實行和平反抗之前，必得先能自願尊敬服從國法。大部分我們之服從法律，是因爲畏懼他們因違悖而被處罰；這在不含道德原則的法律中尤其可以看出。一個消極抵抗者之聰明的服從社會的法律，是因爲他視此爲其神聖的義務。只有恭順服從社會法律的人，才能判斷某某特別的規條是良善公平，某某幾條是邪惡不正。只有這樣不逾正軌的人從事反抗某種法律，才能恰合分際。我的錯誤就在對於這種必要的限制沒有能觀察到。我要民眾去反抗法律，而沒有使他們先具備這種知識；我所造成的這種錯誤，在我看來其大不下於喜馬拉雅山。我一到凱拉縣，所有不合作運動的舊事都回想起來了，這樣明白的事，我怎麼會看不出，連我自己也不勝奇怪。我才認識到一群民眾如要實行和平反抗，他們應該先得澈底了解此事較深的內容，方爲合適。

但是這又可以正當的辯說：「一群民眾，平常習於犯法越軌，和多數的人民一樣，如何能立即使他們明白和平反抗的重要，或者嚴守範圍不稍踰越呢？」要成千上萬的民眾滿足上面所說理想的條件，我也承認不是容易的事。因爲如此，所以在再度實行和平反抗以前，必得要訓練一隊澈底明白不合作運動緊嚴的條件、而訓練甚佳的心地純潔的義勇隊員。然後由他們去將這些條件向民眾解釋，以孜孜不倦的留意使他們走上正途。

我到了孟買，心中充滿了這種種想法，於是開始召集一隊義勇隊員，藉他們的助力，將不合作運動的意義和內容的重要，教導民眾知道。而以印發一些關於本題的帶教育性質的傳單，爲主要的辦法。但是這種工作進行之際，我看出要使民眾對於不合作運動的和平方面引起興趣，是很難的工作。義勇隊員應徵的也未能足數。即是眞正應徵的，也未能接受一種有規則的系統訓練。日子一天天的過去，新來應徵的數目不僅不增加，反而漸漸的減少下去。於是我知道和平反抗的訓練，進行的速度並不能如我預期的那樣快。

倭德成爵士以爲旁遮普所發生的一切，我應該負責，而旁遮普激烈一點的青年則以爲我應負戒嚴令的責任。他們斷言只要我不停止和平反抗，便不會有巴格屠殺（Jallianwala Bagh massacre）發生。有些人甚至橫加恐嚇，聲言我如到旁遮普去，便要暗殺我。但是我覺得我的地位不能不如此，聰明的人是不會誤會的。

我迫不及待的到旁遮普去。那裡我以前從沒有去過，所以我更想親自去觀察事態。沙特雅巴爾博士、開乞普博士，和周達利（Pandit Rambhaj Dutt Chowdhari）三人邀請我到旁遮普來，現在他們都入獄了。但是我確實覺得政府一定不敢把他們和其他諸人長久監禁起來。我一到孟買，總有許多旁遮普人來看我。我就趁著這些機會向他們講些激勵的話，以安慰他們。此時我的自信，頗易感人。但是我前去旁遮普，卻屢次被阻；我每次向總督請求允許我到那裡去，回示總說時機未至，於是只好拖延下去。

當時亨透委員會（Hunter Committee）宣布開始考察旁遮普政府在戒嚴令下的行爲。

安德魯斯已去到那裡，來信對於當地事情有很完整的敘述。從這些信中，我得到一個印象，就是戒嚴的暴行，事實上比報紙所述還要厲害。他催我馬上前去，和他聯合起來。同時馬拉維雅也來電報，催我立刻就去。於是我再向總督去一次電報，要求允許我到旁遮普去。他回電許我於十月十七日以後到那裡去。

我到拉賀爾所目睹的情形，永遠不會忘懷。從車站的這一端到那一端，只見人群蠢動。所有的人跑出戶外，熱烈渴望，狂喜無極，好像是歡迎一位久別歸來的至親一樣。

第二十二章　阿木里柴大會

在我進行考察旁遮普暴行的時候，應該把政府的橫暴和官吏的專斷趁便說一說，這都是我所未曾預料的，我爲此充滿了深深的痛苦。最足以使我驚詫的是，當歐洲大戰時，曾派出許多軍隊給不列顛政府的地方，竟至有這些凶暴的舉動發生。起草大會考察報告的責任委託給我；我要聲明的就是凡要知道旁遮普人民所受凶暴梗概的人，不可不細讀此《報告書》。我在這裡所願意說的就是《報告書》中並沒有一處是有意誇張的，每一段敘述都有證據。還有，刊布出來的證據只算是委員會所有的一部分，擇其無絲毫可以致疑者才付諸刊印。就我所感到的說，《報告書》中沒有一段敘事會被人否認。

那時印回兩教正在德里開一聯合會議，討論基拉法特問題，大會考察正開始時，我接到聯合會議的一封普通邀請書。書末具名的爲阿吉馬爾汗和阿里（Mr. Asaf Ali）。據說斯拉達南得也會與會。書中又說聯合會議中於基拉法特問題以外，還要討論及於母牛保護一事。①所以這正是解決此事的一個黃金機會。

我不喜歡牽涉到保護母牛問題。我回信允許到會，並且主張兩個問題不可混爲一談，或以講價錢的精神來討論，而應該按照各個問題自身的情形決定，分別予以處理。

我赴會議時，心中充滿了這種想法。到會的人數雖不似後來集會之有成千上萬的人，卻也很可觀。斯拉達南得也已到會，我於是將上述的問題與之討論。他贊成我的主張，要我

① 參看《甘地的理想》一書，頁三八及頁五六。

提出會議。我又和阿吉馬爾汗討論此事。我慨然以爲要是基拉法特問題有其公平合法的基礎，而政府眞的是大大的不對，印度教徒當然是站在回回教徒一邊。如若在這時候提出母牛問題，或者利用這個機會與回回教人妥協，那會使事情變壞，正如回回教人之以停止屠牛爲求印度教人贊助基拉法特問題的交換一樣。回回教人如其能不以印度教人的宗教情感爲意，而自願停止宰牛，這是另一件事，自然很好。但若回回教人以爲停止屠宰母牛乃是鄰人的一種義務，他們便應不管印度教人對於基拉法特問題幫助與否，而自行其素。這兩個問題應該各自獨立討論，而研究的應只限於基拉法特問題。我將我的主張提出，請到會的人贊成。我雖如此警告，而回回教人後來開會，仍欣然承認印度教人對於基拉法特問題的幫助，以爲義應停止屠牛，有一個時候，他們眞有停止此事的樣子。

摩漢尼（Maulana Hazrat Mohani）也於此次到會。我以前就知道他，到這裡，我才發現他是怎樣的一位戰士。我們兩人幾乎從最初起，便是不同。這次會議通過的決議案中，有一條是要印回兩教的人都宣誓用國貨，自然的結論是抵制外國貨。那時土布（Khadi）②還沒有適當的地位。這不是摩漢尼所要接受的。他的主張是基拉法特事件既不能得到正義，便應向不列顚帝國報仇。因此他提出一個純粹抵制英國貨的對策案。我在原則上反對此議，所有辯論，現已人人皆知。我又把我對於仁愛的意見提出會議。我的辯論讓會場聽眾發生很

---

②此字義爲自紡自織的布。

深的印象。摩漢尼的演說頗博得聽眾熱烈的讚許，我怕我的辯論只是曠野中的一個呼聲。眞的，我那時之起而演說，只因爲覺得如不將意見提出會議，便是失職，所以不得已而爲之。不料我的演說竟得到與會的人密切的注意，臺上的人儘量的贊助我，前後起而演說的都擁護我的意見。領袖們可以看出不僅抵制英國貨失去意義，要是議決的話，會成爲笑柄。與會的人，沒有一個人身上不是英國貨的。許多聽眾因此感到如其採取一種決議而宣誓者便不能行，不唯無益，反而有害。

摩漢尼說：「僅僅抵制外國貨，不能使我們滿意，因爲誰能知道在我們能製造充分的本國布以應需要以前，還有多久？我們要能對於英國立刻發生影響的東西。就算你的抵制外國布成立了——我們且不去管；但是請再給我們一些能更爲迅速的東西。」

我聽了他的話，也覺得應該有一種新的、超出抵制外國布以上的東西。立刻抵制外國布，我看也顯然是不可能的。在那時候，我還不知道只要我們願意，我們能夠生產充分的土布，以應我們衣服的需要；這是後來才發現的。在另一方面，就在那時候，我也知道要是僅僅依靠紗廠以抵制外國布，我們定會失敗的。摩漢尼演說終了的時候，我還是這樣的游移不決。

我因爲不會說適當的北印度語和烏爾都語（回教俗語，Urdu words），頗覺發言受了阻礙。[3]在多數爲北方的回回教人聽眾之前，發布辯駁的演說，我還是第一次。在加爾各答的回回教聯盟會中，我曾用烏爾都話致辭，但那不過幾分鐘即了。這裡則不然，在我面前的雖不是敵人但卻是批評的聽眾，我要在他們面前提出我的意見。但是我已把羞慚一概拋開。我不是在這裡用毫無瑕疵的德里回回教人的烏爾都話來傳達意見，我只用我所能知道的斷斷續續的印度語向會眾發表意見。在這一點我是成功了。這一次會議得到一個直接的證據，證明僅是印度烏爾都話，可以成爲印度的「官話」（Lingua Franca）。我要是用英語說，不能使聽眾產生這樣的印象來；而摩漢尼也許不會出而反對。即使他演說，我也不能澈底的領略。

我心中所有的新理想竟找不出適當的印度話或烏爾都話來形容，最後我用「不合作」（non-co-operation）一詞表示，這一個名詞，我在這次會議中才第一次使用。摩漢尼發布他的演說時，我以爲他除去求得武力的幫助是不可能或不希望者外，和政府合作的不止一端，如此而昌言對於政府爲有效的抵抗，全爲徒勞。對於政府的眞正反抗，只有停止和它合作。因此我提出「不合作」一個名詞來。那時我於「不合作」一個名詞的各種內容還沒有清

---

③ 德里爲烏爾都語的中心，此種語言以北印度文文法的形式爲根據，不用梵文字母，而用阿拉伯文和波斯文。甘地相信聯合北印度語和烏爾都語的公共語言，可爲印度的官話。

楚的觀念。據我所記得的，這次會議接受了「不合作」的決議，可是幾個月以後才作進一步的計畫；在會議紀錄中埋沒了好幾個月。

那時有好幾百人，因爲戒嚴令的原故，以很薄弱的證據爲徒有其名的法庭判處監禁，旁遮普政府對於這些人不能任其久羈不釋。四周都是反對這種彰明較著的不公平的呼聲，再要監禁，勢有不能。於是多數的罪囚於大會開會前便釋放了。哈開・香拉爾（Lala Hark Shanlal）和其他領袖在大會還未閉幕時亦釋放出外。阿里兄弟出獄後，便直赴大會。民眾知悉，歡悅無極。奈魯（Pandit Motilal Nehru）犧牲了他旺盛的律師業務之後，便以旁遮普爲他的大本營，此時爲大會會長。

英王改革的宣言正於此時宣布。就以我而言，尚且不能完全滿意，此外，人人自然更不能滿意。但那時候，我覺得改革雖有缺點，對英王的宣言仍可接受，我感覺到辛哈貴族（Lord Sinha）的手腕從宣言的字句中露出一線希望。但是兩位有經驗的勇士如已故的民愛提拉克（Lokamanya Tilak）和國友達斯（Deshbandhu Chittaranjan Das）④，對此只是搖頭不信，而馬拉維雅則不置可否。

馬拉維雅邀我住在他家。和他在一間房裡住，我可以更仔細的觀察他日常的生活，看了之後，驚喜不已。他的住處好像是貧人的旅店，裡面住滿了人。時時有不速之客前來，可以

---

④ Lokamanya爲一普通的稱呼，義爲「民愛」或「民受」，Deshbandhu則「國友」之意也。

盡他的高興，長談不休。我的帆布床則儼然放在茅屋的一隅。

這樣，我可以每日和馬拉維雅討論一切，他也像兄長一般，很和藹的將各種不同人的意見解釋給我聽。我看出我之參加改革的討論是勢不可免。我於起草關於旁遮普強行的《大會報告書》之外，對於此事還得要稍加注意。那椿事既要和政府接洽，而後同樣的又有基拉法特問題。我那時相信孟塔谷（Mr. Montagu）對於印度並無惡意，也不願使印度走入迷途。阿里兄弟和其他諸人被釋放，便是很好的表徵。在這些情形之下，我覺得改革一事應該決定接收，而不當拒絕，方是正理。

達斯則不然，他堅決主張《改革案》應該爲了不合適與不滿意的原故，全部拒絕。提拉克則比較溫和一點，但已決定達斯所有任何決議，他盡全力去予以贊成。這些有理性、有經驗而爲一般所敬重的領袖意見與我相異，我既不能忍受，而另一方面，良知又在驅策我。於是我打算脫離大會，向馬拉維雅和摩提拉爾表示意見，以爲我如退出大會其他各會議，對大家都有利。這可使我和其他有名領袖的意見，不致露出參差的痕跡來。

但是這兩位前輩都不贊成我的提議，並且把我的提議偷偷告訴提拉克。他說：「一定不可以這樣做。這會有傷旁遮普人的感情。」我和提拉克、達斯，以及金納（Mr. Jinnah）諸人討論，總找不到一個辦法。最後我把我的痛苦明明白白的告訴馬拉維雅，我對他說：「我看沒有妥協的可能，我如動議，定會引起分裂而要投票表決。」

他堅持說：「你一定不可以在大會缺席。」

我只好遵從他的意見，把提議案擬好，心懷惴惴的提了出來，由馬拉維雅和金納兩位附議。我可以看出雖然我們意見不同，因此可以泯除痛苦的痕跡，雖然我們的演說除去冷靜的推論以外，並無一物，可是民眾對於異同的痕跡都不能接受。這使他們痛苦；他們要的是一致。

各人的演說發表了，講臺上努力設法解決不同的意見，領袖間並且爲此互相交換意見。馬拉維雅則盡力設法溝通各方。正在此時，賈雅朗達斯（Jayaramdas）把他的修正案交給我，用他和婉的態度挽救各代表間的分歧。我贊成了他的修正案。馬拉維雅目光四射的找求一線的希望。我告訴他說，賈雅朗達斯的修正案在我看來，兩方面都可以接受。修正案第二就交給提拉克看，提拉克說：「只要達斯認可，我是沒有什麼反對的。」達斯最後也軟化了。他於是將修正案一手抓去，在達斯還未能說出一個肯定的「是」字之前，他便高聲歡呼道：「各位代表先生，現在已經得到一個共識了，你們一定是很高興的。」以下的事，我也難以形容。當時掌聲大起，聽眾黯淡的臉上都爲喜悅的光輝所掩蓋了。

第二十三章　土布運動

土布運動的開始，逐漸引起我的注意。我到一九〇八年才看見手機和紡車，我在《印度自治論》中述及此事，以此為救濟印度逐漸貧窮的靈藥。在那部書中，我擬議以為凡足以幫助印度大眾免於貧困的，同時也即可以建設印度的自治云云。直到一九一五年，我從南非回到印度，還沒有眞正的看見紡車。沙巴馬提不合作運動學園成立，我就置備了幾架手機放在那裡。但是我們從事於此，困難並不下於其他。我們這些人非士即商，沒有一個是工人。我們能夠織布之先，必得找一位專家，教會我們如何去紡紗。最後我們從巴蘭浦（Palanpu）找到了一位，但是他不肯把所有的技術傳授給我們。而甘地·馬甘拉爾不是一個容易灰心的人，他具有機械方面的天才，不久他於此事便完全熟練了。又逐漸由他在學園裡訓練了幾位紡紗師。

我們的目的是使我們能完全穿用自己所織的布，排除印度綿紗所製的機織布。採用這種實習，我們又得到了一個經驗。在紡紗匠之中，直接接觸了生活的情形，我們於是才知道他們生產的限度、線紗供給的阻礙、為貧苦犧牲的情形，以及他們負債之有加無已。我們的地位尚不足以立即製造我們所需要的布。時間一天天的過去，我也愈不能忍耐。每逢有客人來訪，便向他打聽手紡以及手紡的技術諸問題。此技術只限於婦女，要是窮鄉僻壤紡紗匠還有倖而存在的，那只有婦女可以打聽出來。

一九一七年，古加拉特的朋友拉我去作教育討論會（Broach Educational Conference）主席。在這裡發現了奇女子甘加伯恩（Gangabehn）。她是個寡婦，但是她的工作精神極其偉大。她所受的教育，就這一個名詞的通行意義而言，並不算多。而其膽量常識，遠勝我們一般受過教育的婦女。她於不可接觸的觀念早已摒除淨盡，在被壓迫階級之內往來服務，毫不畏懼。她自己能維持生活，需用又甚簡單。身體強健，各處往來，不愁疾病。狂馬背上也如同家內一般。在哥得拉會議（Godhra Conference）中，我了解她更爲詳細，於是向她傾吐關於紡車（Charkha）的痛苦，她答應繼續不斷的盡力爲我尋找紡車，使我如釋重負。

後來甘加伯恩無目的地在古加拉特往來，忽於巴洛達邦（Baroda State）的維賈浦（Vijapur）找到了紡車。那裡有一些人家都有紡車，但是久已束之高閣，視同廢物。他們對甘加伯恩表示，只要能源源不絕的接濟棉條，並且收買他們所紡的綿紗，他們便立即可以開始紡紗。甘加伯恩把這個可喜的消息告訴我。供給棉條倒成爲難題，我將此事告知蘇巴尼（Umar Sobhani）時，他馬上答應由他的紗廠供給充分的棉條，於是困難算是解決了。蘇巴尼所供給的棉條送到甘加伯恩以後，綿紗便源源而來，於是如何處理，又成爲問題了。

繼續從蘇巴尼那裡收受棉條，卻使我感到不安，還有使用紡紗廠的棉條，在我看來根本是錯誤。所以我和甘加伯恩說去找一個能夠供給棉條的榨花人。她忠實的從事，僱到一位可以榨棉花的榨花人，工資每月要三十五個盧比。我以爲在那時候並不算高價，由她再去訓練一些青年，從榨出的棉花裡製棉條。甘加伯恩的事業因此意外的興旺起來。她又找來織工織造維賈浦紡出的紗，於是維賈浦的土布，不久就遠近馳名了。

當這些發展在維賈浦開始時，紡車在學園中也有了迅速的進步。甘地・馬甘拉爾以他良好的機械天分，對於紡車有許多的改良。學園逐漸能造紡車和紡車的附件。學園所織的第一匹土布，每一碼的成本要合到十七個安那。我毫不遲疑的便將這種粗布以原價向友人兜售，他們也欣然的買下。

我在孟買，臥病在床，但是還有餘力在那裡尋找紡車。後來我碰到兩個紡紗匠，帶到我的住室，即在室內咿咿啞啞的紡將起來。即說我的健康之復原，一部分得力於這美妙的紡車聲音，也不為過。我也承認這是心理的影響要比身體的影響為多，但是那時也可以看出人類身體方面受心理的影響，其反應是如何的強烈了。我自己也曾親手去紡，其時所紡還不甚多。

土布運動一開始的時候，引起不少紗廠廠主的批評。蘇巴尼自己就是一個能幹的廠主，他不僅把他自己的知識和經驗幫助我，並還使我時時接觸其他廠主的意見。其中一位的辯論很使他感動，於是他極力勸我去會會那一位廠主。他約好我們晤談，由紗廠主人先行開始談話。

「以前就有過提倡國貨運動，你知道嗎？」

我回答說：「是的，我知道。」

「在鬧孟加拉分離（Partition）的時候，紗廠主人會充分的利用提倡國貨運動，你也是知道的。當此種運動達到極點的時候，我們曾將布價提高，甚至做了一些更壞的事情。」

「是的，我彷彿聽過這麼說，此事使我很難過。」

「你之難過，我甚爲清楚，但是我看這是沒有根據的。我們並不是把生意當做慈善事業。我們做生意爲的是賺錢；賺了錢，股東可以滿意。一件東西的價格是因需要而定。誰能阻得住需要和供給的法則？孟加拉人應已知道他們的運動激起對於布匹的需要，當然使國產布匹價格高漲。」

我插言道：「孟加拉人像我一樣，本性都是誠實的。他們十分相信紗廠主人不會如此自私自利不愛國家，於危急的時候賣國求利，甚至以外國布充當國產布匹出售。」

他接著說：「我知道你信實的本性，所以我要煩動你到我這裡，我可以警告你不要再重蹈那心理簡單的孟加拉人同樣的錯誤。」

說過這些話後，紗廠主人招呼立在旁邊的書記，命他把廠裡所出的貨樣拿來。他指著貨樣說：「請看這一種貨。這是我們廠裡所出最新的花樣，銷行甚廣。我們從廢料中製出，自然甚爲便宜我們四處運銷，北方遠及喜馬拉雅山谷一帶。國內各處，甚至你的名聲和你的代表所絕不能到的地方，都有我們的分銷處。由此可見，我們並不再需要代銷的處所。此外，你應該知道印度所出的布，遠不足以應它的需求。因此提倡國貨運動的問題，大部分應歸結於生產一途。我們能夠有充分的生產，和把品質在必要的範圍內予以改良，外國布的重要便自然可以停止。因此我要勸你不要把你的運動往現在的路上走，應該注意到建設新的紡織廠方面。我們需要的不是宣傳擴大對於我們自己貨物的需要，而是大量的生產。」

我問道：「要是我已從事於此，那你當然爲我的努力慶幸了。」

他略爲躊躇一下，喊道：「那怎麼能夠呢？但是也許你是想促進新紡織廠的建設，在這一點上，你當然是應受慶賀的。」

我解說道：「我所要作的恰恰不是此事，我是要使紡車復活。」

他覺得有點迷惘了，問道：「那是什麼意思？」我於是把紡車以及我搜求甚久的故事一一起告訴他。我又說：「我完全同意你。我要是僅僅替紡織廠作分銷處，對於國家害多而利少。我們的紡織廠不因沒有主顧而要持長久的時間方能實現，我的工作應該是組織手織布匹的生產，以及使所產的土布如何分配。所以我集中注意力於土布。我之所以誓採這種提倡國貨的形式者，因爲藉此可以爲一半挨餓、一半僱傭的印度婦女謀得工作。我的意思是使這些婦女紡紗，全印度的人都穿用這種綿紗織成布匹所製的衣服。我不知道這種運動要多久才能成功，現在不過正是開始。但是我對於此事有充分的信仰。無論如何，此事是不會有害的。不僅無害，充其量可以增加國家布匹的生產，雖然數量甚少，可是可以代表穩固的收穫。至此你會看出我的運動，並不如你所述的那樣壞了。」

他回答說：「要是你所組織的運動，意在增加生產，我無可反對。在這一個時代，紡車是否可以敵得過用原動力的機器，那是另一問題。但是我也是願意你事事成功的一個人。」

現在把不合作運動的故事再述一遍。當阿里兄弟所發起的有力的基拉法特運動以全力進行之際，我已和故巴利（Maulana Abdul Bari）和其他諸人充分的討論到此事，特別是回回教人對於非武力規條所能遵守的限度。討論結果，大家同意以爲回回教並不禁止以非武力爲政策，並且只要他們一採取這種政策，他們便要信實的遵行。

最後「不合作」的議案在基拉法特會談中提出，延長時間討論甚久。我還記得很清楚怎樣的在阿拉哈巴得成立了一個委員會，徹夜的討論此事。開始的時候，故阿吉馬爾汗對於非武力的「不合作運動」的實際性頗有懷疑；他所懷疑點除去以後，便將全部心力都放在上面，他的幫助，對於這個運動有絕大的價值。

全印大會委員會（All India Congress Committee）決定於一九二〇年九月在加爾各答召集一次特別大會，現在也爲回回教人所接受了。於是大規模的開始準備，選舉雷意（Lala Lajpat Rai）作大會會長。大會和基拉法特會議的專家都從孟買聚集於加爾各答；代表和預會者也麕集此地。我被命於本次會中提出「不合作」的議案。

在我擬的提案裡，「不合作」的意思，只是要改正旁遮普和基拉法特問題所發生的錯誤。這一個主張，拉迦法察利（Sjt. Vijaya Raghavachari）卻不贊成。他反駁說：「既然宣布不合作，何以又指出特別的錯誤來說？沒有自治，就是國家逼處其下的一個大錯誤。不合作也要指向這一點才對。」我即刻接受他的建議，將要求自治插入我的提案之中，經過詳盡熱烈的討論，便通過了。

摩提拉爾首先加入「不合作運動」。我至今還記得我和他對於提案的溫和討論。他建議修改若干字句，我一一照改。他又擔任去勸說達斯加入運動。達斯心爲之動，但是他對於人民實行這種計畫的能力還有所懷疑。一直到那格浦大會（Nagpur Congress），他和雷意才死心塌地的接受不合作運動。

我在特別大會中對於提拉克的死去，深爲惋惜。到現在，我還堅決相信，如提拉克猶在人間，他在那時候一定會給我許多幫助。即或他不如此而反對這個運動，他的反對我也認爲有益，可以給我一個教訓。我們意見不同，但是這種不同絕不至引起痛苦。他常常要我相信我們中間的聯繫是最密切的。我寫到這裡，他死去的情形，還躍然如在眼前。雅得法得卡（Yadvadkar）用電話將他的死訊告訴我時，大約已是半夜。我的同伴正圍繞著我，得了這個噩耗，我不禁失聲嘆息道：「我最堅固的堡壘去了。」當時不合作運動正在以全力進行，我是渴望著他的鼓勵和激勸。

加爾各答特別大會通過議案，接受不合作計畫，那格浦年會又予以追認。與會者和代表到這裡來的人是不少。大會代表的人數當時還沒有限制，這一次到會者達一萬四千人左右。雷意對於抵制學校一條，些微有所修正；達斯又修正幾處；於是不合作的議案，遂一致通過。

大會目的也成爭辯甚烈的題目。在我提出的大會會章裡，大會目的是：如其可能，在不列顛帝國之內求得印度的自治，如其必要，則求之於帝國之外。大會中有一派要將大會求自治的目的只限於在不列顛帝國以內；由馬拉維雅和金納宣布他們的主張。但是這一派的主張並沒有得到許多人的贊成。還有會章草案對於達到自治的方法定爲「和平合法的」。這種規定又引起反對，以爲採取的方法，不應有所限制。經過有益與坦白的討論之後，大會仍採原來的草案。

關於印回兩教聯合，取消不接觸的限制，以及土布運動的議案，此次大會一一予以通過；自此以後，大會中的印度教會員遂自行擔負起祛除印度教中不接觸限制的責任，藉著土布運動，以與印度這些可憐的「骷髏」成立了一種活躍新穎的關係。而大會爲了基拉法特問題的原故，採取不合作運動，其本身就是要使印回兩教聯合的一種實際的企圖。

現在應該將以上各章作一個結束了。從此以往，我的生活公開，幾乎沒有一件事是人民所不知道的。還有從一九二一年以後，我的工作和大會各領袖關係甚爲密切，要述及我生活的任一段落，都得論及我和他們的關係。提拉克、斯拉達南得、達斯、阿吉馬爾汗，以及雷意諸人，今日雖已不和我們在一起了，所幸還有一群勇敢的大會領袖存在，在我們之間工作。大會的歷史還是方興未艾。過去七年之間，我對於眞理方面的重要實驗都是藉助於大會而成。我要是再述我的實驗，一定得述及我和領袖們的關係。要是僅爲適當一念而言，現在我是不能寫的。最後我從日常實驗中得來的結語，尙難視爲定論，因此就我看來，敘事即止於此，也是我顯明的責任。而在事實上，我的筆也本能的不願再往下寫了。

我的敘述就此爲止，在我也未嘗不感痛苦。我對於這些實驗的價値，看得很高。我不知道對於這些實驗是否說得公平，我只能說我是毫無痛苦的寫出一部可信的敘述罷了。要記述我所見到的，以及我所會達到的眞理的正確情形，乃是我不斷的努力之點。這一次的練習給我以心理上不可形容的和平，因爲這是我熱烈的希冀一般對於眞理和非武力躊躇不決的人能因此而產生信仰。

我的貫徹始終的經驗，令我堅信除去眞理以外，並無上帝。我在以上各章的每頁中，都表示要實現眞理，唯一的方法只有非武力，如其不然，那我所寫的各章都白費了。即使我這一方面的努力失敗，那也只是乘載以行的輪子有毛病，不能歸罪於大原則。總而言之，我對非武力的努力，無論是怎樣的鄭重，還是不完備、不合適。眞理的光輝比我們肉眼日常所見的陽光，還要濃厚幾百萬倍，我所得到的一瞥，不足以達其萬一，實際上只算是這偉大的輝光中所有微末的餘明而已。但是就我所有實驗的結果，我所能斷言者，要對於眞理有眞知灼見，只有遵行完全實現仁愛（非武力）的一條路。

一個人要面對面的體認到瀰漫宇宙無所不及的眞理之神，一定能如愛自己一般的愛那最劣等的生物。抱有這種熱望的人，在任何人生活動的範圍，自不能驅之使出。我之所以致力於眞理而投身政治的舞臺者，其故在此。我可以毫不遲疑但是極其謙虛的說，那些說宗教與政治無關的人，其實是不懂宗教意義的。

要和一切有生之物證合而爲一，非先從事淨行（Self-purification）是做不到的；沒有從事淨行，非武力法則的實行仍然是一場大夢；而一個人心靈沒有純淨，是絕對體認不到上帝的。因此淨行的意義一定是生命各方面的純淨。純淨的感動力甚大，個人自身純淨，當然足以影響及於四周。

然而淨行的途徑卻是崎嶇艱困，一個人要完全滌清，就得超然於愛憎執著之上，並在思想、語言、行動各方面均須絕對沒有慾念。但是此事談何容易，我雖常常不斷的努力，而此三者的純淨猶未能達到。因其如此，所以世間的虛譽不唯不足以動我，反而使我痛苦。要克服陰險的慾念，在我看來，比之用武力征服世界還要困難。自從我回到印度以來，隱伏在我內部的慾念，我都曾經歷過；我知道了這些之後，雖是羞愧，然而卻不爲所屈。經歷和實驗救濟了我，給我以很大的快樂。但是我知道在我的面前還有一條困難的道路待通過，就是我一定得把我自己縮減到零才行。一個人若不能出自本意的情願處在同伴的後邊，他是不能解脫的，而非武力則是謙虛的最遠限度。

在向讀者告別的時候，我要懇求讀者能和我一起禱求眞理的上帝，於思想、語言、行爲方面賜我以仁愛（非武力）的恩惠。

第二十四章　綜論

安德魯斯

本書至此，所引用的文件已很足以表示全部的觀念，而以甘地自己的話來述明他自己的歷史了。至於最近的事，敘述的大綱可以參考《甘地的理想》一書第二部分，我所稱爲〈歷史的背景〉那一篇，此處無庸一一複述，而最近尚未了結的偉大的消極抵抗奮鬥，也不必去加以敘述；這是要將來的歷史家去判斷，以認識他的價值，而予以適如其分的批評。

這一部書眞可說是一部愛的工作，現在且引兩段文字以爲本書作一結束。第一，在甘地的著作中，有很光采的一段，他在這一段文字裡，把生存的主要目的和意義和靈魂解脫的關係作一綜結。他作這一篇文章時，正在一九一四年從垂死的境界逃出以後。當時他因患盲腸炎，聽從醫生的話施行手術，有一些親近的朋友以爲他不用靈魂的力量去治身體上的疾病，指爲與平素信仰相矛盾。有一位朋友，是苦行婆羅門，極力勸他避到僻靜的山洞裡去靜修，以克服身體，恢復精神上的優越。他於是寫成下面的一段文字作爲回答：

「我承認有罪，但所謂有罪者，意思是我並不是一個完滿的人。我離圓滿還遠得很，這在我是不幸的。我不過是有志於圓滿的一人，我也知道我走向圓滿的途徑。但是知道道路不就是達到目的。要是我是圓滿無缺，要是我對於所有的情感，甚至於思想，能夠充分的克制我在身體方面，便應圓滿無憾了。可是我要抱憾的是我每日迫不得已的要費一大部分心力去克制思想。當我最後成功，假設我曾經成功的話，這種儲藏的能力如任其自由使用，那是多麼偉大啊！因爲我以爲我的病是思想和心理不健全所致，所以我承認聽其施用外科手術，便是增重心理的不健全。要是我能絕對的脫離個己主義，我會把我自己退隱到不可再避之處，但是我要生存在現在的身體之內，完全脫離不是一種機械的方法所能行的，要用忍耐和祈禱，始可以逐漸達到。至於說到感謝，我對於馬獨克（Col. Maddock）和他的同事待我之和愛，公開的表示感謝已經不只一次了。」

「現在要說到我的朋友信中的中心思想了。在這封信中，他把我和人類偉大的先知者作比較。他心中之所以如此混淆不清，是因爲他對於先知者工作的誤解，而以我來與之相提並論，可謂比擬不倫。我不自以爲我是値得和那些先知者並提。我是一個卑微的尋求眞理者，急於實現我自己，在現實的世界以求得精神的解脫。我之爲民族服務，就是爲把我自己脫離肉體的束縛而受的一部分訓練。這樣說來，我之服務也可視爲純粹自私的行爲。我不希望地上不壞的國家；我所努力的是天國，只有天國是精神的解脫。要達到這個目的，我無須去找一個巖穴爲蔭蔽。只要我打算如此並且知道的話，我隨身就有一個巖穴。巖穴隱居之士可以大造其空中樓閣，而居於宮殿之中，如闍那迦王者，則無樓閣可建。巖穴隱居之士以思想爲羽翼，翺翔世界，並得不到和平。而一位闍那迦王，雖然生長於繁華和儀式之中，由理解也可以得到和平。在我這一方面，達到解脫的路即在於不斷的爲國家、爲人類勤苦的服務之中。我要從百凡有生之物中去見出我自己來；用《薄伽梵歌》的話來說，即是我要以和平來與朋友和敵人相處。因此，雖然一位回回教人、一位基督教人，或者一位印度教人不免要輕視討厭我，而我仍是要愛他，爲他服務，甚至於像愛我的妻子、兒女一樣，雖然他們討厭我。所以我的愛國是到永久和平和自由國土的旅行中的一個階段。由此可見，在我是以爲沒有政治能無宗教的；政治反可以裨益宗教。政治而剔除了宗教，便是斬去靈魂，等於死路。」

甘地所說的這些話，就是他所企圖完成的直接目的，這樣的莊嚴而又這樣的謙遜，所以能感動每一個人的心弦。

第二是一篇啓示的敘事文。當甘地生命垂危的時候，幸得馬獨克細心診治，遂得轉危爲安，當時普那（Poona）醫院，看護醫生以及看病者的情形，都經得賽（Mahader Desai）很美妙的描寫出來，使我和讀者讀來如在眼前。當時我也在那裡，身歷其境，與作者同其悲喜之情，故敢擔保所描寫的確實可靠。我們由此可以看出病者內部品性是如何的優美，竟好似一種新的啓示一般，足以感動我們了。

得賽的文中寫道：上帝無限的仁慈，仍將我們的爸爸（Bapu）①還給我們了，這些事情經過好些日子，我們的史書上將來應該載上一筆的。印度民族又有了幸運，得以看見它敬愛的領袖工作，守視著他工作時，從黏土中製出了英雄。仍然可以看見他的福音從病榻上散布出去，在他的眼前化成運動。這是過去兩週以內的事。自從爸爸進了這個醫院以來，醫院中便突然呈現了一種和愛的空氣，這只要你一走近那房間，便立即可以感覺得到；這房間今日是充滿了超越時間與空間範圍的光芒。

① 這是在甘地自己的學園裡所用以稱他的親愛之詞。

這十天之內，我雖不能侍候爸爸，但是我能夠長在他的左右，這種特權本來只有醫院的看護才可以享有的。看護中有一位是很有經驗的英國婦人。每當她一走近，他便不禁微笑。有一天她來了，說及她的愛犬，於是和爸爸把牠的種類和用途大談了一陣。第二天，她又說及她在英國和非洲醫院裡的經驗，並且告訴他，醫生教她絕對不要出風頭，她一生是怎樣的聽從醫生的話。第三天，她用最美麗的花把房間布置起來，要爸爸讚美她的工作。此外，還有一位看護，年齡比以前這一位輕多了，而其愛爸爸卻不相上下。她在護士科畢業之後，便得甘地先生做她「私有的」病人，甚以爲榮。她常說道：「看護不常是快樂的事，有時是辛苦的工作；但是看護甘地先生，卻是純粹的快樂和權利。」醫生一來，告訴我道：「你以前的報告沒有像現在這樣工整仔細的。」我老實告訴他說：「以前我也沒有看護過像這樣的病人。」某天她又告訴我說：「我的朋友以我如此的愛甘地先生，都取笑我；我告訴他們，他們如有機會去照料甘地先生，也會和我一樣的。」

外科醫生之愛他，其毫無虛飾，也不下於看護。這位官醫接到不少的函件和電報，都是祝賀他能爲甘地服務；他滿臉通紅的說道：「我怎能一一的答覆他們呢？我是不是要在報上登報總答呢？」

那時爸爸仍然有人看守，我不知道照料他的人是否有人心中尙有幾微之念以爲是在照料一位國家的囚犯。一種強迫的仁愛把各種意識都驅逐淨盡了。

這是什麼原故呢？那時因爲視他爲囚犯的人，所有的態度也與其他的人一樣，葉拉佛達

（Yerravda）的典獄官穆雷（Mr. Murray）有一天來看爸爸。他說道：「甘地先生，你是否以爲我看輕了你？沒有的。我想我不應該打擾你。幾天之後，我看你是比以前好多了。醫生也對我說，你好得很快。你的朋友都記得你。甘尼先生（Mr. Gani）特別要我告訴你，他仍是每天四點鐘便起身禱告。他們都很好，很思念你。我希望他們常是如此。」爸爸說道：「謝謝你，穆雷大佐。老實告訴你，我能夠又在葉拉佛達斯承您的照顧、做事，眞再好沒有了。」你要是不知道他，你絕不能說一位典獄官會同他的一位獄囚談話的。爸爸在葉拉佛達獄中所創造出的和愛的空氣，由此可以窺其大概了。

現在於爸爸的和愛以外，還得說一點關於他的健康情形。他看來仍甚消瘦，但已好多了。他平日身體健康時，體重一百十二磅，入獄以後，常常臥在床上，不能移出床外，所以不能準確，但是現在最多也不超過九十磅。可是無論如何，他之日益強健，已無可疑了。他的床頂上有一根鍊子懸了下來，他握住鍊子可以起身臥下。有一天，他對一位朋友說：「這就是我的運動。」手指仍有一點抖動，但已不似從前之甚了。他的食品約得平常分量的一半，有兩磅牛乳，兩個橘子，一些葡萄。總而言之，他在這裡有著最爲平靜的睡眠，這是近數年來所從未有過的。在獄中仍做一些「很輕微而不傷於平靜的勞動」。我和醫生談論之後，我可以說復原雖還得要些時日，雖不能確定，但是已可無憂了。

當時印度各處愛護的表示如狂潮一般，源源不絕的流向普那，我趁便也約略說一說。那時得維達斯（Devidas）常在他父親左右，寸步不離，每天從早至晚，就是拆閱無數問候爸爸健康的函電，便已不勝其忙，但是函電還不足以盡愛護的熱忱。有一天遠在丹如爾（Tanjore）的住民來信，說他們在一特別的寺院裡爲甘地祝福。十雅里（Shiyali）、提魯浦（Tirupup）以及丁地古爾（Dindigul）的印度教徒和那果爾（Nagore）回回教的弟兄們競輸他們的仁愛，以他們所祝福過的特別食品遠道送來。有一位女性火祆教徒寫信來說，如果醫生以爲應該給甘地注射鮮血，她願意奉獻她的血。一位英國女士則寫信來對於他的食品有詳細的指示。哥廓爾夫人也從孟買寫信來，說甘地現在既不能夠紡紗，她願意每天爲他多紡兩個鐘頭的紗。

常到醫院來的客人中，有一位受養老金的英國老軍人，他每間隔一天就要送一把花來，直入爸爸的房內，無人阻擋，因爲沒有人能夠擋下他。他迫不及待的衝向爸爸房裡，和他握手，說幾秒鐘話之後，便離去了。他喊道：「好一點啊！我看你是比昨天好多了。我知道你定是好一點。你多大歲數了？五十五。啊，那不算事，你知道我今年八十二歲呢！請吧，請好生將養罷！」有一天，他停住問道：「甘地先生，我可以替你作一點事嗎？」爸爸回說：「不。請你爲我祈禱好了。」「那可以，但是請你告訴我，要是我能夠替你作一點什麼的話。請告訴我。請把我當作你的兄弟一樣。」爸爸微笑回答說：「請你相信我，我的朋友中也有一些英國人，我之看待他們，還有過於兄弟呢！」這一位深深的爲爸爸的話語所感動，出來時告訴我們，說他眞的每天祈禱三次，希望甘地也能活到像他那樣大的歲數，又告訴我們有許多英國人也在爲他祈禱，並且有許多官員詢問他的消息。

那些著名的領袖們現在一窩蜂似的跑到普那來看他們的領袖，我如不把此事說一說，這幅畫便要顯得不完備了。他們以前知道不便於打擾他，所以到現在才來。像賈雅卡（Mr. Jayakar）這樣的一個人說：「我到現在才來，但是我只能遠遠的望一望他；像他現在這樣的弱，我一定不能使他勞累。」賈瓦哈拉爾（Pandit Jawaharal）告訴得維達斯，說他一定要於最後來探訪。大阿里（Shankat Ali）來時，堅持不要和甘地說話，怕他疲倦。奈魯（Panjit Motilal Nehru）來後，向他道第二次別才捨得走，因此誤了一班車。雷意來時，極想和他談話，但是站得遠遠的，幾乎不管他自己了，才可以避去和他談話。雷意離開普那時，再來看他一次，心中有許多話極力想表示出來。大約是話語止住了眼淚，不然便是眼淚止住了話語；終於眼淚斷斷續續的迸出來了。爸爸臉上帶著不可描摹的微笑，說道：「雷意，我眞是太喜歡了。我本想盡情的大笑一場，但怕笑得痛起來難受，便又不笑了。」雷意來時滿懷憂鬱，離開時輕鬆多了，告訴別人說我們現在不用憂愁，只應歡喜，上帝無限的仁慈，已賜福給我們，把世界上我們最愛的一個人的生命保住了。

爸爸以仁愛的精神，常常大無畏的去追求眞理，現在已經得勝了。我現在要暫時和他告別了，他一定也願意在和平寧靜的空氣中休息休息的。他之很忠實的信任良好的醫生和溫和的看護，以及每天來看他使他高興的老年英國客人，並不下於他之愛那些和他一起爲了自由而努力奮鬥的親密朋友和同伴。所得到的結果並不是外表的勝利，無上的勝利乃是在於內心。在內心裡，眞理內心的純潔以及仁愛，都是分庭抗禮、不相軒輊的。在那裡，品性的精神試驗是一直到了極點了。我現在還引他所說的幾句話爲此書結尾道：「當我所期望的精神的細緻美好和珍貴在我已是十分自然的時候；當我已是成爲不大會有什麼罪惡的時候；當更沒有殘酷和驕傲占據著我的思想的時候——即或是一瞬間那時，也許不必等到那時，我的非武力也會要把全世界的心弦都感動了。」

參考書目

㈠重要參考資料

Mahatma Gandhi. By Romain Rolland, Published by George Allen & Unwin, Ltd., London.

此書敘述甘地生平及思想，最爲扼要，原係法文，英譯甚佳。（譯者按：此書中國有兩譯本，一爲謝頌羔譯，上海青年會出版；一爲商務印書館出版，譯者未詳。）

Mahatma Gandhi's Ideas, including selections from his writings. By C.F. Andrews. Published by George Allen & Unwin Ltd., London, and Macmillan Company, New York. An Indian Patriot in South Africa. By the Rev. J. J. Doke. Published by the London Indian Chronicle.

此書記述甘地在南非初年事甚佳，惜已絕版。

My Experiments with Truth: An Autobiography. Published by Navajivan Press, Ahmedabad.

標準之作。

Mahatma Gandhi. By H.S.L. Polak. Published by G.A. Natesan, Madras.

爲甘地一好友所作，敘述十分可靠，而又能同情於甘地者。

Mahatma Gandhi: An Appreciation. By R.M. Gray and Manilal C. Parkh. Published by Associated Press, Calcutta.

從基督教的立場敘述，甚爲嚴謹。

Gandhi the Apostle. By H.M.Muzumdar. Published by Chicago University Publishing Co.

出於一熱烈贊同甘地而深表同情的少年之手。

Mahatia Gandhi: Ethical Religion, with an introduction by John Haynes Holmes. Published by S. Ganesan Triplicane, Madras.

爲一本重要的小書，導言甚佳。

Young India. Currrent Issues. Published by Navajivan Press, Ahmedabad.

甘地係主筆，欲知甘地自己的理想和生平，自當以此爲主要原料。

Golden Number of Indian Opinion, Edited by H.S.L. Polak. Published at Phoenix, Nntal,

South Africa.

爲研究甘地在南非時之重要文獻，編纂甚好。

Speeches and Writings of M.K. Gandhi, with an introduction by C.F. Andrews. Published by G.A. Natesun, Madras.

有許多甘地早年之作，爲Young India所沒有的。

Economies of Khadder. By R.B.Gregg. Published by S.Ganesan, Triplicane, Madras.

討論印度手織業之重要著作。

The Ethics of Non-violence. By R.B.Gregg. Published by S.Ganesan, Triplicane, Madras.

The India Problem, By C.F. Andrews. Published by G.A. Natesan, Madras.

The Dawn of a New Age. By W.W. Pearson. Published by S.Ganesan, Madras.

The Gospel of Swadeshi. By Prof. Kalekar. Published by S. Ganesan, Madras.

(二)印度所出關於甘地的文獻，大部分可向S. Ganesan, Publisher, Triplicane, Madras購買。下開各書，存積甚多：

Young India, Vol. I.

Young India, Vol. II.

Satyagraha in South Africa. By M.K. Gandhi.

Indian Home Rule. By M.K. Gandhi.

Gandh'ji in the Villages. By Mahadev Desai.

Gandhlji in Ceylon. By Mahade. Desai.

Seven Months with Mahatma Gandhi. By Krichna Das (2 vols.)

To the Students. By C.F. Andrews.

Young India係Navajivan Press, Ahmedabad出版，可以直接訂購。特別有關之甘地文獻，如自傳之屬，此店亦有出售。

(三)以下諸雜誌常有討論印度問題與本書有關的文章發表。Modern Review並常譯登太谷見的著作。諸誌具可購自印度。

Modern Review, 91 Upper Circular Road, Calcutta.

Indian Review, Georgetown, Madras.

Indian Soncial Reformer, Bombay.

Servant of Idia, Poona.

甘地生平大事記

一八六九年 十月二日出生於印度西部的波爾班達（Porbandar），甘地的父親曾任當地的首長。

一八八二年 經由家中安排結婚。

一八八八年 九月四日，前往英國留學，在倫敦大學學習法律。

一八九一年 在印度取得英國律師資格。

一八九三年 四月，一家印度公司派甘地到南非工作，開始了爲期二十一年的南非生活。在南非期間因爲親見印度裔遭受的不平等待遇，開始進行抗議活動，逐漸形成公民不服從以及非暴力抵抗的理念。

一九〇三年 六月，甘地針對「黑法令」（The Black Act）組織一場抗議運動，這個法令強制所有在南非的亞洲人接受登記。

一九一三年 九月，甘地參加一場抗議不按照基督教儀式結婚就無效的運動。

一九一三年 十一月六日，領導一群印度礦工在南非遊行被捕。

一九一四年 南非政府允諾減少對印度人的歧視。

一九一五年 回印度，成爲正在從事獨立運動的國民大會（國大黨）的領袖。

一九一八年 一次世界大戰結束，參與國大黨的獨立運動。以公民不服從、不合作，和絕食抗議引起關注。

一九一九年 三～四月間，爲抗議反動的《羅拉特法》，他發起全國性的非暴力抵抗運動。

一九一九年 阿姆利則慘案後，他支持獨立的立場更加堅決。

一九二〇年 四月，當選印度自治同盟的主席。

一九二一年 十二月，他又被授予國大黨在同盟內的執行代表。

一九二二年 在北方邦的Chauri Chaura暴發暴力事件後，甘地第一次宣布停止「非暴力不合作運動」，轉向社會活動。

一九二二年 三月十八日，他被英印當局判刑六年，服刑二年。

一九二九年 甘地帶領非暴力不合作運動。

一九二九年 十二月三十一日，國大黨拉合爾年會通過爭取印度獨立的決議，並授權甘地領導新的不合作運動。

一九三〇年 爲了抗議殖民政府的食鹽公賣制，甘地率領抗議民眾徒步從德里走到艾哈邁達巴德海邊，總計遊行了四百公里。

一九三〇年 第二次被逮捕入獄。

一九三一年 甘地作爲印度國大黨的唯一代表，到倫敦參加圓桌會議。此次會議並無具體成果。

一九三三年 甘地在雜誌上宣傳反暴力、反法西斯、要求獨立的願景。

一九三三年 五月八日，甘地開始爲期二十一天的絕食抗議。

一九三三年 甘地第三次被逮捕入獄。

一九三四年 夏天，絕食，抗議英國政府對印度的壓迫。

一九三四年 十月，甘地因與國大黨領導層再次出現嚴重分歧而宣布退黨。

一九三九年 三月三日，在孟買絕食抗議印度的獨裁統治。

一九四二年 第四次入獄，在獄中絕食展開他的文明不服從運動。

一九四四年 三月，出獄。

一九四七年 八月十五日，印度正式獨立。

一九四七年 印度與巴基斯坦分治，甘地爲沒有實現印巴統一而深感遺憾。

一九四八年 一月三十日，剛結束絕食的甘地在新德里前往一個祈禱會途中，甘地遭到槍擊死亡。

一九三七年 到一九四八年之間，五次經諾貝爾和平獎提名，卻始終沒有得獎。

風雲人物 006

甘地

Mahatma Gandhi : his own story

編　　者　安德魯斯（Charles F. Andrews）
譯　　者　向達
發 行 人　楊榮川
總 經 理　楊士清
總 編 輯　楊秀麗
副總編輯　陳念祖
責任編輯　李敏華
封面設計　王麗娟
出 版 者　五南圖書出版股份有限公司
地　　址　106台北市大安區和平東路二段339號4樓
電　　話　(02)2705-5066
傳　　真　(02)2706-6100
劃撥帳號　01068953
戶　　名　五南圖書出版股份有限公司
網　　址　http://www.wunan.com.tw
電子郵件　wunan@wunan.com.tw
法律顧問　林勝安律師事務所 林勝安律師
出版日期　2020年 9 月初版一刷
定　　價　新臺幣300元

國家圖書館出版品預行編目資料

甘地／Charles F. Andrews編；向達譯. -- 初版. -- 臺北市：五南, 2020.09
面；　公分
譯自：Mahatma Gandhi, his own story.
ISBN 978-987-522-137-9（平裝）

1.甘地(Gandhi, Mahatma, 1869-1948)　2.傳記

783.718　　109010260